管野須賀子と大逆事件

自由・平等・平和を求めた人びと

管野須賀子研究会 編

せせらぎ出版

管野須賀子と大逆事件　目次

第7章　「大逆事件」の受刑者たち　137

第8章　大逆事件の受け止め方と戦後の対応　247

はじめに

三本　弘乗

一九一〇（明治四三）年におこった大逆事件や、その首謀者とされた幸徳秋水のことを知っている人はいるが、その時の断罪について、死刑一二人、無期懲役一二人、有期懲役二人であったことを具体的に知っている人はきわめて少なく、その中に大阪生まれの女性管野須賀子がいたことを知る人はまれである。

事件当時の日本は、日清・日露の戦勝に酔いしれ、絶対的天皇制のもとで天皇を神と讃えて祀り上げていた時代で、天皇に盾突く者は国賊とされた。大逆罪で起訴された二六人は、一旦全員に死刑が求刑された。その後、一二人に死刑が宣告されて処刑されたが、その人々は葬儀も許されず、家族はもちろん、子や孫、親戚・知人、さらにその人たちの就職先まで官憲による監視の目が長くつきまとい、刑死後も見せしめの恐怖政策が取られて、厳しい生活を強いられた。

当時大逆事件が、大陸への侵略戦争に反対していた社会主義者らを殲滅《せんめつ》するために、国家権力者によってでっち上げられて処刑された事件であったことを、一般人は知るよしもなかった。

　敗戦によって思想犯や政治犯は釈放され、その罪も解消された。大逆罪で無期懲役となった一二人のうち、敗戦時に生き残っていた五人は、すでに仮出獄となっていた。敗戦直後の日本の多くの人々は、空襲で家屋を失い、食糧難に打ちひしがれ、侵略戦争を反省する余裕などはなかったが、大逆罪で生き残っていた人々は、自由法曹団の人々の努力で公民権の復権が実現した。しかし無罪の宣告はなされなかった。「もはや戦後でない」と言われた一九五五年ごろ以降に、ようやく大逆事件が国家権力による冤罪事件であったことが話題になるが、それは、後年、奇跡的に戦禍を免れて秘蔵されていた裁判記録や、焼却処分を免れた獄中手記などの資料を元に、研究がなされるようになってからとされている。

　大逆事件が発覚後五〇年がたった一九六〇（昭和三五）年二月二三日に「大逆事件再審請求実行委員会」が開催され、「大逆事件の真実をあきらかにする会」を立ち上げて取り組まれることになった。それらの戦後の取り組みについては、山泉進氏が次節で「本書によせて──管野須賀子の顕彰と名誉回復」に取り上げ、受刑者を出した宗教界の宗門や、各地域の地方議会での取り組みがなされるようになった経過も含めて詳しく紹介している。

　管野須賀子の生誕地大阪では、二〇一三年三月一二日に「管野スガを顕彰し名誉回復を求める会」が発足した。同年六月二一日には治安維持法犠牲者国家賠償要求同盟大阪府本部第三二回大会で、管野須賀子の顕彰運動が提案されて大方の賛同が得られた。しかし柳河瀬精氏が

「刊行にあたって」に記したように、「管野須賀子のような悪女の風評が高い女性の顕彰などすれば同盟の運動に傷がつく」と聞かされたことにもあるように、管野須賀子の真実を理解してもらうのは容易でないことを痛感させられた。

同年九月一二日に部会としての「管野須賀子研究会」を発足させ、毎月一回管野須賀子と大逆事件について真実を明らかにする発表会がもたれ、その時点の発表成果を、広く知ってもらう必要があると、書籍の発行が提案され、つぎのような編集方針で本書の発行を取り組んだ。

編集方針など

1．管野須賀子を軸に、大逆事件の受刑者二六人全員を取り上げ、大逆事件の真実を明らかにするための書籍の発行を、事件の究明に携わっている各地の方々の執筆協力を頂いて取り組むことにした。執筆者は本書の末尾に示す二〇人によった。

2．真相の解明には、主にこれまでの報告を比較照合してその整合性を追究することによった。その際の判断に供した文献は、掲載頁を含め、できるだけ文中に根拠として示し、今後に取り組む人々のために役立てるようにした。

3．限られた紙数のため、書きつくされていないものや、省略を余儀なくされた部分もあり、お願いした執筆者にご迷惑をおかけした。また、時間の制約もあって内容の重複部分も生じたが、ご容赦願いたい。推測の域を出ない記述や未解明のものもあるが、それらの解明は今後の研究者に託したい。

4．年齢は満年齢で示し、暦年は西暦と和暦をつらねて漢数字で表した。

5．用語は、原文を除き、原則的にせせらぎ出版の統一基準、もしくは新聞社基準に準じた。

6．文中の人名は、原則的に敬称を省略して表すことにした。お許しを願いたい。

（編集委員代表）

刊行にあたって

柳河瀬　精

『管野須賀子と大逆事件』の刊行を心から喜ぶものです。

管野須賀子を顕彰しようとすれば、彼女の事績を広く知らせ、一人でも多くの人に正確に知ってもらわなければなりません。この書は確実に大きな役割をはたしてくれるでしょう。

二〇一三年六月二一日に開催された治安維持法犠牲者国家賠償要求同盟大阪府本部第三二回大会で、管野須賀子の顕彰運動が提案され、おおかたの賛同で提案が認められました。その後、一人の人物がわたしに近寄ってきて、「管野須賀子のような悪女の風評が高い女性の顕彰などすれば、同盟の運動に傷がつきますよ」と話されました。

「大会のなかでなぜ発言されなかったのですか。……わたしは彼女の顕彰運動を支持します。管野須賀子は治安維持法弾圧犠牲者ではありませんから、同盟が直接彼女の問題を取りあげるものではありません。管野須賀子の顕彰運動を進める団体が作られて、いずれそれが運動を進めることになるでしょう。調査が進み、管野須賀子の真の姿が明らかになってゆけば、顕彰運動も大きくなっていくと思います。……彼女の真の姿に近づくには『管野須賀子全集』をひもとくことだと思います」と応えておきました。大会の中で疑問や意見が出た時、わたしが用意していた反論でもありました。

大会が終わるバタバタした時ですから、余裕をもって話ができる状況ではありませんでしたが、管野須賀子のことについては、まだまだ誤解している人が多いことを思い知らされました。

「管野須賀子を顕彰し名誉回復を求める会」が発足し、「管野須賀子研究会」が部会の活動として組み込まれ、月例の発表会がもたれ、その取り組みのなかで本書の刊行が実現することになりました。当会の運動の展開に目を見張っております。

この書の刊行が契機となって、運動が二倍にも三倍にも発展されることを期待するものです。『管野須賀子と大逆事件』刊行の快挙を喜び、大逆事件での処刑が冤罪であることを解明する上で、また、管野須賀子の真の姿を理解する上で、最良の案内書として役立つことを確信して推薦します。普及に全力を尽くしましょう。

二〇一五年　療養の師走に

（「管野須賀子を顕彰し名誉回復を求める会」名誉会長）

本書によせて——管野須賀子の顕彰と名誉回復

山泉　進

まず初めに、「管野須賀子を顕彰し名誉回復を求める会」のこれまでの目覚ましい活動によって、女性解放の先駆者であり、社会革命家としての管野須賀子の実像に新しい光があてられてきたことに敬意を表します。

これまで絲屋寿雄、清水卯之助、大谷渡さんなど、個人的に管野須賀子に関心をもち、調査・研究をされてきた人は何人かいますが、彼女のゆかりの地において、顕彰会が結成され名誉回復の運動が開始されたことは、間違いなく新しいステップを築くことになりました。

今年（二〇一六年）の秋、「全国連絡会議」として、「第三回大逆事件サミット」の開催を「管野須賀子を顕彰し名誉回復を求める会」にお願いしたのも、何よりもこの会のパワーに期待するところが大きかったことはいうまでもありません。もちろん、大逆事件を「事件」として考える時、管野須賀子がその中心にいたことは疑う余地のないことで、管野須賀子の名誉回復なくして、大逆事件の犠牲者たちの市民的復権もないということになります。

ところで、大逆事件の犠牲者たちを顕彰し、名誉を回復するということは、具体的にどのような目標を達成するということになるのでしょうか。一九四五年八月一五日の日本の敗戦以降、つまり「大逆事件」について自由に語ることができるようになって以後、七〇年をこえる歴史のなかで、「大逆事件」の犠牲者たちの名誉回復のための運動は、どこに向かって進んできたのか。あるいは、どこに向かって進もうとしているのか。このことをちょっと考えてみたいと思います。

公民権の回復と再審請求

その最初のステップは、敗戦直後における、自由法曹団の森長英三郎らによる公民権の復権の運動にありました。大逆事件の二六人の被告のうち、戦後まで生き延びたのは五人で、そのうち小松丑治は敗戦直後に死亡したため、翌年から翌々年にかけて、残りの坂本清馬・崎久保誓一・飛松与次郎・岡林寅松ら四人に対して、刑の言渡しの失効がなされました。しかし、これはあくまでも恩赦による公民権の復権であって、無罪・無実の宣告がなされたわけではありませんでした。つまり、何かの罪を犯せば無期懲役刑が復活するという不安定な状況におかれたままでありました。

そこで、大逆事件五〇年を期して、この当時の唯一の生存者であった坂本清馬と森近運平の妹・栄子さんを請求人にして、無罪を獲得するための再審請求の訴えがおこされました。これが第二のステップになります。しかし、この再審請求は、一九六五年一二月に請求棄却となり、特別抗告をおこなったものの、一九六七年七月に最高裁判所の大法廷において棄却されました。大逆事件とはどういう事件であり、被告たちはどのようにこの事件にかかわったのかについての、実質的な審理にはいることなく、門前払いをくらわされたことになります。これらの戦後の復権と再審請求による無罪獲得のための運動は、司法的救済を求めての運動とよぶことができます。

記念碑建立と出版活動

この再審請求を支援する市民団体として、遺家族、知識人、研究者、弁護士、労働組合員、市民などを含めた「大逆事件の真実をあきらかにする会」が一九六〇年に結成されました。そして請求人の出身地である中村と岡山を中心として名誉回復のための講演会や各種の催しがおこなわれました。その最初が、一九六一年の森近運平の生家庭先につくられた記念碑です。その後、日弁連によって市ヶ谷の東京監獄跡に刑場跡慰霊碑が建てられたのが一九六四年、成石勘三郎・平四郎兄弟の碑が一九六七年、さらにこの運動は再審請求棄却後も続き、一九七一年の東京・正春寺の管野須賀子記念碑、翌年の甲府市光沢寺に宮下太吉記念碑の建立へと連なりました。この運動はその後も途切れることなく、一九八三年に中村市（現、四万十市）為松公園に幸徳秋水記念碑、一九九七年に新宮市南谷墓地に高木顕明記念碑、二〇〇三年には新宮市に紀州グループ六人の記念碑、二〇〇五年に箱根林泉寺に内山愚童記念碑、二〇一三年に故郷の小千谷市に内山愚童師顕彰碑、そして二〇一四年に熊本県山鹿市の本澄寺に大逆事件犠牲者顕彰碑と現在へと続いてきています。これらの運動は、記念碑の建立をとおして、大逆事件を風化させないための歴史的記憶の運動とよぶことができるでしょう。これが第三のステップでした。

もちろん、これらの運動と時期的にはオーヴァーラップしているところがあるのですが、研究活動や出版活動があります。戦後、言論の自由をえて開始された大逆事件研究は、幸徳秋水を中心にして宮武外骨、神崎清、絲屋寿雄、渡辺順三、森長英三郎、塩田庄兵衛らによって関係資料の刊行として結実されてきました。再審請求の動きは、他方では犠牲者たちの思想的検証の作業をよび起しました。

資料的にみれば、『秘録大逆事件』の刊行が一九五九年、週刊『平民新聞』の復刻を含む『明治社会主義史料集』（明治文献）の刊行は一九六〇年から、再審の棄却後には、『幸徳秋水全集』の刊行が一九六八年から、以後、『大石誠之助全集』（一九八二年）、『森近運平研究基本文献』（一九八三年）、『管野須賀子全集』（一九八四年）、『奥宮健之全集』（一九八八年）と刊行が続きました。これらの基本資料の公刊は、同時に伝記的研究を生み出していくことになりました。私は、このような資料刊行と研究活動の流れを思想的復権の運動であったと捉えています。そして、これが第四のステップになります。

このような研究や出版活動にもとづいて、犠牲者たちの名誉回復と市民的復権の運動がはじまっていきます。最初、この動きは宗教教団からはじまりました。曹洞宗によっておこなわれた内山愚童の擯斥処分の取消しと名誉回復が一九九三年、真宗大谷派による高木顕明、臨済宗妙心寺派による峯尾節堂に対する宗門内復権が一九九六年になります。また、この動きとは直接的な関係はありませんでしたが、敗戦直後から、地区労を中心にして墓前祭を続けてきた中村市（現、四万十市）において、幸徳秋水に対する市議会での顕彰決議がおこなわれました。二〇〇〇年一二月のことでした。そこには、まさに大逆事件を二〇世紀の出来事としてとらえ、この世紀に一つのけじめを着けたいという思いがありました。続いて、新宮市議会と本宮町議会において紀州・新宮グループ六人にたいする顕彰決議がなされました。私は、これらの議会での顕彰決議の運動を市民的復権運動とよんでいます。これが第五のステップです。しかし、顕彰されたのは中村の幸徳秋水と新宮グループの合計七人にとどまっていて、二六人の被告の一部にしかすぎません。

顕彰と名誉回復運動の将来

これまで、戦後から現在にいたる、大逆事件の犠牲者たちの名誉回復の運動を五つのステップに分けて説明してきました。しかし、私は、これらの運動が名誉回復へと向かう一つの階段に見立てて、低いところから高い所へと登ってきている歩みであるとは考えていません。むしろ、それぞれの時代に、それぞれの地域の団体において、あるいは個人において、それぞれの独自のスタイルで行われてきた独自のステップといった方が正しいと思います。五つのステップは、時期的には重なりながら、それぞれの運動の必要性の中から生み出されてきたものであります。そして、「大逆事件百年」の各地での各団体による各種の催しもまた新しいステップをつくってきました。それぞれのスタイルを、ともかくも一堂に会して、相互に情報交換をし、語り合ってみようと企画したのが、二〇一一年九月の四万十市における「大逆事件サミット」でありました。そのサミットにおいて、継続していくための「全国連絡会議」が結成されました。その意味で、長い道のりを経て、いまやっと各地の名誉回復運動の全国的なネットワークができたといえると思います。もう少しいえば、大逆事件も百年を経過して、直接的な被害をうけた遺家族も少なくなり、犠牲者たちの無実を証明し、市民的復権をえるための運動も少し目標を変え始めました。私は、大逆事件の有罪・無罪論をこえた歴史的評価が必要になってきたと考えています。過去におきた冤罪事件の悲惨な犠牲者の名誉回復だけではなくて、未来へと繋ぐ人権弾圧と闘った時代の先覚者としての評価が必要であるということになります。その意味では、同時に私たちが求める社会と時代がどのようなものであるのか、このことを考えなければなりません。

ここで、冒頭の問いにもどれば、司法犯罪、国家犯罪としておこなわれた大逆事件の犠牲者たちの名誉回復は、もちろん裁判所による無罪の獲得と国家による謝罪と顕彰決議ということになります。具体的には、再度の再審請求による無罪判決の獲得であり、教団内部や地方議会

において なされてきた顕彰決議を、国会における名誉回復と顕彰決議として実現していくということになります。しかし、現在の状況においては請求人となることができる「直系の親族」による再審請求はきわめて難しいいし、また国会決議のための道筋についても明らかではありません。つまり、再審制度の見直しや歴史的評価のやり方を新しく考えださなくてはならないということになります。そのための運動をどのようにつくるのか。それは、各団体が模索をしながら、発見する以外にはないように私には思えます。

私は、二〇一三年三月に結成された「管野須賀子を顕彰し名誉回復を求める会」の活動は、犠牲者のうち唯一の女性の社会革命家であった管野須賀子をとおして、顕彰と名誉回復のための新しい目標と運動スタイルを創り出していくことができるような予感がありますし、また期待もしています。

（「大逆事件の真実をあきらかにする会」事務局長、明治大学教授）

第1章　生い立ちから社会主義思想の開眼まで

大石　喜美恵（第1章）

1　波乱の多かった生い立ち

須賀子は、父管野義秀（三三歳）と母のぶ（二五歳）の長女として一八八一（明治一四）年六月七日、大阪の絹笠町（現在の大阪市北区西天満二丁目）に生まれた。父義秀は、「京都所司代下の武士」で、「維新後、裁判官（司法省官吏）を奉職し、後に代言人（弁護士）」になっている。なお、「弁護士制度」「代言人免許年度一覧表」には、明治九年兵庫の項に義秀の名前が記されている。

義秀は、明治七年に森岡鷹次郎の長女のぶと結婚した。のぶは京都の浪人の娘であった。義秀とのぶの間には、益雄（一八七六年）、須賀子（一八八一年）、正雄（一八八四年）、ヒデ

（一八八九年）の四人の子どもが生まれた。須賀子が生まれた頃の義秀は代言人業を辞め、鉱山業（山師《やまし》）を始めて六、七年経ち、その事業が成功して裕福に暮らし、梅、留、松などの名前の「下女」もいた。

須賀子は『大阪朝報』二四号の「おもかげ」（『大阪朝報』は閲覧困難で引用は①による、以下同じ）に、父について、「根が頑固な一徹者、（中略）我は死ぬまで鉱業に離れず（後略）」と父の言葉を記し、後に鉱山事業に失敗した時、「再び官職につくのが宜しいと、種々と利害得失を説いて勧めた親切な友人が有っても、確《かた》く執《と》て動かず、ついに今日に至った」としている。須賀子は自身のことを「父様が少し風変はりの人間ですから、此親にして此子ありで、（中略）お転婆に成ってきて、中々手に合わない子供」と述べている（①二九七頁）。

須賀子は六歳（満年齢、以下同じ）で大阪の今橋尋常小学校・四年制（東区今橋一丁目）へ入学するが、入学して半年後、知事の参観があって男子の首席と須賀子の二人が成績優秀で褒美をもらっており（①二九九頁）利発な娘であった。その後高台《たかきや》小学校に転校している。両小学校ともに一年未満の短期間であった。その頃、理由は明らかでないが、一八八八年に父母とともに東京に移り、二年経った一八九〇（明治二三）年一二月一二日（須賀子九歳）、四年生の時に再び大阪に帰り滝川尋常小学校に転校している（②一五頁）。

その頃の戸籍は大阪市北区天満橋筋二丁目（現在、北区天満一丁目）になり、家族は、祖母りえ、父、母、兄、弟、妹ヒデの七人であった。翌年四月須賀子は、大阪の盈進《えいしん》高等小学分校に進んだ。住居は北区松ヶ枝町に移している。

父の鉱山業が一八九〇（明治二三）年（須賀子九歳）頃から不振となり、急速に困窮化し、凋落の中で、母のぶが結核性の病気により一八九二（明治二五）年一一月一二日にこの世を去った。須賀子一一歳、兄益雄一六歳、弟正雄八歳、妹ヒデ三歳、祖母りえは七〇歳を超えていた。「力のとゞくだけ完全な教育をして、決して人に笑はれないような人間に生育《したて》て見せる」（①二九六頁）と言っていた母の死であった。須賀子は『大阪朝報』二四号に「盈進高等小学分校に通学し、二年後、家事の都合に依って退校す、此年母は幼き妾《わたし》等四人の兄妹を残して死去せり」と書いている（②三六頁）。

父の事業の不振と母の死没で須賀子の運命は一変した。兄益雄は大阪の祖母のもとに残され、継母、弟妹らと四国、九州の地を転々としている。一八九四年、戸籍は愛媛県西宇和郡日《ひ》土《づち》村へ移され、「父に従って鉱業の為、伊予国西宇和に至る、山間不便の地なるを以て、学校に通う事を得ず、僅かに裁縫の稽古と、読本の素読位の家庭教育を受く」（②二四頁）と記されている。

翌一八九五（明治二八）年三月の戸籍は、大分県大野郡長谷川村に移され、「一ケ年の後、更に豊後国直入郡竹田町に転ず、此時恰《あたか》も小学校内に、補習科として比較的高等なる学科を授くる設《もう》あり直ちに入学して、同科を卒業す」と記している（②二四頁）。

母のぶの死後、父義秀は戸籍上では再婚していないが、芸者あがりと思われる継母（年齢、氏名不詳）が入り込み家庭不和が増えたとしているが、須賀子を含め子供たちは継母の手で育てられている。なお、継母について「幼少の折から継母のために苦しめられた」と『寒村自伝』（③一〇九頁）にあるが、須賀子は『牟婁新報』五七六号の「四人の母上」（①一〇一頁）には「情の母」（編者の清水卯之助は情の母を継母とみている）について、「今尚、辛き事悲しき事、（中略）打明けて、共に泣き共に喜ぶの例となりぬ」と記し、獄中記「死出の道艸」には、「父上や継母と共に遊んだ有馬の雪」と書いて懐かしんでおり、継母にたいする恨み言は書かれていない（①二五二〜二五三頁）。

大分県の竹田町では比較的平穏な生活を送っていたが、大阪にいた兄益雄と祖母りえが大病にかかったという知らせが届き大阪に帰っている。兄益雄は、看護の甲斐なく、一八九六（明治二九）年、二〇歳で死去した。祖母も益雄の後を追うように翌年死没した。『牟婁新報』二六号の「婦人記者〈管野須賀子の経歴〉」には、「此両人の看護の労を、一人の手にとりしが為、久しく修学の余暇無く、加うるに、家事の困難に際し、其後も尚修学の志を達する能わず」と書かれている（②二四頁）。須賀子一五歳であった。

須賀子は一七歳で自立を目指し上京し、京橋の看護婦会に入り助産婦の見習い修行をしていた。が、父のたっての薦めで、一八歳で東京の雑貨商、小宮福太郎と結婚する。しかし、商家になじめず父の病気を理由に実家に帰り、その後離婚する。

2 『大阪朝報』の時代に目覚めた女権問題

父の看護を理由に婚家先を出た須賀子は、一九〇二（明治三五）年に再び大阪府西成郡豊崎村大字本庄に戻っている。厳冬の頃、東京で暮らしていた父義秀が脳卒中で倒れ、須賀子は同年正月過ぎに、父を連れて豊崎村に帰ったものと思われる。同年の『大阪朝報』の「公園と名士（二）」には、「本年病める父と共に、再び大阪に帰ってきた」と記している（④一二三頁）。なお、須賀子は前年春に、九死に一生を得る脳の大病を患い、後遺症で人並みではない頭痛が持病となっていた。

須賀子は自らの生い立ちを綴った『大阪朝報』の連載記事「おもかげ」（明治三五年七月二九日）に次のように記し、記者としての気迫をのぞかせている（①二九六頁）。

「（前略）父様の此失敗が、一家の此不幸か妾《わたし》の身に執《と》て、将来の妾の身に執《と》て、果たして幸であるか、不幸であるか、是は問題でありますが、イヤ、問題といふよりは、妾が此困難に打克って幸福となすか、此困難に打負けていよ〳〵不幸に陥いるかの試金石であります……（中略）妾も普通一般《せけんなみ》の令嬢淑女的の娘様では無かろうと考えます」（中略）「恐らく変性男子の名は免れますまい。（後略）」

同一九〇二（明治三五）年八月には、東京の小宮福太郎との協議離婚が成立し、戸籍も船場である大阪市東区淡路町四丁目に移している。須賀子二一歳であった。つぎの（１）項に取り上げた宇田川文海の家に近いところである。

（1）宇田川文海との出会い――『大阪朝報』の新聞記者に

病気の父と、幼い妹をかかえていた須賀子の才能を見出してくれたのは、弟正雄が師事していた宇田川文海であった。高等小学校を転校・中退・復学を繰り返した学歴で、二一歳の須賀子が、二流紙とはいえ女性記者として採用されたのは、宇田川文海（当時五四歳）の力添えがあったからである。宇田川文海は、明治維新期の廃仏毀釈を機に還俗した人で、明治前期から中期にかけて、大阪の新聞界や文学界に大きな功績を残した文筆家であった。当時、宇田川の友人永江為政（大阪経済社社長）が一九〇二（明治三五）年七月一日に『大阪朝報』を創刊し、記者を募集していた。

大谷渡は、管野須賀子の大阪朝報社への入社の経緯について、『大阪朝報』（第二六号）の「婦人記者」（無署名・社長の永江為政の記事と推測）の記事を引用して、つぎのように紹介している（⑤四七～四八頁）。

「（前略）宇田川文海が管野を伴って（中略）大阪経済社（のち大阪朝報社）の社長だった永江為政を訪問し、管野を新聞記者として採用するように依頼していた。（中略）（永江は）婦人は新聞記者として不適当であるという理由から、宇田川の依頼を断ろうとしていたと書かれていた。ところが、これに対して（宇田川が）「果たして君の婦人観が誤まれるや否やは試験をせられたら分かる」と懇願し、翌日宇田川を介して、管野の作品二つ、小説「あしたの露」と「黄色眼鏡――鴻池の鶴を見て感あり」が、彼女の手紙を添付して提出されたとしている。

永江と思われる人物は、管野のかたい信念と作品の出来ばえとに感心し、ついに「管野氏を入社せしむる」ことに決したと述べている。そして彼は「幽月女子の真の女史に非ざるかを疑がふ者」にこたえて、最後につぎのように記している（⑤四八頁）。

ア丶不出世の天才、我輩は幽月女史に於いて、始めて之を見る、則はち茲《ここ》に女史を疑ごふ者の質問に答へ、併せて我輩が日本の婦人問題を解決するの好資料を得たるを喜こぶと共に、汎《ひろ》く世の婦人諸君に向ひ、殊に汎く世の男子に対し、警醒一番せん事を望む。

『大阪朝報』のほとんど一頁を割いて掲載されたが、実はそのことを通じて、幽月女史が「婦人問題」の解決を表看板とする『大阪朝報』の特異かつ優秀な女性記者であることを広告するのが目的であったと大谷は述べている（⑤四八頁）。

当時の宇田川は、天理教の機関紙『みちのとも』の編集、執筆を一手に引き受けていた。須賀子も随筆や小説をさかんに『みちのとも』に寄稿していた。ただし、幽月女史のペンネームで「虫の話」「観月」「十三夜」「住友と鴻池」などの題名で掲載されたが、この頃に書かれたもののなかには、古典の知識や広い教養がうかがえるものがあり、二十歳過ぎの須賀子を考えあわせると、宇田川の助力を得て書かれたものではないか、と大谷は推測している（⑤六〇頁）。

（２）『大阪朝報』に一夫一婦制の男女平等論を展開

須賀子は社長の期待に応えるように、入社早々から精力的に記事を書いている。最初の頃の記事「黄色眼鏡（二）（『大阪朝報』四号・一九〇二〈明治三五〉年七月五日）には、管野が日頃考えている「女権論」をとりあげているが、大谷渡は『管野スガと石上露子』に須賀子の記述を「」内に引用し、須賀子の意向を要約して取り上げている（⑤四九〜五一頁）。

（前略）今日の日本では、あらゆる階層の男子が「婦人を侮辱する事尤も甚《はなはだ》しく、常に一の玩弄物として之を覩《み》」ているとと嘆くとともに、男子の多くが日々夜々「魔窟、人権蹂躙所、女子の無間地獄」に通っていると述べ、「東洋の文明国」たるべき日本にとって、これは「何等の醜態、何等の破廉恥ぞや」と非難した。（中略）今こそ男子に盲従してきた「封建時代の弊風を矯《た》め」なければならない時だと主張したのである（後略）」。

さらに、『大阪朝報』の「現今の婦人問題に就いて」（管野須賀子全集には欠失）や一七八号と一八〇号の「婦人と博覧会」の記事を引用してつぎのように述べている（⑤四九〜五〇頁）。

（前略）中流以上の家庭においては夫が芸妓と戯れ蓄妾するのが常であるが、（中略）妻が「高等下女、床の置物」の地位に甘んじて「封建時代の貞女を以て理想」としてはいけないと力説し、夫の不品行を黙認する妻を批判した。（中略）しばしば「東洋流の男尊女卑てふ悪習」を攻撃した。（中略）名実ともに一夫一婦が実現されてこそ、欧米諸国と肩を並べる文明国と考えていた。「一夫一婦の真理」の実現を妨げている男子の遊蕩、蓄妾を非難し、さらにそれ以上の激しさをもって遊蕩、蓄妾の対象となっている芸妓、娼妓に攻撃の矛先をむけたのだった。一夫一婦の理想＝男女平等を実現するには、どうすればよいのか。（中略）「哲学或は宗教の力に依って女子各自に確固たる信念独立心を養生」する必要があると力説した。（後略）

須賀子は勤労者、とくに女性の人権と労働条件に対しても関心を示し、『大阪朝報』五号の「公園の名士」の〈針の山〉や〈工女の虐待〉の中で、泉州紡績会社にめぐらされるガラスの破片をつけた高い塀は「逃げ出す工女を禦《ふせ》ぐ為」のものだと述べ、さらに桐生、足利の諸工場や鐘ヶ淵工場での「工女の虐待」について記事にし、このような悲惨なことが起るのは、「我邦人中に尚人権を重んずる念が少なく、殊に女性に対する観念の誤れることが、其大なる原因」と書いていることを大谷は取り上げている。（④一二六～一二七頁）

大谷は須賀子の「女権拡張」の主張について、「政治や法律上における女性の権利の拡張に直接結びつくものではなかったが、宇田川に師事して、『大阪朝報』紙上で活動し始めたばかりの須賀子が、博愛、平等という近代的な文明社会を支える論理的諸価値に強い関心を示し、その基礎にキリスト教を考えつつ、女権拡張論や廃娼論を展開していたことは注目すべきことだった。」とし（⑤五三頁）、これらの記事によって、須賀子のキリスト教への接近は、このような思想的関心に立脚して準備されていったことがうかがわれると述べている。

（3）第五回内国勧業博覧会での醜業婦の舞踏中止運動の取り組み

一九〇三（明治三六）年の年初め、須賀子は『大阪朝報』三面の主任になり、三月から天王寺・今宮一帯を会場に開催される第五回内国勧業博覧会の取材に奔走することになった。キリスト教各派は博覧会の会場正門前に「伝道館」を設け、各教会連合による伝道をはじめていた。

余興として、市民の祝賀総踊りと、芸妓踊りが計画されていた。市民の祝賀総踊りは、風俗壊乱防止と衛生保持の観点から中止されたが、芸妓踊りは実行された。須賀子は芸妓踊りに異議を唱え、「黄色眼鏡―博覧会の余興に就て（二）」と「大阪婦人慈善会員に申す」の記事を『大阪朝報』に掲載し、博覧会場で余興として行われる芸妓の舞踏に反対して中止を求め、「大阪婦人慈善会員に申す」ではつぎのように訴えていると大谷は紹介している（⑤六二～六三頁、④の全集には欠落）。

（前略）醜業婦を白昼公然と何の憚る所もなく、公衆の面前に於いて、而も稚拙卑猥極まる悪歌につれて、踊らせるとは、時代遅れも甚だしい（中略）、「千載一遇の此博覧会」を賛助する者は「彼等卑む可き醜業婦の外は無いので有りましょうか」と訴えて、文明の象徴である博覧会においては「貴夫人諸君」こそが、活躍すべきだとし、（中略）、其所に清潔瀟洒《しょうしゃ》なる一屋を営なまれ、茶菓の饗応席に当て、（中略）各自身分相応の出金をして之を合せ、博覧会の記念として、当市に女子美術学校、或は女子技芸学校でも設立されたならば、幾多の殖産的の女子を養成して、我々婦人社会のみならず、我が大阪市、否、我日本国の為にも。是程利益ある、賀す可き事は無いではありませんか、彼の多くの下流の婦女が、或は娼となり妓となり妾となり、（中略）暗黒の淵に落入るのは、教育と技芸のない為であるのですから、是等の憐む可き婦女を救う上から云っても、此挙こそは、大いなる慈善ではありますまいか。

当時の政界と遊郭は密接につながり、売春制度を公然と設けていた。須賀子の芸妓舞踏反対キャンペーンは、それを許容する当時の社会通念そのものを攻撃する意味をもっていた。

大谷渡は、当時の世間の反応について、「不幸にして今に其意見の徹底を見ず」「沈々黙々只女史をして空しく楽屋で声をからさせるのみ」とした管野らの活動に対する同情的な評論が『大阪朝報』に記載されていることを紹介している。しかし決して無駄でなかったことが、記事によって知ることができる。

なお、『大阪朝報』は経営不振のため、同年四月二二日突然休刊し、須賀子は失業する。

3　大阪婦人矯風会との出会いからキリスト教へ

(1)　大阪婦人矯風会へ入会

須賀子が失職する直前の一九〇三（明治三六）年四月四日に、大阪で「第一〇回日本婦人矯風会大会」が開催され、その演説会が開かれている。須賀子は当日の講師島田三郎（代議士で東京毎日新聞社長）に面談し、芸妓の舞踏禁止の取り組みについて話し、大いに同感の意見をくれたので、「天へも登る心地し」と『大阪朝報』（四月八日付）に記している（④三七六～

て大阪にきていた同社記者の木下尚江を紹介してくれた。

第一回演説会）と六日（昼の大会と夜の第二回演説会）に開かれ、その大会の記念講演の講師とし

三七八頁）。多忙な島田は時間がなく、たまたま「社会主義演説会及び大会」が四月五日（夜の

六日の夜の講演会には五人（安部磯雄、木下尚江、西川光二郎、小笠原誉至夫、片山潜）の講演があり、須賀子は七時に始まる演説の前に木下尚江と面会し、「醜業婦の舞踏反対」について話すと、「同感大」と賛同してもらう。講演で木下は、社会問題としての婦女問題を論じ、大阪人の道徳の劣等なることを痛罵し、演説の最後に、「真に我国を愛するの念あらば、明朝より彼の醜穢なる売淫婦の舞踏禁止の運動をせられよ」と訴えた。木下によって取り上げられたこの問題は、「女権拡張論」の集約ともいえるもので、そのときの経過と講演の内容について、涙を流さんばかりに感動した状況の記事を『大阪朝報』一八六号（④三七六〜三八一頁）に掲載している。その夜の演説会は須賀子に社会主義思想や女権拡張論という新しい思想を吹き込み、世界観を変えるほどの大きな影響を与えるものであったとされている（⑤六九〜七〇頁）。

大会の六日には、「社会主義協会」を大阪で設立するとの議が発表されていた（大阪朝日新聞・一九〇三年四月七日付）。また、四日前の機関紙『社会主義』（第7年第9号）（一九〇三年四月三日付）には「大阪社会主義研究会を起こせり」とあったが、その後「社会主義協会」や「大阪社会主義研究会」の設立は不明のままとなっており、大谷渡はそのまま立ち消えになった可能性があるとしている（⑤一一七頁）。

また、博覧会開会中の一九〇三（明治三六）年四月一四日から三日間にわたり土佐堀青年会館で「全国基督教信徒大会」が開催され、一五日の親睦会に弟正雄が出席している。正雄は持病の頭痛で寝ていた姉の須賀子を訪ね、大親睦会の席上一五人の発起人により「醜業婦舞踏禁止運動」が決議されたことを伝え、須賀子はうれし涙を流し、頭痛もふっとび、翌日の一六日の信徒大会には終日参加している。夜の演説会では前日の参加者以外の聴衆が多かったことから、再び「醜業婦舞踏禁止運動」の提案がなされ、「（前略）此禁止運動に御賛成ならば、どうか起立してください。（中略）拍手喝采雷のごとく殆ど狂せしかと思ふばかりに此禁止運動に賛成したのである」と『大阪朝報』一九五号（一九〇三〈明治三六〉年四月一八日）に記されている（④四〇一～四〇四頁）。

「博覧会舞踏禁止運動」は、大阪婦人矯風会も推進していた。『大阪婦人矯風会通信』には、同年四月二二日に舞踏反対の演説会準備委員会が開かれ、市長、協賛会長、知事への意見書提出が決議され、芸妓の舞踏反対運動には、「宇田川文海先生及び大阪朝日の菅野菅根（菅野須賀子の誤り）の諸氏」が「非常に尽力せられたり」と報じている。また、『みちのとも』（同年八月一五日付）に「醜業婦の舞踏」に反対したのは「朝報（大阪朝報）の婦人記者管野須賀子の幽月女史ひとりあるのみ」と記している（⑤八八頁）。しかし、「基督教徒大会の決議」、「大阪婦人矯風会通信」、『大阪朝報』、天理教の『みちのとも』などに度々掲載した「博覧会に対する批判論評」記事は、所属の各会員を始め、当時のマスコミや知識階級に反響があって、それなり実効があったことは確実である。

(2) 天満教会で受洗

須賀子は「博覧会舞踏禁止運動」での活躍で、大阪婦人矯風会の会長らと知りあっていた。そんなおり、勤めていた『大阪朝報』が一九〇三(明治三六)年四月に廃刊となり須賀子は失職する。幸いなことに知り合っていた日本基督教大阪婦人矯風会へ入会でき、有給の専従となっている。

矯風会は全国組織として、禁酒運動、廃娼運動、男女平等の一夫一婦制の確立、刑法、民法改正の請願などに取り組んでいた。工女虐待問題、足尾銅山鉱毒問題、鉱毒地婦人救済にも取り組み、明治期に女権の確立を唱え、大正期には日本婦人参政権協会を結成して、婦人参政権運動にも力を注いでおり、日本の女性解放運動に大きな役割をはたした団体であった。(⑤九三頁)

須賀子が入会した当時の会長は、林歌子で、「大阪博愛者の母」といわれ、のちの一九〇七(明治四〇)年に、大阪婦人ホーム(婦人保護救済施設)の設立や、一九一六(大正五)年の飛田遊郭地指定設置反対運動などに力を尽くし、後年婦人矯風会会頭に就任した人であった。会長の下に書記三人、会計二人の役員をおいて、「母の会、矯風上の講話、公開演説、遊郭移転運動」などを活発にすすめていた。(⑤九三~九四頁)

須賀子は、一九〇三（明治三六）年一一月二八日、土佐堀青年会館での婦人矯風会大演説会では司会を務めて活躍している。翌一九〇四年二月に日露戦争が起こっている。同年七月一二、一三日に東京女学院の講堂での矯風会大会出席のため林歌子会長、須賀子ら五人が大阪支部の代表として出席し、須賀子（二三歳）は、時事問題委員五人の一人として選ばれている。ガントレット恒子（日本の婦人参政権運動に重要な役割をはたし、戦後、婦人矯風会会頭に就任）、羽仁とも子（一八九九〈明治三二〉年、報知新聞社入社、日本最初の女性記者といわれ、『婦人之友』を発行、自由学園を創立）らと活動し、須賀子は矯風会の中で確かな位置を占めていた。（⑤一〇九頁）

4　キリスト教から社会主義思想へ

前述の東京で開催された「全国婦人矯風会大会」終了三日後の一九〇四（明治三七）年七月一八日に、須賀子は有楽町の「平民社」を訪ね堺利彦と会った。堺は、「平民日記」の中で、「大阪の社会主義的思想を有せ《ママ》る菅野須賀子来訪、氏は矯風会大会に出席の為め大阪支部を代表して来たとのこと」、「兎にかく珍客の一人であった」と記している（⑤一一〇頁）。

堺は、大阪に六年住んでおり、宇田川文海宅を訪問したりして宇田川とは知り合いであった。宇田川は、社会主義協会の機関紙の役割をはたした『労働世界』を購読していて、『みちのとも』にもしばしば紹介し、片山潜の『労働世界』が『社会主義』に改題された後も掲載し、「日本の社会主義者に告ぐ」なども紹介していた。また、東洋のルソーとも言われた自由民権派の理論家、中江兆民とも親交があり、自由民権運動高揚期に新聞記者、小説家として活躍していた。さらに、民権左派の思想に強い関心をもちつづけたが、民権運動衰退後はキリスト教への関心を強め、社会主義にも目をむけていった人であった。一九〇四（明治三七）年一〇月一六日の堺の「平民日記」には、「大阪の宇田川文海翁から手紙がきた。翁は近年熱心なる基督教信者となり、昨今は又社会主義の研究を始めておられる」と記している（⑤一一〜一一五頁）。

須賀子は、強烈な自我と、士族の娘の誇りと気概を持ち、師であった宇田川の思想に強く感化され、キリスト教徒になり、さらに宇田川を乗りこえて社会主義へと向かったといえる。

一九〇五（明治三八）年三月一九日、須賀子は京都四条基督教会へ移った。同教会の牧師は、『基督教世界』の編集主任をしていた牧野虎次（後の同志社総長）であった。さらに六月三日に戸籍を京都府葛野《かどの》郡朱雀村字聚楽廻小字豊楽西町七八番地に移している。その地は父義秀の生まれ故郷の京都所司代組屋敷跡であった。元京都所司代に仕えた父義秀は、転居したその日に亡くなっている。

四条基督教会は、アメリカ人宣教師M・L・ゴードンが聖書講義の会を結成して、下京方面の商人層を伝道したことが基礎となった教会である（⑤一二六〜一二八）。日本語に通じ「同志社」大学の教授でもあったゴードンは病気のため帰米し、一九〇〇（明治三三）年死去した。夫死去のため一時帰国していた婦人宣教師のアクネスは一九〇五（明治三八）年再来日し、夫の遺志をついで教会維持発展のために力をつくした。須賀子はアクネスに日本語を教えていた。アクネスは日本文化をより深く理解するために文章力を修得するためであったのであろう。須賀子は、このようなクリスチャンの真摯な生き方に接して感化されると共に、醜業婦舞踏中止運動を通じて、女権拡張運動や社会変革を目指す社会主義思想に近づいていったと思われる。

5　週刊『平民新聞』の購読から大阪社会主義同志会の創設

(1)　週刊『平民新聞』の購読者となる

明治維新後、海外から新しい技術と共にこれまでに無かった社会主義思想が移入された。その経過については第8章7節に取り上げている。

本章3節（1）項にふれたように、一九〇三（明治三六）年四月五、六日に大阪で「社会主義大会演説会及び大会」が開催されるが、須賀子は六日の講演会に出席し、五人の社会主義に関連する講演を聞いて新しい世界を知る。ただし、そのときの会で、「社会主義協会」を大阪で設立するとした大会議決と、その四日前に「大阪社会主義研究会」を立ち上げると発表されていたが、理由は明らかでないが立ち消えになっており（⑤一一七頁）、その時点での須賀子の社会主義協会との関与は無かったようである。

翌一九〇四（明治三七）年二月一〇日には日露戦争が勃発して、矯風会では軍人家族慰問や戦地への慰問袋発送の取り組みが行われて多忙であったが、須賀子は、七月に東京で開催された第一二回日本基督教矯風会全国大会に出席している。その時の木下尚江の講演の中で週刊『平民新聞』が紹介されたので、大会終了後の七月一八日に「平民社」を訪ね、堺利彦や伊藤銀月らと会っている。

須賀子が週刊『平民新聞』の講読者になり、新しい世界に飛び込んだのはこの時からではないかと推測している。同年一〇月九日の『平民新聞』の「平民社維持金寄付広告」欄には、「金一円也大阪府堺市　管野須賀子氏」と記されている。

さらに、同紙の一〇月三〇日付には、管野の名による「大阪平民新聞読者会」の呼びかけ記事が掲載されている。記事には、「今回、愈《いよいよ》三宅磐氏、杉山富史氏と謀り社会主義研究会を当地に開くことに致し、まず読者会を開き度候に付、同志者は妾方まで其御住所を一報され度候、会場及び時日等は追って平民紙上を借りて発表仕るべく候（大阪住吉、上住吉管野幽月）」と予告している。須賀子は社会主義者としての第一歩を踏み出すことになる（⑤一一五頁）。三宅磐は大阪朝日新聞経済部記者、杉山富史は『基督教世界』発行に携わっていた人物である。

しかし、東京では週刊『平民新聞』への厳しい弾圧が始まっていた。とくに一九〇四（明治三七）年一一月ごろから講読者の家にまで警官が出向いて購読しないように圧力をかけ、執筆者や印刷所を徹底して弾圧し、廃刊に追い込んでいる。最終号となった第六四号（一九〇五年一月二九日）は、マルクスの「新ライン新聞」の終刊号にならって、全紙赤刷りとして発行し廃刊している。

（2）大阪での初期社会主義運動の草分け

廃刊直前の週刊『平民新聞』一九〇五年一月一五日付には、「一九〇五年、一月八日の夜、大阪市西区江戸堀南詰東入池上方に会合し、〈社会主義の弘通（交通）、社会問題研究〉を目的とする大阪同志会を設立」と記載がある。会の事務所は池上宅におかれ、会則も定められた。当日集まった同志は、医師、銀行員、軍人、教員、新聞記者、学生など一一人の中に女性も見られた。初対面の人が多かったのに、「十年の知己の如く互いに親密なる談話」を交わし、「今後、主義の為熱心に働きましょう」と誓い合って堅固な団結ができたという。「此夜、大阪市には旅順陥落の大祝捷《しゅくしょう》会ありて、満都の人々狂騒他を知らざるの際、本会成す。又一奇と云ふべし」と書かれている。同じ紙面に、「大阪の同志に告ぐ」として、「大阪同志会の発企にて、左の場所の時間に於いて、社会主義研究会を開く、平民新聞読者及び同主義に就いて知らんと欲する方の随意来会をまつ。（藤原　管野）」と記されている。前年一〇月の「大阪平民新聞読者会」の呼びかけ以降、須賀子の地道な努力が具体化されたことを示している（⑤一二〇～一二一頁）。このような取り組みによって、管野は大阪における初期社会主義運動の草分けになったとされている。

一九〇五（明治三八）年一月三〇日の大阪基督教徒報国義会と大阪婦人矯風会との共催での「戦死者紀念追弔会」では、須賀子が矯風会を代表して「弔辞」を述べている。この頃には、須賀子は社会主義運動へ大きく傾斜したことから宇田川文海は完全に須賀子と義絶し、須賀子も天理教機関紙『みちのとも』への寄稿も途絶えている。

同年六月には矯風会の林歌子が渡米し、父義秀が死没している。九月初めにはアクネス・D・ゴードン宅に住み込みの家事手伝いと先述した日本語教師を担当していた。

その年の六月一八日に、『牟婁新報』の毛利柴庵《さいあん》が二件の官吏侮辱罪に問われ、四五日間田辺監獄に入獄することになった。管野は堺利彦から、同紙の編集責任者になって欲しいと依頼された。

毛利柴庵は紀州田辺に住む『牟婁新報』社長で、田辺の古刹真言宗高山寺の住職でもあった。同紙は、日露戦争前後の時期に、社会主義の論陣を張り、管野須賀子や、荒畑寒村ら著名社会主義者を記者に迎え、日本の初期社会主義運動史上注目すべき存在となっていた。前年に社会主義者の小田野声や豊田孤寒など記者に迎えていた。毛利は一九〇二年の上京中に、木下尚江、幸徳秋水との交わりをもっており、堺利彦とは手紙による交流をしていた。
　須賀子は新聞の編集、記者としての仕事にも魅力があったが、依頼されていたゴードンのお世話の約束と病気の妹のこともあり、すぐには田辺の『牟婁新報』に行けなかった。そのため社外記者として暫時協力ということで記事の寄稿を約束し、一九〇五年一一月六日から『牟婁新報』に、幽月女の名で小説「露子」の連載を始めている。須賀子は一九〇六（明治三九）年二月日二日、京都をはなれ紀州田辺に向うことになった。

参考文献

①管野須賀子著　清水卯之助編『管野須賀子全集』第2巻（弘隆社　一九八四年）。
②清水卯之助『管野須賀子の生涯』（和泉書院　二〇〇二年）。
③荒畑寒村『新版　寒村自伝〈上巻〉』（筑摩書房　一九六五年）。
④管野須賀子著　清水卯之助編『管野須賀子全集』第1巻（弘隆社　一九八四年）。
⑤大谷渡『管野スガと石上露子』（東方出版　一九八九年）。

第2章　社会改革への確信から赤旗事件まで

南　逸郎（第2章）

1　『牟婁新報』の記者に採用

『牟婁新報』は毛利柴庵《さいあん》が社長兼主筆として、記者に多くの社会主義者を迎え、自ら「社会主義を鼓吹すべし」「所謂金持ちを排斥すべし」などの論説を発表し、「平民社の落城後、日本の社会主義運動史に一つの役割を演じたのは、紀州田辺の『牟婁新報』である。」（①五〇頁）と評されている。なお、初出の『牟婁新報』は、極く限られた図書館で館内閲覧しかできないので、本章で引用した『牟婁新報』記事は、主に管野須賀子著・清水卯之助編の『管野須賀子全集』によっている。

管野の入社については、かねてより毛利が婦人記者の紹介を堺利彦に依頼しており、管野は、家庭の事情（妹の病気）ですぐに入社できず「不在記者」として赴任前に『牟婁新報』に半自伝小説「露子」（明治三八年一一月六日～三九年三月三〇日）を連載し（②八三～一二八頁）、同紙に設けられた「家庭欄」の主任記者として京都より記事を寄せている。

　社長の柴庵が官吏侮辱罪に問われ、判決確定で四五日間入獄しなければならないため、一九〇六（明治三九）年二月四日、管野は、妹ヒデを連れて紀州田辺に赴任し牟婁新報社に入社し、「留守編集主任」となった。柴庵は同年二月一五日の『牟婁新報』に「堺兄に復す」の文中で、「（前略）僕が此牟婁新報の経営に従事して以来絶えず社外から助成して呉れて居るのは新仏教の諸兄の外に此社会主義の諸兄である。」と記し、管野の入社について「（前略）管野幽月君が僕の身の上を気遣ひ僕の事業を助けんが為に京都に於ける順境を去って態ざ《ママ》（態々《わざわざ》）紀州に於ける此逆境に投じ、現に貧闘忙闘の一人となって呉れている」（①五七～五八頁）と歓迎している。

　この時、すでに東京から来ていた社会主義者の新聞記者荒畑寒村が参加し、わずか二ヵ月の間ではあったが、ともに『牟婁新報』で論陣を張る。（寒村の入社は一九〇五〈明治三八〉年一〇月初め、退社は翌年四月一六日。管野の入社は二月二日、退社は五月二九日）

2 『牟婁新報』時代の活躍

管野は、約五ヵ月間の『牟婁新報』記者時代に多岐にわたる記事を書いているが、その主張の中心は、社会主義、女性の自立と平等、置娼反対であろう。

（1） 社会主義思想への確信

管野は不在記者時代に京都から寄稿し、「筆の雫」と題して「我等が理想は、四民平等の社会主義なり。されど大廈は瞬時にして破壊しえざるが如く、多年の月日を費やして根底を堅めし階級制度は、一朝一夕に覆すべからず。急激に事を行わんとすれば、却って失敗の歴史をのみ繰り返すに止まるべし。然れば我等はこの理想を希望として光明として先ず第一根本たる「自覚」を為し、自らを養ひ品性を高め、然して後徐々に理想を現実に実行するの方法をとるべきなり」（②三八～四〇頁）と書いている。

また、かつて大阪の同志であった高尾楓蔭宛「楓蔭の君に返す」の中でも「妾は茲《ここ》に至って、我ら社会主義者の責任の、愈々増々重且つ大なるを感ぜずんばあらず」とも書き（②六六～六七頁）、すでに大阪において「平民新聞読書会」「大阪社会主義同志会」を組織し、また荒畑寒村という心強い社会主義記者を得て社会主義への信念を強めていったのではなかろうか。

(2) 廃娼論を主張

管野が田辺へ到着する二ヵ月ほど前、「置娼建議案」が和歌山県議会で提案、通過(一九〇五〈明治三八〉年一二月一日)され、管野は置娼論・廃娼論が沸騰する渦中に飛び込んだ。すでに大石誠之助が、『牟婁新報』(一九〇六〈明治三九〉年二月三日〜二月二一日)に五回にわたって「排娼論」を主張していた。(③一一七〜一一八頁)

管野も『牟婁新報』(一九〇六年三月三日)に「県下の女子の檄す……咄《とつ》、置娼……」の表題で、「(前略)噫《ああ》、諸君、我ら婦人は侮辱せられたのであります。この上ない侮辱を加えられたのであります。人権を蹂躙《じゅうりん》せられたのであります。公然奴隷とせられたのであります。諸君それでも尚我等は黙して、此の暴虐の前に跪《ひざまづ》かねば成らないのですか(後略)」と置娼に対し激しい論陣を張っている(②六九〜七一頁)。

(3) 女性の自覚と男女平等を主張

管野は女性の自覚を促し、つぎのように男女の平等を強く主張する。

「(前略)男子の奴隷となるな。一日に三〇分でも、一時間でも読書の習慣を養われんことを(後略)」(②四三〜四四頁)。「(前略)時世に応じて、即ち時代の婦人を養成するてふ根本を動かぬよう、兎もすれば前世紀式の玩弄《がんろう》物的婦人を悦ぶ田辺人の迷夢を、覚醒するの先導者の意気込みを以て（後略）（②一〇七～一〇九頁）。「（前略）妾は男子の口により婦人貞操論を聞く度に、常にチャンチャラ可笑しくて噴飯し居るなり。（中略）婦人を奴隷視し、侮辱するの甚だしきものなればなり（後略）」（②一一二頁）。「（前略）解決は勿論社会主義に俟《ま》たざる可からずといえども、而《しこうして》我等婦人は、此我儘勝手なる男子闕とも戦はざる可らざるなり（後略）」（②一一三頁）。「（前略）結婚を急ぐ勿れ。売買結婚に甘んずる勿れ。而して己の修養に勉めよ。斯して始めて、理想の家庭をつくるを得べし（後略）」（②一一四頁）等多くの啓蒙的な文章を載せている。

中でも、退社前の『牟婁新報』（一九〇六〈明治三九〉年五月九日）掲載の「女としての希望」の表題で書いた「今一つ妾に希望あり。熱烈なる相愛の夫妻が、私《わたくし》するものとては、只相互の愛情のみにして、余力を挙げて社会の為に捧げ、己が成すべきの務めを終りたるの日、即ち、莞爾《かんじ》として、相抱いて情死をなす……是れ妾の理想なり。（中略）強き〳〵情死。即ち、剛胆に、同心一体となりて主義の為に奮闘して、刀折れ矢尽きたるの時（体力の）、大手を振りて花々しくする情死なり。」の記事は注目される。毛利柴庵社長には、手厳しく批判されているが、後年の生き方と照合させると、なんとも凄まじい人生宣言をしたともとれる（②一四三～一四四頁）

3　『毎日電報』の記者時代

(1)　管野の上京

『牟婁新報』出資者からの圧力や、新たに社会主義反対派・置娼派の記者が編集部に送り込まれる中で、荒畑寒村は田辺を離れ、管野も、一九〇六（明治三九）年五月二九日に退社し、田辺を離れ京都へ移り住む。京都で暮らし始めた同年八月に寒村が須賀子を訪ね、一ヵ月ほど同居し、この時二人は結婚を約束する。そして一〇月に妹を連れて上京した。

上京後二週間ほどの一〇月二八日には福田英子、堺為子、幸徳千代子ら先輩の呼びかけによって堺宅で開かれた「社会主義婦人会」に出席し、本格的な社会主義婦人の一員となる。同年一二月に『毎日電報』の婦人記者となるが、翌年一月に創刊された日刊『平民新聞』の運動に参加し、創刊当日の一五日には管野の住居で荒畑、山口らと集会し、気勢を上げている。

(2)　『毎日電報』における活動と社会主義者との交流

入社した最初の取材記事は、一九〇六（明治三九）年一二月二六日付「乙部隊」（②一七〇～一七一頁）（新橋の名妓観察）、「甲部隊」（大呉服店観察）（②一七一～一七二頁）で、草官女、S子

の署名で掲載され、いずれも書き出しに「新年をどう迎えているか指令せられ」「密封指令を受け」と書かれ、なんとなく意に沿わない取材だったのではないかと思われる。だからであろうか、翌年の一月一日の『牟婁新報』（②一七四頁）に「妾この頃、『毎日電報』の記者として、数十中の一椅子を占め、社会部の婦人界、並びに婦人訪問を担任し居れり。されど恋しきは牟婁紙の編集局なり。糊や鋏、筆や算盤、何でもござれの寸暇なき愉快さは、到底大新聞記者の呑気にして而も気骨の折れる不愉快さに比ぶべくもあらず。今尚、時々折あらば、地方の新聞社へ行って見たしと思う事しば〳〵なり」と田辺時代を懐かしんでいる。

その後管野は、『毎日電報』の紙面に、奉公する少女縫の苛酷で孤独な生活を綴った「お縫さん」（②一八八頁）、婦人矯風会大会に出席して廃娼への熱意を記した「食卓気焔の花」（②二〇三～二〇四頁）、足尾銅山鉱毒地谷中村に関する話を紹介した「矢島刀自と谷中村」（②二〇五～二〇六頁）など、社会の現実に目を向けた記事を書いている。

しかし二月二二日、かねてから肺結核を患っていた妹ヒデが死去し、まもなく管野須賀子自身も結核に冒され病床につき、しばらく伊豆の初島へ転地療養をする。この折に書かれたのであろう『毎日電報』には、「理想郷／熱海より三里沖の小島」と題して、「ここに一つの国ありて、貧富の別なく、階級なく、人は皆一家族の如く睦みて和気藹々《あいあい》たる月日を送り居ると仮定し給へ。想ふだに如何に美しく心地よきかな、妾今その理想の俤《おもかげ》を、図らず病を抱いて遊びし此島を見るを得て、嬉しさ限りなく、些《いささ》か都の人々にも紹介せんとてその筆執りぬ（後略）」

（明四〇年五月一五日）と書く（②一九八～二〇三頁）。

『毎日電報』記者として寄稿を続けると同時に、四月二五日には、石川三四郎、山口義三の入獄を日比谷公園へ見送りに行ったり、また、大杉の出獄を保子夫人らと出迎えに行った時の出来事を「巣鴨の一夜」（上・下、明治四〇年一一月一八日、二四日）と題して掲載しているように（②二〇七～二一三頁）、平民社に集う社会主義者との親交を深めていった。

管野は体調がすぐれず、年末から再び房州吉浜の秋良方へ療養に出かけ、療養先の吉浜から『毎日電報』へ四回寄稿している。翌一九〇八（明治四一）年三月に戻り再び筆を取るが、四月二七日付「わが寺―妹秀子の墓参り―」（②二二七～二二九頁）を最後に、『毎日電報』の記事は見えない。

そして同年六月の「赤旗事件」に巻き込まれ、管野は八月に『毎日電報』を解雇される。

4　「赤旗事件」――社会主義改革の敵を知る

（1）「赤旗事件」に遭遇

一九〇八（明治四一）年六月二二日、錦輝館で山口義三（孤剣）の出獄歓迎会が開かれた。孤剣は『光』や日刊『平民新聞』の筆禍事件で、通算一年二ヵ月半の判決を受けて入獄していた。その歓迎会は約七〇人ばかり参加し、余興もあって盛会であった。会が終わるころに若い大杉栄、荒畑寒村ら直接行動派が「無政府共産」の赤旗を会場で振りかざして議会政策派にアピールした後、場外に出て旗を振ったため、待ちかまえていた警官が禁止命令を出して掲げた旗を奪い取ろうとして、路上でもみ合い乱闘となった。この赤旗事件の背後には前年二月に開かれた日本社会党第二回大会での直接行動派と議会政策派の対立もあったとされている。当局は社会主義者らを殲滅するための好機と、あらかじめ待機しており、集団で警官に反抗したとして大事件に仕立て上げ、仲裁に入った堺利彦、山川均を始め、女性四人も加えて合計一四人を検挙し、主要な活動家を官吏抗拒の治安警察法で起訴した。八月一五日に第一回公判があり、二九日には次に示すような、前例のない厳罰の判決を下し、人々を驚かせ、社会主義者や関係者は強く憤慨した。大逆事件研究者の塩田庄兵衛は、「大逆事件の被告たちの予審調書をみると、（中略）大逆事件は、赤旗事件にたいする復讐が直接の動機だという解釈が出るゆえんである。」と述べている（④三五～三六頁）。大逆事件の淵源は赤旗事件とする研究者が多い。

管野もこの騒ぎに巻き込まれ、検束された仲間との面会を求めて署に押しかけたとき突然逮捕され、治安警察法違反・官吏抗拒罪で起訴された。その時のことを管野は、公判で「（前略）自分は警官が、旗を渡さぬ故理由を聞かんとする間もなく、突然突き飛ばされ、且非常なる暴力を以って腕を捻じられ警察の門内に引かれていきたり（後略）」とし、控訴院での検事論告に対する弁明では、「（前略）予審調書には全く跡方もなきことを羅列せり、然もそのことたるや到底病身の自分には出来難き犯罪事実なり。自分が社会主義者なるが故を以って罪の裁断を受くるならば、甘んじて受くべし。然れども巡査の非法行為を覆わんために、犯罪を捏造して入獄を強ひんとならば断じて堪ゆべ可らず。（中略）法律は個人の思想を罰することを得ざるべし、飽くまで公平の裁判を望む」と供述している（①一二三〜一三〇頁）。

重禁錮	二年半	罰金二五円	大杉　栄
同	二年	同　二〇円	堺　利彦
同	二年	同　二〇円	山川　均
同	二年	同　二〇円	森岡栄治
同	一年半	同　一五円	荒畑勝三
同	一年半	同　一五円	宇都宮卓爾
同	六月		佐藤　悟
重禁錮	一年		村木源次郎
同	一年		百瀬　晋
同	一年	（執行猶予五年）	徳永保之助
同	一年	（罰金一〇円執行猶予五年）	小暮レイ子
懲役	一年	（執行猶予五年）	大須賀里子
無罪			管野須賀子・神川松子

さらに、管野は大逆事件の武富済《わたる》検事による最初の聴取書の訊問で、「赤旗事件の時貴殿の取り調べを受け（中略）公判における論告は辛辣というか峻酷というか、実に無念の歯をかみならし、悲憤の涙を絞りました。（中略）もし革命運動を起こすときには、第一に貴官に爆弾を投げつけようと思いました。（中略）その仇敵には何事も申しますまい。（後略）」（④一〇一頁）と訊問を拒否している。いかに赤旗事件の時の取り調べに憤慨していたかがうかがえる。

(2) 革命家の道へ突き進む

「赤旗事件」の公判で、裁判官が全被告に対し、「被告は無政府主義者なりしや」と質問している。他の被告が無政府主義者と答えることに躊躇するなか、管野は、「自分はもっとも無政府主義に近き思想を抱持し居れり」と述べ、公判における管野の態度は他と比べて際立っていた。

管野は、この「赤旗事件」で初めて権力からの不法な暴力を受け、初めて二ヵ月以上も拘束され、そして起訴された。

結果は無罪であったが、この経験によって管野は国家権力に直接対峙する革命家への道に大きく踏み出したのではないだろうか。しかもその間、獄中では「病監」に入るほど肺結核は進行していた。

「赤旗事件」の判決により、多くの社会主義者らは前例のない長期の逮捕・拘禁と罰金刑を科せられて身動きができない状況に追い込まれ、憤慨し、恨みを抱き、二年後の大逆事件発生の誘因となった。管野は社会主義の火を守るためにますます運動にのめり込み、幸徳秋水に接近していく。

参考資料
① 絲屋寿雄『管野すが』（岩波書店　一九七〇年）。
② 管野須賀子著　清水卯之助編『管野須賀子全集』第2巻（弘隆社　一九八四年）。
③ 辻本雄一『熊野・新宮の「大逆事件」前後』（論創社　二〇一四年）。
④ 塩田庄兵衛・渡辺順三『秘録・大逆事件（上巻）』（春秋社　一九六一年）。

第3章　幸徳との出会いから大逆事件まで

立石　泰雄（第3章）

1　「赤旗事件」の重刑に対する反発

一九一〇（明治四三）年五月二五日の宮下太吉らの検挙に始まる大逆事件について、「淵源は一九〇八（明治四一）年六月二二日に起こった赤旗事件にあり」とする見解がある。赤旗事件（2章4節〈1〉項に詳述）は社会主義者らを逮捕、投獄するための官憲による計画的な謀略とされている。そして、二年後に起こった大逆事件の冤罪による処刑も、国策にもとづいて、検事・裁判官が社会主義者や無政府共産主義者らを殲滅するために、赤旗事件と同様の考え方に立って処刑したものとみられている。

神奈川県箱根大平台《おおひらだい》林泉寺《りんせんじ》住職の内山愚童（死刑・7章4節23項に詳述）は、自身が国家権力に対する叛逆性を高める転換点になったのは、温厚篤実で学殖豊かな長老的存在であった友人の堺利彦が、赤旗事件で逮捕、重刑に処されたことによったとしている。そして愚童は『入獄紀念・無政府共産・革命』の秘密出版に取り組み、「天皇は神にあらず」とした大胆な主張をし、「数珠つまくる其手には常に爆弾を携へつ、あらねばならぬ」と日記に過激な記述をしている（①二二一～二二七頁）。

機械工の宮下太吉は（死刑・7章4節15項に詳述）、『平民新聞』を読んで社会主義に目覚め、内山愚童から送られてきた小冊子『入獄紀念・無政府共産・革命』に共感し、爆裂弾により天皇を殺傷して、天子は神でなく我々と同じ血の出る人間であることを証明し、迷信を打破しなければならないと述べている（②五〇～五一頁）。そして宮下は、翌一九〇九（明治四二）年二月一三日、「平民社」に幸徳を訪ねて、天皇に爆裂弾を投げて血の出る人間であることを証明し、迷信を打破したいと申し出ている。

管野須賀子（死刑）は赤旗事件の際の官憲の暴虐について、大逆事件訴訟記録第二回聴取書（一九一〇〈明治四三〉年六月三日）（③一九八～二〇〇頁）でつぎのように述べている。（片仮名を平仮名現代文に変えた。筆者）

「赤旗事件に付て入監した当時、熟々《つくづく》警察官の暴虐なる行為を見て憤慨に堪えず、此の如くしては到底温和なる手段で主義を伝道するなどは、手ぬるい事であると考え、寧《むし》ろ此の際暴動若しくは革命を起し、暗殺等も盛んにやって、人身を覚醒せなければ駄目であるから、出監後は此目的の為に活動する考を起こしたのであります」と述べ、更に、「天子なるものは、現在に於て経済上には掠奪者の張本人、政治上には罪悪の根源、思想上には迷信の根本になって居りますから、此の位置に在る人其のものを斃す必要がある、と考えて居たのであります。」

2　管野と幸徳との出会い

郷里の高知中村で、クロポトキンの『麵麭《ぱん》の略取』の翻訳に取り組んでいた幸徳は、赤旗事件（一九〇八年六月二二日）での逮捕を知らされると、病体にむち打ち翻訳原稿を完成させ、同年七月二一日に中村を出発し、赤旗事件後の組織の立て直しを相談したいと和歌山の大石誠之助の家や、林泉寺の曹洞宗禅僧、内山愚童を訪ねた後、八月一五日の赤旗事件第一回公判に間に合うように上京する。この時の裁判で管野は物怖じすることなく堂々と「自分はもっとも無政府主義に近い見解を持っている」と発言し、先述の第二回聴取書に記したようなことを臆することなく述べ、傍聴していた幸徳に社会主義改革者にふさわしい女性と好印象を与えたとされている。

管野の赤旗事件の判決は、九月一日に無罪放免となったが、勤めていた「毎日電報」を解雇され、生活手段のため、秋には中国人留学生の宿「神谷荘」の住み込みの世話係となる。その間、平民社を時々訪ね、尊敬していた幸徳に接近し、手伝いなどをする内に、幸徳と意見があい、親しくなる。管野は、理論的にも実践的にも優れた幸徳に惹かれる。先述したように幸徳は赤旗事件の裁判での意見陳述で、管野の才能を認め、考え方を気に入り、この頃から革命家の妻には千代子は適性を欠き、管野が望ましいと思うようになる。

管野は赤旗事件での約二ヵ月半の監禁（一九〇八〈明治四一〉年六月二二日～九月上旬）による無理がたたり、体力の低下が顕著で、幸徳はそれを心配し、鎌倉逗子の正覚寺に年明けの一九〇九年二月中旬に転地療養させている。同年三月に帰京し千駄ヶ谷の平民社に入居し、幸徳の助手となり、『自由思想』（第一号・同年五月二五日）の発行を手伝っている。幸徳は管野の献身的な協力に感謝して讃えた文を第一号の「編輯室より」に紹介している（②一二四頁）。同年六月一〇日には第二号を発行するが、これも発禁処分となる。管野と幸徳が夫婦関係を持つようになるのは『自由思想』第二号の発行を取り組んだ六月頃からとされている。

一九〇九年七月一五日に『自由思想』発行が新聞紙法違反となり、編集発行人であった管野は病床から検挙され二回目の入獄となる。同年九月一日、罰金刑四〇〇円の判決で仮釈放され平民社へ戻る。しかし、管野は罰金四〇〇円の支払いは困難と判断し、翌一九一〇年四月には上告を止め、換金刑に服することを決め、五月一日に単身上京し、三回目の入獄のため増田屋で待機し、五月一八日に入獄している。

3　荒畑の邪推と同志らの離反

荒畑が赤旗事件の罪で入獄していた間（一九〇八〈明治四一〉年六月二二日〜一九一〇年二月上旬）に、幸徳と管野の結婚の話が獄中の荒畑や、同志たちにも知れ渡り、幸徳と管野は非難の的となり、荒畑からは決闘状を突きつけられ、山手平民倶楽部の忠実な青年同志、竹内善朔からは絶縁状をたたきつけられる。（②一四三頁）

しかし、神崎清の『革命伝説』によれば、竹内の怒りは親友の戸恒保三が平民社に雇用されていた女中の小島つねから聞いた話を根拠にした手紙によったとされ、後年つねが大逆事件の参考人として予審廷に呼ばれて証言したものとは違い、幸徳と管野の交際は、真面目な印象を与えるものであったと述べている（②一三九頁）。幸徳は親しい友人たちに初めて管野との結婚の経緯を報告している。中でも新宮の大石誠之助あての次に示す手紙は、幸徳の苦悩が記されており、管野との関係についての幸徳の考えを知ることができる。（②一四三〜一四四頁）

（前略）モー下火になる時分の此間題が、更に内輪の問題になるのは甚だ奇怪だが、多少その理由がある。夫《それ》は警視庁や何かが、社会党に対する世間の同情を失はせる為、色々に僕のことなどを書き立て、現に彼女が拘引された時なども、情婦だとか内縁の妻だとか・諸新聞に書かせた。

一方には、例の連中の放つ悪言で段々今迄知られなかった方面まで拡がってきて、「日本人雑誌」などは二度まで書いた。（中略）

僕は、管野との関係を問はるれば、別に隠す気もないが、進んで公表する義務もないので、今日まで過ぎたのだが、兎に角相愛して居るには違ひない。夫《それ》が気に入らなくて、絶交さるれば仕方がない。愛憎は時に冷熱あるもので、是が何時までつづくものか分らぬ。或は案外短いかも知れぬが、一、二カ月の彼女の奮闘と犠牲（『自由思想』の出版と投獄・引用者注）に対して、義理でも出獄までは、其先途を見届けねば男が立たぬやうな気がするので、僕は自分の世俗的な名誉を犠牲にして、進むことに決心した。夫《それ》で戸恒や竹内の例から推《お》せば、天下・同志の大部分に棄てられることとなるだらう。是も已むを得ぬ運命だ。

迫害が烈しいので、出入りの人が一人減り二人減りして、段々に少なくなる。面会やら差入れやら、其他生活上の奔走で多忙を極めているのに、又こんなことでウンザリしてしまふ。自分が一層入獄した方が気楽であったと思ふ。（一九〇九〈明治四二〉年八月三日）

妻の須賀子を幸徳に奪われたとされる荒畑は、二年前の一九〇七（明治四〇）年一〇月上旬、『大阪日報』の記者として東京を離れる際に、管野と話し合ってすでに離婚を決めていた。しかし荒畑は、一九〇八年二月上旬に、千葉県房州の秋良屋に静養中の管野を突然訪ねて二〇日間も同棲し、ヨリを戻したかにみえた。ところが、同年四月に大阪朝報社を辞めて帰京した際には別居生活を始め、五月には協議の上で夫婦別れをしている。管野と荒畑は相性が悪かったのかよく喧嘩し、京都の同棲（一九〇六年七月末）以来赤旗事件で逮捕（一九〇八年六月）されるまでの約二年間で四回の同居（合計して四ヵ月半）と別居を繰り返している。

幸徳も千代子夫人と正式に離婚（一九〇九年三月）していたので、幸徳と管野が結婚しても法律的には問題はなかった。しかし、両人の離婚の経緯を知っていたのは当人たちだけで、しかも、厄介なことに、赤旗事件で牢獄にいた荒畑に管野が差し入れする際、手続きの便宜上、内縁の妻と記載していたため、赤旗事件で入獄以降、言葉を交わしたこともなかったのに、荒畑はヨリが戻ったと勘違いしていたようである。それに、同志たちにも離婚を正確に伝えていなかったため、幸徳と管野の結婚話が明るみに出ると、二人に対する厳しい非難が集中し、獄中にいた荒畑への同情が集まり、同志たちは幸徳と管野から離反するようになる。流石に幸徳と管野は窮地に立たされ、管野は『自由思想』の新聞紙法違反で収監（一九〇九年七月一五日〜九月一日）されていた間の八月一四日に遅まきながら東京監獄から服役中の千葉監獄の荒畑に、幸徳との結婚を知らせ、縁切状を送る。

荒畑は「主義によって快諾」「新家庭の円満、幸福ならん事を心から祈るのみです」と管野に祝福の手紙（一九〇九〈明治四二〉年九月六日）を書いている。一方、幸徳には「決闘状」を送り、満期出獄（一九一〇〈明治四三〉年二月二五日）後二人を殺害しようとピストルを購入して五月九日に湯河原の天野屋に押しかける。その頃、須賀子は換金刑に服するため五月一日に単身上京し、五月一八日に三度目の入獄をしている。幸徳も五月九日には不在であったため、荒畑は二人にピストルを向けることもできずにすごすご帰京する。

大逆事件はその直後の五月二五日から逮捕が始まる。

4　宮下太吉の爆裂弾と投弾の練習

宮下太吉については7章4節15項に詳述し、本章1節にも触れているが、機械工の宮下は、身分によって貧富の差が生ずる原因について疑問を持っていたが、『大阪平民新聞』を読んで、その原因が運命的なものでなく、社会矛盾に根ざすものであることを理解する。突き詰めて考える行動的な性格の宮下は、『大阪平民新聞』（一九〇七〈明治四〇〉年六月一日創刊）の執筆者である森近運平を一九〇七年一二月一三日に大阪に訪ね、自身の考え方を正したりしている。そんな折に内山愚童から送られた本章1節に取り上げた冊子『入獄紀念・無政府共産・革命』を読んで心底納得し、社会矛盾の根元は天皇を神とする迷信にあり、それを打破しなければ貧富の格差をもたらす社会矛盾は解消できない、天皇も自分たちと同じ人間であることを証明するための方法は爆裂弾をつくって天皇を殺傷する以外に方法はないと確信して、爆裂弾の調査と作製に精力的に取り組んでいる。詳細な取組経過については神崎清の著書（②一五一〜一七七頁）に記載されている。

宮下は爆裂弾について書物や人伝に聞き合わせて調査し、塩素酸加里と鶏冠石を混合する方法を知る。塩素酸加里は新村忠雄に頼んで新宮の大石誠之助医師から、鶏冠石については祭礼の奉納花火に使うとして友人を経由して入手し、鶏冠石の粉砕は新村を通じて薬剤師の家から借り受け、それらを調合する際の割合などは宮下自身が百科事典で調べ、容器（直径約3センチ、高さ約6センチの円筒のブリキ缶）は部下の機械工新田融に作らせている。とりあえず秘密裏に試作品を作り、明科の山中で一九〇九（明治四二）年一一月三日に一人で実験し、その威力を確認している。後日、大逆事件の捜査では薬品などを仲介してくれた人々も逮捕され、迷惑をかけているが、労働者宮下が思い詰めて決断した後の行動的な取組みのすごさは並のものではない。

管野は一九〇九年九月一日に仮釈放されて平民社に戻っていた。同年一二月三一日、宮下太吉は爆裂弾の実験成功を報告するために上京し、平民社に泊まり、翌一九一〇年一月一日、宮下、幸徳、管野、新村忠雄らと爆裂弾の空缶で投弾のまねをする。天皇暗殺についての話もするが、その時点の幸徳は、積極的でなかったとされている（④八頁）。一月二三日にも平民社で古河力作、新村、管野ら三人で投弾の練習をしている。五月一七日には、古河、新村、管野らで投弾の順番をくじで決め、実行の日を管野出獄（換金刑による入獄が決まっていた）予定の秋以降とする。投弾の順番を決める際、管野をソフィア・ペロフスカヤにたとえて話題となったとされている。ソフィア・ペロフスカヤ（虚無主義・ナロードニキ）は管野の生まれた年、一八八一（明治一四）年三月一日ロシア皇帝アレクサンドル二世を暗殺した首謀者である。当時、ロシア皇帝暗殺の話は日本でも知られていたようである。管野は一九一〇（明治四三）年五月一八日、新村、古河に見送られ換金刑のため三度目の入獄をする。

5　大逆事件による逮捕と裁判

一九一〇（明治四三）年五月二五日、信州明科で警察への密告によって宮下太吉の爆裂弾が発覚し、宮下、新村善兵衛、新村忠雄が逮捕された。密告者は宮下と同じ製材所に勤める役者くずれの部下の清水太市郎で、宮下が清水の妻に手を出して過ちを犯し、その嫉妬がらみの清水の密告であったとされている（④七〇頁）。

その年の六月には検事局において無政府主義者に対する徹底した取調べをする方針を決定し、逮捕者は芋づる式に全国的に広がり、社会主義者およびその同調者数百名が検挙され取調べを受けている。同時に、社会主義関係の印刷物の取締りを強化し、「社会」と名の付く書物は、十数年前に遡って全国の書店、古本屋を調査して押収し、中には『昆虫社会』と題する理科学書まで発売を禁止するなどの徹底した対処もあったとされ、異常なまでの弾圧政策が採られている（⑤二二八頁）。

多数の検挙者がでるが、その中から二六人が起訴され、検事による聴取書と判事による予審調書の作成が厳しい訊問のもとで行われた。その供述内容は同席している裁判所書記によって記録されたが、これらの記録は敗戦直後、国の命令で証拠隠蔽のため司法省の空き地で焼却処分中の書類の山から奇跡的に救出（商品になるとみて書類の山から盗み出されたとも言われている）されたもので、大逆事件における被告の供述内容を知ることができる貴重な記録書とされている。しかし、それらの聴取書や予審調書にみる供述内容は、同時に焼却処分から救われた、受刑者の獄中手記や日記などと照合すると、被告らを拷問まがいに眠らせないで、時には怒鳴りつけ、時には誘導尋問により供述が引きだされたもので、官憲側のシナリオに添うように巧妙に作りかえられ、捏造された内容のものが多く、そのまま信用できない書類であったことが後年明らかにされている。したがって、大逆事件の聴取書や調書はその前提に立って検討しなければ判断を誤る危険性がある。

大逆事件による管野の逮捕は、管野が『自由思想』の出版条例違反によって罰金刑が科せられ、支払い不能で換金刑のための入獄中での逮捕であった。直ちに刑法七三条に切り変えられて、五月三一日に獄中起訴となり、六月二日からは大逆事件の罪人として第一回検事聴取が始まった。

取調べは鬼検事といわれた武富済《わたる》検事が勇んで高圧的に訊問した。管野は断固抵抗し、「私は一昨年の夏、赤旗事件のとき貴官の取調を受け、昨年夏自由思想の秘密頒布と、同新聞紙上に掲載した家庭破壊論の事件も貴官の起訴をうけ、有罪判決が確定し、只今はその罰金の換刑処分で服役中であります（中略）。未決監在監中、憎むべきわが仇敵、武富検事を殺さずんばやまずと決意し、もし革命運動を起こす際には、第一に貴官の頭へ爆裂弾を投げつけようと覚悟しました（後略）」と述べ、「貴官には取調べに応じない」と拒否し、検事を変えさせている（③一九五～一九六頁）。

管野の検事聴取は六回、判事の予審は一四回行われているが、予審調書での管野の供述については第6章10節でとりあげ、管野が獄中から針文字書簡（第4章2節に詳述）を六月九日、秘密裏にあるいは看守に託して郵送したと思われる。訊問での幸徳の爆裂弾の関与については「知らぬ」「存ぜぬ」と拒否し続けていたが、針文字書簡が郵送できた一〇日以降は「すべてを話します」といって自供を始めている。ただし、その予審調書の内容は前述したとおり、管野の供述どおりの記録かどうかは疑問が残されている。

坂本清馬は、調書について、「一九〇八（明治四一）年一一月ごろ、秋水が《いずれ何かをしなければならぬから、そのときのために、全国遊説をして意志堅固者を数十人集めてくれ、それに必要な金は出す》といったのに、担当の潮恒太郎予審判事は勝手に「いずれ暴力革命をしなければならぬ。決死の士を集めてくれ」に変えられていると反発し、訂正を求めている。予審判事は「字句の相違は多少あっても、君がいった意味がわかればいい」と訂正しなかった。清馬は「供述したとおり訂正してください。そうでないと私は拇印を捺しません」と拒否し、書き直させている。幸徳に対する第一三回の予審調書に、判事が「坂本に決死の士を募れとまで申したのではないか」との問いかけに、幸徳は、「坂本に決死の士を募れと申したのではありません。他日の準備のためにしっかりした人物をみつけておかねばならないと言った」としており、坂本の訂正要求通りの供述となっている（⑥三八頁）。「決死の士」については、「大逆罪デッチアゲ」のため検察がつくった言葉であることが裏付けられる。

6　大逆事件とマスコミ報道

大逆事件の内容は、厳しい報道規制が敷かれ、一般庶民には知らされていなかった。

一九一〇（明治四三）年一一月一〇日の『東京朝日新聞』に、「無政府主義者」の見出しで「コレラの如くペストの如く無政府主義も我が日本を侵し来たれり」とし、当時の無政府主義者はコレラかペストのように扱われていた。本文では、ヨーロッパの無政府主義の歴史と思想を詳しく説明し、ソフィア・ペロフスカヤら虚無主義者のアレキサンドル皇帝の暗殺にもふれている。なお、当時は社会主義と無政府主義が区別しないで混用して報道されていたようで、当時朝日新聞社の校正係をしていた歌人の石川啄木の指摘がある（⑤一二八頁）。

同年一二月一一日の『東京日々新聞』には、次のような受刑者に対する厳しい非難の記事を載せている。

身は金甌《きんおう》無欠《むけつ》、皇統連綿たる神州の民と生まれながら、不自然なる西欧の曲学に心酔の余り、ついに我が国有史以来かつてなき大叛逆を企てたる無政府党幸徳秋水以下二十六人の極悪無道は、吾人その六族を殲《ほろぼ》すも、なお慊《あきた》らざるの思いあり。万人等しくその肉を喰い、その死屍に鞭うたんと希う所なるが、国家別にこれら不忠の徒に対する国法の設けあり（中略）、昨十日を以て、その第一回公判を、大審院刑事大法廷に於て開廷せられたり。

同年一二月一一日の東京朝日新聞には公判の状況をつぎのように報道している。

一九一〇（明治四三）年一二月一〇日から開始され、午前六時から一五〇人に傍聴券が渡され、一旦帰宅させ、「八時に門が開きて一人一人傍聴者は構内に入る。先ず入り口にて傍聴券を監査し大玄関にて再検査を行い、石段を上るや三度、大審院弁護士控所前の衝立にて仕切りたる一廓に入れて、身体検査を行ふ。係官は警視一人、警部一人、巡査一〇人にして懐中、袖、帯の間、こと細かに検査し、かくて検査を経たるものは巡査の案内で入廷着席」。当日は憲兵五〇人、巡査一五〇人動員された。開廷すると鶴丈一郎裁判長は、「《審理に先だち申し渡す事あり》とつげ、厳粛なる態度を持って、《本事件審理の公開は、安寧秩序を乱すおそれある案件なるを以て本日は是より、公開を禁止する。此の禁止は啻《ただ》に本日のみならず審理続行中に亙り引続くものと知るべし》と宣言したるにより傍聴人一同は直に法廷の外に出たり」。裁判は証人も傍聴人もなく数回休んだだけで、日曜日も開廷、一二月二四日まで連日続いた。最後に訴訟法上の形式と裁判長は被告等に最後の陳述を許した。応じたのは新村忠雄と管野の二人であった。

管野は「長い間御辛労をおかけしました……女はどうしても意気地がないものですから……それが私の恥辱です。私どもの先人には、勇敢に決行の模範を示し死んだ人が沢山あります。……私はいつの時代にか、私の志のある所が明らかにされる時代の来るだろうと信じていますから、何の心残りもありません。（後略）」と述べている（⑦一九七～一九八頁）。審理は一二月二九日に終結している。

判決について、東京朝日新聞（一月一九日）はつぎのように報道している。

大逆事件の判決　二人を除くの外悉《ことごと》く死刑

判決は下れり有史以来の大事件として天下の心膽を寒からしめたる幸徳傳《ママ》次郎以下二六人の判決は下れり、当日の法定と定められ足る大審院の警戒は近来厳重の極みを窮《きわ》め警官一九〇人、憲兵五六人を各要所に配置し……

とし、二六人の氏名、住所、出身階層、職業と幸徳、管野ら死刑判決者九人の写真を載せている。事件の経過について宮下太吉の爆裂弾の発見がキッカケになっている事、一九〇八年の「一一月謀議」の事などを詳しく説明している。大石誠之助については、「一一月平民社に傳次郎を訪ね傳次郎は、巴里のコミニューン（コンミューン）のことを語り決死の士五〇人ばかりあればこれに爆裂弾その他の武器を与え裁判所、監獄、市役所其他官庁及び富豪の米蔵等を破壊し……と陳述したり」と記している。なお、大石のこの陳述は誤りがあることを大石自身が申し立てている（筆者）。公判は大審院のみで上告もできなかった。

検察は、同年一二月二五日に大逆罪で二六人全員に死刑を求刑した。弁護人による弁論が同月二七日から二九日までなされ、翌年一月一八日の判決で二四人に死刑、二人に有期刑が言い渡された。翌一九日に一二人は恩赦により無期懲役刑に減刑となった。そして日をおかず同月二四日に男性一一人が、翌日女性の管野が処刑された。

死刑執行の日には号外が出された。死刑の判決があったとき、徳冨蘆花は兄の蘇峰を通じて首相の桂太郎へ幸徳秋水らの死刑を阻止しようと嘆願しようとするが間に合わなかったとされている。政府は世論反発の高まりを恐れ、判決の六日後に処刑している。普通、最強悪名な殺人犯でも判決後六〇日は処刑されなかったが、前例のない早い処刑であった。

佐藤春夫は大石誠之助を悼む詩「愚者の死」を『スバル』（その年の三月号）に、与謝野寛も詩「誠之助の死」を『三田文学』（同年四月号）に発表している。また、大逆事件にかかわった人々を題材にした小説も発表されている。

国外でも反響をよび、とくに刑法七三条の罪に対する裁判の非公開に対して新聞や諸団体の抗議が盛んになったため、政府は外国駐在の大公使に「特別裁判事件に関する手続き説明書」を発送し、この裁判が現行の諸法規に照らして何ら不当でないことを弁明している（⑧四五頁）。また、アメリカ、イギリス、フランスの社会主義者たちが日本政府に抗議を行っている。

大逆事件の刑死者は、葬儀や墓を建てることも禁止された。家族には警官がつきまとい国賊の家として長く非難されて迫害をうけ、子や孫の就職にまで影響し、厳しい生活を強いられた。

大逆罪による多数者の処刑は、天皇に盾突くと殺され、子々孫々まで弾圧されるという恐怖心を植え付け、物言えぬ「冬の時代」をもたらした。一九二五（大正一四）年には最悪の刑法とされる治安維持法を成立させて弾圧がさらに強化され、満州事変（一九三一〈昭和六〉年）に始まる一五年戦争へ突入し、二〇世紀の悲惨な戦争時代をもたらすことになった。

参考文献

①曹洞宗人権擁護推進本部編著『仏種を植ゆる人』（曹洞宗宗務庁　二〇〇六年）。
②神崎清『革命伝説　大逆事件2』（子どもの未来社　二〇一〇年）。
③管野須賀子著・清水卯之助編『管野須賀子全集3巻』（弘隆社　一九八四年）。
④神崎清『革命伝説　大逆事件3』（子どもの未来社　二〇一〇年）。
⑤武安将光『幸徳秋水等の大逆事件』（勁草書房　一九九三年）。
⑥塩田庄兵衛・渡辺順三編『秘録・大逆事件（下巻）』（春秋社　一九六一年）。
⑦絲屋寿雄『管野すが』（岩波書店　一九七〇年）。
⑧塩田庄兵衛『秘録・大逆事件（上巻）』（春秋社　一九六一年）。

第4章　管野の獄中生活から

三本　弘乗（第4章1節）

1　管野が望んでいた生き方

管野須賀子は、二五歳で紀州田辺の『牟婁新報』に編集責任者として勤めていた時、先任の記者であった荒畑寒村がゆえあって辞任し、一九〇六（明治三九）年四月に帰京する。その際、「（前略）主義の為めに戦かひ給へ。君よ、犠牲の二字は我等現代に於ける社会主義の、生命にあらずや。」（①2巻一一八頁）と一九歳の荒畑に餞《はなむけ》の文を贈っている。

管野の人生のモットーは、意義ある目的を実現するために「犠牲」となって生きることこそ最高の人生としていたように思える。一八歳の時、一家の窮乏を救うために嫁に行って欲しいと父親に頼まれると、相手のことを何も調べないで嫁いだのも、それであったように思われる。

第2章にも取り上げているが、一九〇六（明治三九）年五月九日の『牟婁新報』に、「女としての希望」の表題で、「同心一体となりて主義のために戦い、理想の為に奮闘して、刀折れ矢尽きたる時、大手を振りて花々しくする情死なり」と恋と革命に生きたいと宣言している。毛利社長には、「情死などとはもってのほか」と手厳しく批判されたが、その後の過ぎ来し方をみると、管野の生き方の夢は生涯変わらなかったように思える。

管野が同心一体となって奮闘し、情死できる相手との出会いは、赤旗事件の裁判所であった。その時、裁判を傍聴していた幸徳秋水は、赤旗事件被告四人の女性の意見陳述で、管野だけが最も大胆に「私は無政府主義者なり」と堂々と公言したことに感心し、社会主義革命の伴侶としてふさわしい優れた女性であると興味を抱いたと言われる。

管野は二ヵ月間の勾留後無罪放免となり、その後は度々平民社を訪ね、尊敬していた幸徳と社会主義について意見交流して意気投合する。幸徳は、妻の千代子は内向的で革命家の妻としてふさわしくなく、管野がふさわしいと思うようになり、一九〇九（明治四二）年三月四日に妻の千代子を離縁している。

幸徳は赤旗事件で壊滅状態になった組織の立て直しのために、機関誌『自由思想』の発行に取り組む。管野は助手役を務めて献身的に協力し、その年の五月二五日に1号を、六月一〇日に2号の発行に漕ぎ着ける。しかし、いずれの号も新聞紙法違反で発行禁止処分を受け、出版名義人となっていた管野は四〇〇円（今だと二百万円ぐらいの額）の罰金刑を科せられる。

管野と幸徳は2号を発行した頃から夫婦関係をもつようになったとされている。

第3章でも取り上げているが、その頃、管野と幸徳は三つの問題を抱え込んでいた。一つは、荒畑が赤旗事件で獄中にいた間に、幸徳と管野が親しくなったことを知り、幸徳が妻の管野を掠奪した（実際は約一年前に話し合って離婚していた）とし、出獄したら二人を殺すと嫉妬で激怒した手紙を度々出していた。管野は改めて離婚声明を獄中の荒畑に送っている。その二は、離婚を知らなかった同志たちが、獄中の同志（荒畑）の妻を、首領の幸徳が奪ったとして平民社から離れていったこと、その三は、赤旗事件で主要な活動家らが逮捕されて活動は完全に閉ざされてしまい、その打開策について、「根本原因である絶対的な権力者の天皇を殺傷し、神と崇める迷信を打破しなければならない」と、暴力革命を起こそうとする一部の同志が動きだしたことである。なかでも行動的な宮下太吉は、爆裂弾の材料を買い揃え、試作して投弾テストまで実行してその性能を確認し、平民社の幸徳や管野を訪ね、天皇の殺傷を持ちかけていた。幸徳は一時はその気になったが、「今はその時期でない」と抑制的に動いていた。

一方、組織の壊滅で活動資金もなくなり、身動きもできないでいる幸徳をみかねた古くからの友人小泉三申《さんしん》らは、幸徳の博識と文才を生かした著述業への転身を幸徳に勧め、『通俗日本戦国史』の出版企画を持ち込む。管野にもその助手をつとめるようにと話し、小泉の知り合いの湯河原温泉天野屋旅館での静養と執筆を勧める。幸徳と管野はその気になって、平民社をたたんで一九一〇（明治四三）年三月二二日に天野屋旅館に出向いている。
しかし、小泉らの出版資金の拠出予定が狂って資金が続かなくなるとともに、荒畑の嫉妬に狂った手紙ぜめ、天皇暗殺計画について幸徳の実行意志の消失、『自由思想』が新聞紙法違反による罰金の支払いができない状況のため、管野は神経を刺激されてヒステリー状態となっていた。

管野は幸徳に「自分は爆裂弾による暗殺計画を実行するつもりだ。夫婦でいれば貴方に迷惑をかけるので別れたい。罰金については自分が労役に服して支払いたい」（①一〇一頁）と四月の始め頃幸徳に申し出る。幸徳も、資金のない状態での温泉での執筆と静養は、管野には苦痛になっていることを理解し、離婚と罰金刑による入獄に同意する。管野は五月一日に単身で上京し、増田謹三郎の別宅を借りて住み、五月一八日の入獄準備に取り組むことになる。

幸徳は、管野との離婚後の生活を考えたのか、前妻の千代子に「事情があって管野とは手を切ることになった、東京に出てこないか」と復縁を迫る手紙を、管野が上京した翌日の五月二日に送っている。男の身勝手というか、「僕の死に水を取って呉《く》れるのはお千代だよ」と友人にまで告白している（②二巻一〇八頁）。荒畑は、二月上旬に満期出獄して拳銃を購入し、五月九日に湯河原に出向いている。たまたま、その日は幸徳と管野は上京しており、拳銃騒動にはならなかった。

しかし、これらのことをすべて吹き飛ばす事件が同年五月二五日におこる。爆弾により天皇暗殺を企てたとして宮下太吉、新村善兵衛、新村忠雄らの逮捕で始まる大逆事件である。

管野も起訴されて同年五月三一日に獄中逮捕され、六月二日以降検事や判事に厳しく訊問され、とくに幸徳の爆裂弾の関与についてしつこく聞かれる。管野は「知らぬ、存ぜぬ」と拒否し続けるが、六月一三日の第六回の潮判事の訊問で、「爆裂弾の実行について幸徳は加わる気を無くしていた」と答えると、判事は「其の方等は皆申し合わせて幸徳を後に残さんとしている」と幸徳を庇っていると怒り、「幸徳が先妻千代子を呼び戻す話は致さなかったか」と聞いている。管野は「左様なことは聞きませぬ」と答えると、幸徳が千代子に送った復縁をのぞんでいる五月二日の手紙を見せている（①三巻三二〇頁）。五月二日は管野が入獄のために上京した翌日で、管野は冷水を浴びさせられたような思いをさせられる。管野は増田の家で待機していた五月一二日に、孤独に耐えられず、幸徳を恋しがる少女のような手紙を送っていたのである（①三巻一六〇～一六一頁）。

幸徳との結婚解消については、先述のとおり天野屋で管野から言い出した話で、五月一八日の入獄の日には見送りに来た同志の吉川守圀にも、幸徳とは離縁したいと伝えていた（②三巻一一二頁）。しかし、別れることは本心ではなかったのか、幸徳の心が離れていたことが判事の指摘で判って恥を掻かされたことになる。管野は幸徳との恋は終わったと思い知らされ、六月一七日に幸徳とは絶縁することを伝えるように判事に頼んだとされている。

判決の言い渡しが翌年（一九一一〈明治四四〉年）一月一八日に行われるが、管野はその日から日記「死出の道艸」を書き始め処刑前日の二四日まで書いている。その中で、荒畑のことは真の弟を気遣うような文章を残して伝言を頼んでいるが、幸徳のことは一切触れていない。唯一、堺為子宛（一二月一八日）の手紙に、「日日公判廷で相見る彼（幸徳と推測、筆者）が、その態度と陳述中の言葉とによって、私はその心中を察して却って気の毒に思って居ります。（中略）私には少しも気兼《きが》ねせぬようにとお伝え願います。私が絶縁の通知を予審判事に頼んだのもその点を察したからです」（③二三九）と書いている。大逆事件で、幸徳の主義主張に同調した同志たちが巻き込まれて処刑されることに、幸徳は責任を感じて、自分と同じように心を痛めている心情を汲んで、同志として気の毒に思っていることを述べたとみられる。

その頃に詠んだ短歌が、「見せ消ち」ではあるが「死出の道艸」に二首記されている。「目は言ひぬ許し給へとされどわが目は北海の氷にも似し」、「西東海をへだてし心にて墳墓《おく》に行く君とわれかな」（5章2節掲載）は、一心同体で討ち死にできなくなった幸徳との愛を潔く諦めたことを偲ばせる短歌ではないかと思われる。

参考文献

①管野須賀子著　清水卯之助編『管野須賀子全集　全3巻』（弘隆社　一九八四年）。
②神崎清『革命伝説　大逆事件　全4巻』（子どもの未来社　二〇一〇年）。
③塩田庄兵衛・渡辺順三編『秘録・大逆事件（下巻）』（春秋社　一九六一年）。

坂本　悦巳（第4章2節）

2「針文字書簡」の謎

二〇〇四（平成一六）年、杉村楚人冠の遺品を整理していたなかに、管野須賀子が獄中から楚人冠あてに送ったとされている「針文字」の書簡が発見された。碓田のぼるは、自著の中で次のようにふれている（①七九頁）。

「針文字書簡」は、管野須賀子が書いたかどうか――。百年来のこの疑問に対し、私は、新村忠雄の「獄中日記」の「針文字断片」を傍証として、「針文字書簡」は、追いつめられていく管野須賀子の、ギリギリの時点における悲痛な、獄中からの訴えであったことを確信する。私はいま、楚人冠がこの「針文字書簡」を、生涯にわたって秘匿してきた心情がわかるような気がする（後略）。

碓田のぼるのこの「心情」は、管野須賀子の真実を追究しようとする人たちにとっては誰しも同じといえるだろう。しかし、この「針文字書簡」は余りにも疑問が多すぎる。

管野が獄内で作成できたとしても、（一）誰に頼んで郵送したのか、（二）横山弁護士は「針文字書簡」を何故新聞紙上で公開し、「ニセ物」として済ましたのか、㈢楚人冠は横山弁護士への追求を何故中途半端でやめてしまったのか。

これまで取り上げられていない点からその真実を追究して検討してみたい。

(1)「針文字書簡」とはどういうものか

楚人冠の遺品を整理の際に発見した我孫子教育委員会へ現物の状況を問い合わせたところ、次のような回答を頂いている。発見された「針文字書簡」の紙は白い半紙(ガンビ紙、習字用)で、横約三二・五センチ、縦約二四センチ、等分に横を四つ折り、縦を二つ折りたたんだもので、「爆」の文字の大きさは、縦約一・九センチ、横約二・一センチであるとしている。

筆者は、「針文字書簡」と同じものを各種の方法で試作した結果、この「書簡」は、直接半紙に針を突き刺して作成したものでなく、鉛筆などで下書きをし、机の上に二〜三折りの手ぬぐいなどを敷いた上に半紙と下書きを重ね、下書き文字をなぞって針を突き刺しながら作成したとみている。したがって、針文字書簡は筆跡鑑定できないとする報告もあるが、筆跡の癖は現れるように思われる。なお、新村忠雄が獄中で作成した針文字日記は、下書きしないで直接針で書いたようで、判読はかろうじてできたとされているが、筆跡の癖はみられないと思われる。

（2）公開された「針文字書簡」

楚人冠の遺品の中から発見された管野の「針文字書簡」と同じようなものが当時横山弁護士にも送られていた。横山弁護士の針文字書簡は、記者にスクープされたとして、一九一〇（明治四三）年六月二一日の『時事新報』に公開された。その記事を見た楚人冠は、自分が勤めている『東京朝日新聞』で、「横山弁護士はこれを公開して管野が不利にならないか、弁護士として不徳ではないか」と自分にも送られてきたことは伏せて「公開状」を掲載した。それに対して横山は「これは須賀子の筆跡ではなく、同人が出したものではない。つまり「ニセモノ」であるから須賀子の信頼にそむいたとは言えない」と返答をしている（②一二二頁）。

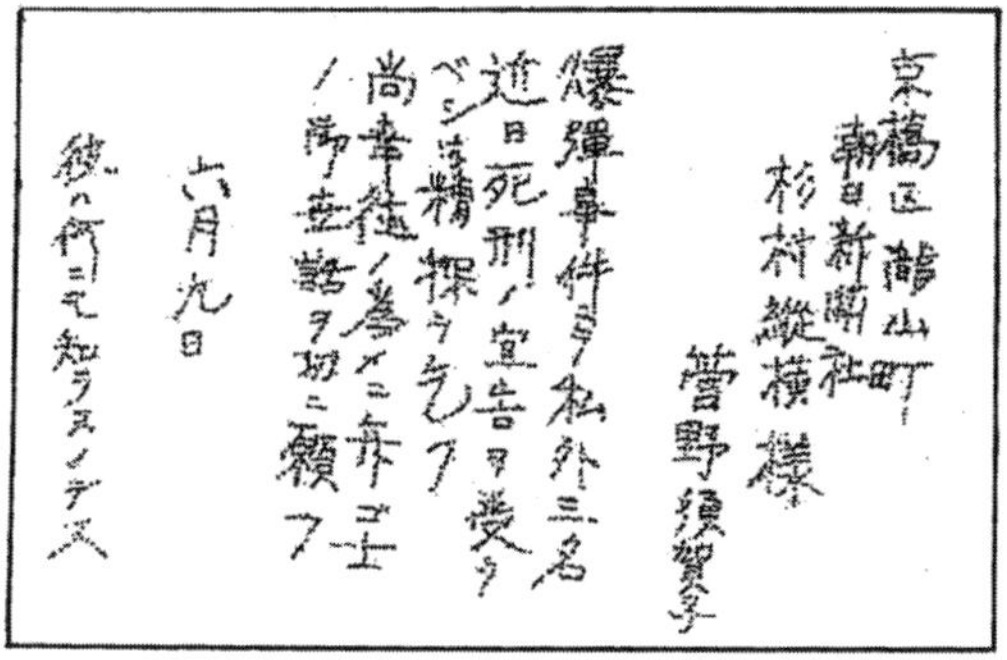

京橋区瀧山町
朝日新聞社
杉村縦横様
菅野須賀子
爆弾事件ヲ私外三名
近日死刑ノ宣告ヲ受ク
ベシ御精探ヲ乞フ
尚幸徳ノ為メニ弁ゴ士
ノ御世話ヲ切ニ願フ
六月九日
彼ハ何ニモ知ラヌノデス

楚人冠　針文字書簡（明治43年6月9日　杉村家蔵）

これで二人の公開された論争は終り、その後二人は手紙のやりとり、面談も行ったようだが、楚人冠から話を打ち切り、この「針文字」は「ニセ物」ということで終っている（②一二二頁）。

（3）管野が収容されていた監獄の状況

東京監獄（現在の東京拘置所）に収容された大逆事件の被告はすべて独居房に収容されていた。独居房は三畳間位の広さで、畳のない板の間になっている。被告は獄衣を着用せず私服で収容されているが、厳重な服装検査を受けており、私物はすべて取上げて留置される。裁判が始まると、陳述書作成等で官憲側が必要と認めれば筆記具、用紙、書籍等は所持を許可するが、日常的に房内で所持できるのは、用便用のチリ紙、手ぬぐい、歯ブラシ、歯磨粉だけである。

監獄内で、看守は収容者の監視をするだけで雑用は一切やらない。必要な雑用は服役者で刑の軽い模範囚を労役として使う。独居房の収容者が労役と接触するのは、一日三回の食事の出し入れと、一回の便器の交換のときだけで、この時も必ず看守が側で監視している。

（4）「針文字書簡」の作成

独居房には、食器を置ける程度の小さい木製の机がおかれている。明かりとりの窓は外側にあるが鉄棒がはめられている。廊下側は、出入り用のドアの他に横長の「視察口」という小さいのぞき窓がつけられている。収容者は「視察口」に向かって坐っていることを強制されている。窓の死角（真下は死角になる）に居ることは許されない。看守は不定期に視察口から房内をのぞきにくる。夜間は音を立てないようにして草履に履きかえていたようだ。

それでも「針文字書簡」の作成は、看守の目をのがれて可能であったと思われる。針の持ち込みは、管野は和服（着物）を着用していたので、着物のどこかに隠して持込むことはできたと考えられる。作成したとすれば訊問がなかった六月八日と九日の二日間とみている。

(5)「針文字書簡」の郵送

この「書簡」は監獄内から合法的に送られたものでない。獄外へ持ち出すのは、看守か、釈放される受刑者に頼んで持出すかの二通りしか方法はない。

看守が在獄者のため外部の人と非合法に連絡をとってやることは稀にある。これはほとんど看守を買収するのだが、当時百円ぐらい（今の時点で約一〇〇万円ぐらい）で買収される看守がいたようだ（③二四八頁）。しかし管野にそんな余裕があるはずはない。

在獄中、管野や大逆事件の被告たちに好意をもっていた看守がいたことの記録が残っている。「吉村」という女性の看守はかたみに小紋の羽織をもらったという思い出話の報告もある（④二三六頁）。そういう看守の誰かに投函を頼んだ可能性が考えられる。しかし、看守が持ち出したとした場合、不審に思うのは、何も読みづらい針文字にする必要はない。メモ程度の文章であるから半紙に鉛筆で書いて渡せばよいと思う。

看守でないとすれば、釈放される受刑者が持出したとなるが、受刑者のほとんどは、判決の釈放日以前に仮釈放される。ただし、本人には釈放されることを当日の朝まで知らされていないので、管野が釈放される受刑者を事前に知って、針文字手紙を託することは不可能といえる。

(6) 菅野丈右エ門の「監獄日記」の疑問

一九七一(昭和四六)年、管野須賀子の記念碑を建立した際、百人に及ぶ発起人の中に菅野丈右エ門という人物が入っている。この人は大逆事件の当時、東京監獄の看守をしており、そのときの体験を「監獄日記」として当時の様子を詳しく発表している(③二四五〜二五五頁)。

丈右エ門は、管野須賀子について「之(管野)は施行(処刑)の際中々勇敢でした」と記し、幸徳秋水からは辞世の「漢詩」をもらっている。

前記の横山弁護士と楚人冠の間で「針文字書簡」について公開でのやりとりがあった際、横山弁護士が「ニセ物」であるとした理由について、「東京監獄において責任のある立場にいた人物(逸見第二課長とおもわれる)に調査を依頼したが、課長により〈該当書は決して獄中より密に運ばれたるものに非ざる事〉」と報告されている(②一二頁)。これが事実だとすると、逸見課長(菅野丈右エ門の「監獄日記」にも名がみられる)は看守たち、特に大逆事件の被告を担当した看守たちの調査、取調べをする必要があり、当然したであろう。ところが「針文字書簡」に関することは「監獄日記」には全く触れられていない。これも不思議な話である。

（7）管野須賀子供述の謎

管野は大逆事件で逮捕されてから検事聴取が三回（六月二、三、五日）、判事の訊問が三、五、七日に行われ八、九日は休み、一〇日から一〇回行われている。最初の三、五、七日の訊問で、判事から執拗に幸徳秋水の爆裂弾への関与を追及されていたが、「知らぬ」「存ぜぬ」でやり過ごし、六日には「明日まで考えたいので猶予して欲しい」とし、七日には「昨夜考えたが、記憶を呼び戻すことはできなかった」と、とりつく島もない答えで、次の八日と九日は訊問が中止されている。「針文字書簡」はこの二日間に、幸徳を助けたいという一心で作成した、と推測される。ところが、その取り組みが実現した翌日の一〇日の尋問開始で検事が「幸徳が本件に関った事を新村忠雄が詳細に述べているが、その方は幸徳が本件に関係ないというのか」と聞き質すと、管野は「新村が既にその事実を述べているのなら、私が幸徳を庇護するのは不都合であるから事実を述べます」と、幸徳が暴力による革命を主張していたことをすべて話し始めている（⑤二一九〜二五一頁）。この変身は何だったのか知りたいところである。

（8）横山弁護士とジャーナリスト杉村楚人冠の謎の対応

横山勝太郎弁護士（一八八七〈明治一〇〉年〜一九三一〈昭和六〉年）は、山口地方裁判所判事を経て、広島と東京で弁護士をしており、一九一四（大正三）年に東京市会議員、一九一七

（大正六）年に衆議院議員、以降当選五回、民政党員、一九二九（昭和四）年には商工政務次官、東京弁護士会々長をしている。

横山は人権派の弁護士と言われていたようだが、新聞印刷工業革新会の会長を憲政会の代議士の身分で務めている。管野との関わりは『自由思想』発行違反事件で裁判となった幸徳秋水と管野の弁護人をしていたことによる。管野はこの事件で四〇〇円の罰金刑になったが、罰金を払うことが出来ず換金刑で服役した。大逆事件では在獄中に逮捕されているが、引き続いて大逆事件の弁護人を引き受けねばならない立場にあり、大逆事件の弁護人の要請を受けていたのではないかと考えられる。しかしその後、大逆事件にかかわることはしていない。

ジャーナリスト杉村楚人冠（一八七二〈明治五〉年〜一九四五〈昭和二〇〉年）は、本名を廣《こう》太郎《たろう》という。『東京朝日新聞』の記者で筆名を「楚人冠」「縦横《じゅうおう》」と称していた。和歌山の出身で、管野との関わりは『牟婁《むろ》新報』の時代から親しいやりとりをしていた。一八九八（明治三一）年に設立された「社会主義研究会」にも加入しており、一九〇三（明治三六）年に創刊された週刊『平民新聞』の寄稿者で、三号から「余は如何にして社会主義者になりし乎」を連載、堺利彦とも知り合っていた。日露戦争のさなか、『ロンドンタイムズ』に掲載された、トルストイの「日露戦争論」を手に入れて翻訳し『東京朝日新聞』に連載している。幸徳、堺にも一部を渡し、両人の共訳で週刊『平民新聞』に掲載している。これほど社会主義者として言動していた人物であったが、大逆事件以降、社会主義者としての行動はほとんど知られていない。

(9)「針文字書簡」を作成したのは誰か

前述したように、この「針文字」は管野が獄中で作成できたとしても、看守以外に持ち出すことはできない。菅野丈右エ門の「監獄日記」の中でまったくそのことに触れていないので、管野に関係のある獄外の誰かが作成したという可能性はないだろうか。

横山は、政治家として世に打って出ることを考えており、労働運動の右派の事件を利用することはしても、大逆事件に関わることは避けたかったのではないだろうか。彼らとの関係を断ち切る手段として、官憲から得た情報をもとに、絶好の六月九日を狙って、自ら「針文字」を作成し、自分のところへ送り、それを公開して、自分は大逆事件に関わらない、という意思表示をしようとしたのではないだろうか。さらに、楚人冠が何らかの反応をすることを期待して楚人冠にも送った。期待通り楚人冠は『東京朝日新聞』で公開状を出してくれた。その上東京監獄により「ニセ物」であることも公表された。あとは楚人冠との話し合いでこの問題を打ち切ってもらい、以後、大逆事件に関わることなく終らせたという仮説はどうだろうか。

「針文字書簡」問題は、横山弁護士の自作自演ではないだろうかという大胆な仮説を立てたが、確固たる証拠があったわけではないので断定することはできない。

今になってみれば、杉村楚人冠は罪なことをしてくれたと思う。「針文字書簡」を後世に残したのなら、何かを書き残しておいてくれたらよかったのにと考える。

（10）針文字書簡と管野の手紙の筆跡比較

残された課題は、この「針文字」の筆跡鑑定である。「針文字書簡」は筆跡鑑定ができないとする報告もあるが、筆者が想定しているように手書きしたものを下敷きにして作成すると、漢字では筆跡に個性がみられる。横山宛と楚人冠宛の針文字を並べて比較すると、極めて似ている文字が多く、同一人物による作品と判る。同じ文字が管野の手紙や日記に遺されているので、この三種類の文字（図参照）を専門家が鑑定した場合にどのように判断するだろうか。

針文字と管野自筆との筆跡比較

（注）一行目は横山宛の針文字、二行目は楚人冠宛の針文字（②一〇〜一一頁）、三行目は堺利彦宛の管野の手紙文字（大谷渡『管野スガと石上

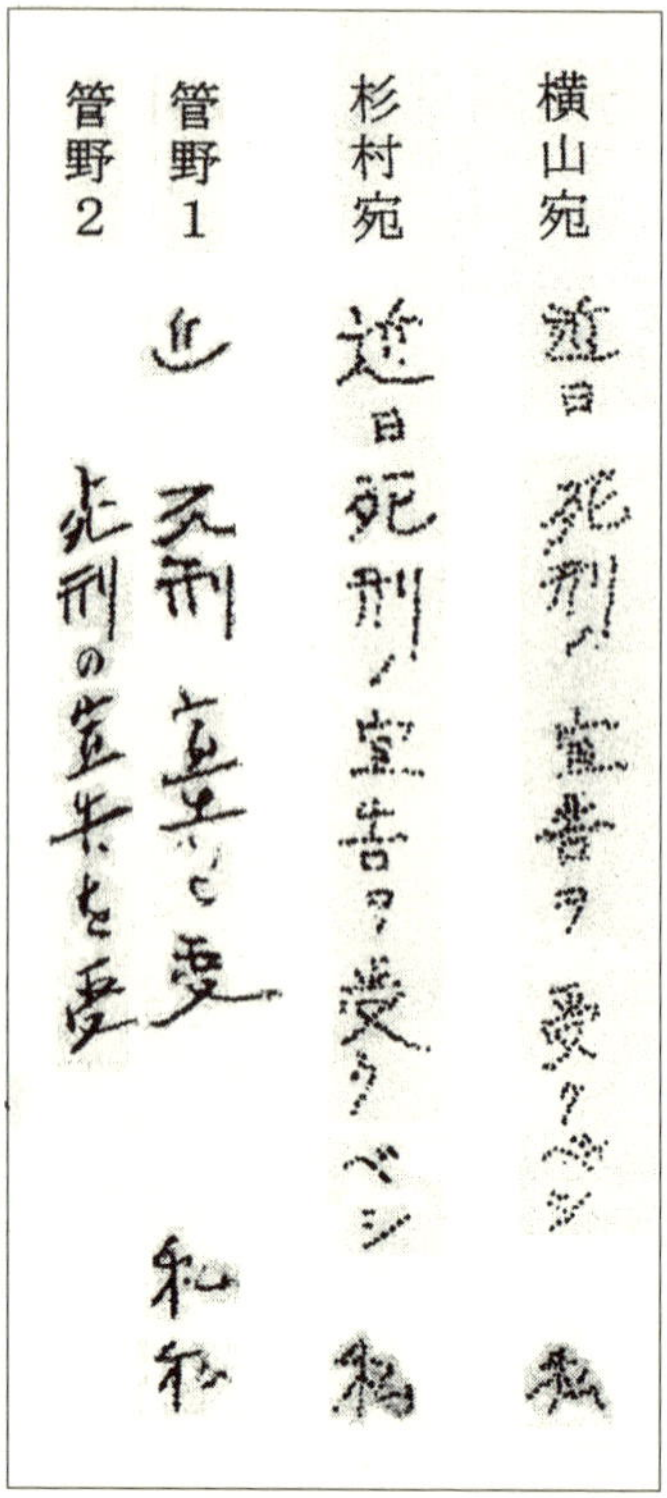

針文字と管野自筆との筆跡比較

露子』〈東方出版〉巻頭写真・手紙）、四行目は「死出の道艸」の文章文字から各文字を抽出。

横山のいうように管野の筆跡でないとすれば、筆者の疑いは現実味を増し、管野の筆跡とすれば筆者の妄想は取り下げたいが、この鑑定の取り組みと判断は後の人に託したい。

参考文献

①碓田のぼる『石川啄木と杉村楚人冠』（光陽出版社　二〇一三年）。
②我孫子市教育委員会発行『針文字書簡と大逆事件』（二〇一〇年）。
③菅野丈右衛門「監獄日記」『大逆事件の真実をあきらかにする会ニュース』（ぱる出版　二〇一〇年、初出『同右ニュース二〇号』（同会編　一九七三年）。
④絲屋寿雄「仙台より」『同右ニュース』二〇号（ぱる出版　一九七三年）。
⑤塩田庄兵衛・渡辺順三編『秘録・大逆事件（上巻）』（春秋社　一九五一年）。

三本　弘乗（第4章3・4節）

3　仏典でなく晶子の短歌集を求める

死刑の宣告を受けた人々は、覚悟を決めていたとしても動揺するので、専属の教誨師が心の安らぎを得るようにと面談して、バイブルや教典を渡している。一月一八日に裁判長による判決が言い渡され、二四人が死刑（翌日一二人が恩赦で無期懲役）、二人が有期懲役となったが、ほとんどの受刑者はまったく予期しなかった重刑に、天を仰いだことであろう。

死刑宣告を受けた管野須賀子は、独居房に戻ると、「死刑の宣告を受けし今日より絞首台に上るまでの己を飾らず偽らず自ら欺かず極めて卒直《ママ》に記し置かんとするものなれ」（明治四四年一月一八日）と記し、遺書がわりの日記「死出の道艸」を書き始めている。

翌一九日には沼波政憲（真宗の僧侶で東京監獄専従の教誨師）が来て、「宗教上の慰安を得るように」と話をし、仏典（歎異抄《たんにしょう》）を置いて行くが、管野はその日の日記に次のように記している（①二五〇～二五一頁）。

「私は此の上安心の仕様はありません。」（中略）「権威を認めない無政府主義者が（中略）弥陀という一つの権威に縋って安心を得るといふのは些か滑稽に感じられる。（中略）私には又私だけの覚悟があり、慰安がある。」（中略）「我等は畢竟此世界の大思潮、大潮流に先駈けて（中略）船出し、不幸にして暗礁に破れたに他ならない。」「幾多の犠牲を払って基督教は初めて世界の宗教と成り得たのである。夫れを思へば我等数人の犠牲位はもののかずではない〔と思ふ〕……」。（中略）「故に私は絞首台上最後の瞬間までも、己の死の如何に貴重なるかという自尊の念と、兎にも角にも主義の犠牲になったといふ美しい慰安の念に包まれて、些かの不安、煩悶なく、大往生が遂げられるで有うと信じて居る」。

これよりさき管野は、差し入れ禁止解除後（予審調書訊問終了後の一九一〇年一一月ごろと推定）、平出修弁護士に与謝野晶子の歌集の差し入れを頼んでいる。その頃の与謝野家は、浪漫主義運動の衰退により、二年前、機関誌『明星』が一〇〇号（一九〇八年一一月）で廃刊に追い込まれており、夫の寛は創作意欲を無くし、経済的にも行き詰まり、家計は晶子の筆一本が頼りであったと石川啄木が記している。晶子は六人の子供を養い、双子の出産（一九一一〈明治四四〉年二月二二日）を控え、経済的、精神的に余裕の持てなかった時期であった。晶子は大逆事件に関わることを恐れたのか、管野の願いに対応ができなかったようで、結局平出修が、晶子の気持ちも斟酌して『スバル』と自分手持ちの歌集『佐保姫』の二冊を差し入れている。

公判は一九一〇（明治四四）年一二月一〇日から始まり、一二月二五日に平沼検事の不条理な論告があり、それに対して平出弁護士が理路整然と反論（一二月二七日）している。そのなかで述べた思想論の弁護に、管野は「胸の蟠《わだかま》り一時に晴れ渡る心地」といたく感謝するとともに、その末尾に、『スバル』と晶子の歌集を差し入れてくれたお礼の手紙を、判決（一月一八日）前の一月九日付で届けている（②三八九〜三九〇頁）。

「（前略）禁止解除後、一二の人に頼みてまちこがれ候ご経営のスバル並びに佐保姫御差し入れ被下、何より有難く御礼申上候。晶子女史は、鳳を名乗られ候頃より、私の大すきな人にて候。紫式部よりも一葉よりも日本の女性の中一番すきな人にて候、学なき才なき私は、読んで自ら学ぶ程の力は御座なく候へども、只この女天才等一派の人の短詩の前に常に涙多き己れの境遇を忘れ得るの楽しさを味はひ得るのみに候。（後略）」。

平出修は、大逆事件の最若手弁護士で、与謝野寛・晶子らの文芸誌『明星』の同人で、その廃刊後発行した文芸誌『スバル』でも活躍した歌人でもあった。不幸にして結核を患い、一九一四（大正三年）三月一七日、三七歳の若さで急逝している。

晶子は平出の死亡を知ると、頼っていた小林政治に書簡（三月二〇日付）（③五五〜五八頁）を送り、平出の急逝を嘆くとともに、三年前の大逆事件を思い出して次のように悔いている。

「（前略）私は昔大ぎゃくざいを犯せし女が、私の詩集をよみ（た）しと云ひしに（すでに死ざいとほゞきめられてありし人に）私は臆病さにそれのさし入れをえせず候ひき。

その時のざんげを平出氏に今度あはばと、まだそれほどの病のあらぬ時、私はよくおもひ候ひしが、そのまゝになり候。臆病と申し候ことになれど、あなた様のみにて同情下さるべく候。」

晶子自身が差し入れしなかったことの経緯については、晶子研究者の入江春行や逸見久美らが見解を述べている。入江は天才歌人晶子を庇って同情的に記しているが、逸見は晶子の弱さをそのまま受け止めている。筆者も、入江や逸見の見解を引用しながら、『石上露子の人生と時代背景』に次のような私見を述べている。（④一八九〜一九一頁）

死刑判決を前にして短歌集を読みたいと願う管野の心情、晶子に気遣いしながら晶子に黙って自身が持っていた短歌集『佐保姫』と『スバル』を贈る歌人で弁護士の平出修の思いやり、出産直前で六人の幼い子供を抱え、大逆事件に巻き込まれることを恐れて管野の要望に応えられなかったことを心底悔い、全幅の信頼を置いていた小林政治に救いを求めている晶子。残された管野と晶子の貴重な手紙が、大逆事件の悲劇の中で、四人それぞれが精いっぱいの誠意を尽くした人間模様として描かれていて心打たれる。

なお、晶子が救いを求めた小林政治は、一時は文学を志して著作もしていたが、生涯を天才歌人晶子に肩入れした大阪の毛織物商、出版業、変圧器販売なども手がけた事業家で、自身は質素な生活をしながら晶子や寛に献身的に奉仕した奇特な人物とされている。

参考文献

① 管野須賀子著　清水卯之助編『管野須賀子全集2巻』（弘隆社　一九八四年）。
② 平出修『定本 平出修 集』（春秋社　一九六五年）。
③ 岩野喜久代編『与謝野晶子書簡集』（大東出版社　一九四八年）。
④「石上露子を学び語る会」編著『石上露子の人生と時代背景（追補版）』（私家版　二〇一一年）。

4　敬愛された管野の人となり

絲屋寿雄は「女囚取締役の語る管野スガ」と題し、半沢正二郎氏の随筆集に掲載の「大逆女囚」を紹介している。内容は、大逆事件に入獄中の管野須賀子を世話をして、お礼に管野から小紋の羽織をもらった元女囚取締役（自称）の話である。その記事によると、「管野すが《ママ》は獄則をよく守った模範囚で、女らしく身じまいをキチンとし、よく本を読んで、フランス語を勉強していた」としている（①二三六頁）。

文中の元女囚取締役（女性看守であろう）の氏名は不確実で、もらった羽織についても裏付けを欠き、フランス語の勉強は英語の勉強であったことなどの問題はあるが、名前が管野すがとあり、身仕舞いがきちんとして獄則を守った模範囚であったこと、最後まで英語の勉強をしていたことなどは、堺利彦の書簡「ブランコ当日まで一字でも多く（英単語）覚えておきましょう」（一月四日）（②二四一頁）その他の記事によって、辻褄が合っている。

大谷渡の指摘（③一七一頁）のように、管野は、没落士族とはいえ、武士の娘としての高い誇りと気概をもち、新思想の実現に向かって犠牲的に生きた女性といえる。

高圧的な武富済検事には、断固自供を拒否したが、優しく対応した小原検事には比較的素直に自供している。その小原検事は、「（前略）宮下、新村との関係はかくさずにいった。他に累《るい》を及ぼすことに関しては、口が硬くてしゃべらなかった。世間から大それた女と思われていたが、頭のいいハキハキした思いきりのいい人であった」と語っている（④三巻一七九頁）。

一月一八日の裁判長による二四人の死刑判決を聞いて「余りにも意外と憤懣の激情に、私の満身の血は一時に嚇と火の様に燃へた。弱い肉はブル〳〵と慄えた。噫、気の毒なる友よ、同志よ。彼らの大半は私共五、六人の為めに、此驚く可き犠牲に供されたのである」（⑤二巻二四七頁）と「死出の道艸」に記している。

また、一月二三日の日記には「私達三、四を除いた総てを助けて貰ひたいものである。其代りになる事なら、私はもう逆磔刑の火あぶりにされようと、背を割いて鉛の熱湯を注ぎ込まれやうと、どんな酷ひ刑でも喜んで受ける」（⑤二巻二七〇頁）と記している。（注　鉛の熱湯を注ぐ刑については、差し入れてもらった晶子の歌集『佐保姫』一五二番に詠まれている）。

さらに、一月一九日の記事（⑤二巻二五一頁）には、「私は絞首台上最後の瞬間までも、己の死の如何に貴重なるかという自尊の念と、兎にも角にも主義の犠牲になったといふ美しい慰安の念に包まれて、些かの不安、煩悶なく、大往生が遂げられるで有うと信じて居る。」とある。管野の最後を立ち会った看守の菅野丈右エ門は、絞首刑台上で、「われ主義のため死す、万歳」と叫んで壮烈な最期をとげ、午前八時二八分に絶命したと述べている（④4巻二〇三頁）。

天涯孤独の管野の遺骸は、その日の午後七時半に刑場から運び出され、千駄ヶ谷町九〇二番地（現在、渋谷区代々木町二丁目六番地）の増田謹三郎の離れ座敷に、引取人の増田と友人総代の堺利彦に付き添われて荷馬車ではこばれている。

増田謹三郎は出版社に勤めていたクリスチャンで、奥さんは産婆さんであった。増田の家は「平民社」の斜め向い隣で、管野は世話好きな奥さんと交際があり、湯河原温泉の天野屋に行く時には家財道具を預かってもらい、換金刑で入獄の準備で来た時には、無料で離れ座敷に泊めてもらっている。五月一七日の夜、管野、新村、古河が、天皇の馬車に爆裂弾を投げつける順番を抽選で決めたのもこの部屋とされている。埋葬は二八日午前五時半ごろ、雪の降る中、人夫二人に担がれ、家主の増田、正服《ママ》巡査一人、角袖巡査二人が付き添い、妹の眠る代々木村の正春寺に運び、住職による一遍の回向《えこう》に止め、墓地に埋められた（④4巻三〇一頁）。

警察の厳しい目のなかで、主義者でもなく、縁もゆかりもない、ただ下宿人であったというだけで遺体を引取り、埋葬の世話までしてくれたのは、生前の管野須賀子の人間的な魅力によるものと思われるが、国賊と嫌がられた人物の遺体を引き取り、埋葬までしてくれた増田謹三郎一家にはただただ頭が下がる。今でも正春寺で行われる管野の墓前祭には、増田家の方の出席があると聞いている。

参考文献

①絲屋寿雄「女囚取締役の語る管野スガ」『大逆事件の真実をあきらかにする会ニュース第1号～第48号』（ぱる出版　二〇一〇年）。
②塩田庄兵衛『秘録・大逆事件（下巻）』（春秋社　一九六一年）。
③大谷渡『管野スガと石上露子』（東方出版　一九八九年）。
④神崎清『革命伝説　大逆事件　全4巻』（子どもの未来社　二〇一〇年）。
⑤管野須賀子著　清水卯之助編『管野須賀子全集2巻』（弘隆社　一九八四年）。

5　短歌に託した百年後の君へ

―「左様なら」から「百とせのちの君」に託したもの―

長谷　悦子（第4章5節）

管野須賀子は「死刑は元より覚悟の上」から始まる獄中の日記「死出の道艸」（①二四五～二七二頁）を残した。そのプロローグに「死刑の宣告を受けし今日より絞首台に上るまで己れを飾らず偽らず自ら欺かず極めて率直に記し置かんとするものなれ」と記している。

この日記は死刑判決の言い渡しがあった一九一一（明治四四）年一月一八日から書き始め、一月二四日までの七日間の記載で、二五日のものはない。二五日には早朝に呼び出されて絞首刑を受け、午前八時二八分には絶命している。

七日間の日記は至極落ちついた筆致で、自己分析をし、二五人の獄中同志に対しての思い、また獄外の人々との手紙、葉書のやりとり、死後の自分の棺のこと、墓のこと、遺品分けのこと、雪の景色を見てのさまざまな思い出などが記されている。死刑執行前の七日間にこれだけのことが、それも名文で記されたことに驚嘆する。この日記以外に入獄以来書き続けた別の日記があったようであるが、それは発見されていない。その日記に何が記されていたのか。おそらく判決が出る前までの検事の聴取書や判事の予審調書作成の際の訊問などについても正確な内容が記されていたとみられる。それがあれば、この「死出の道艸」が裏付けのある作品として纏まったものになり、文芸作品の評価をより高いものにしたかも知れない。その日記が発見されなかったことはまことに残念である。

日記「死出の道艸」は、死刑判決が言い渡された一月一八日からである。暖房のない寒い獄中、狭い空間で、灯りも乏しかったであろう中で、遺書として記した日記である。

「氷るような筆を僅かに動かしこれを書いて居る。中々楽なものぢゃ無い。就寝の声はもう疾うにかかった。窓外には淋しい風が吹いている。」とある。

管野が詠んだ短歌は全部で四四首とみられる。第5章2節に全短歌を掲載しているが、その四四首のうち、この日記には短歌二六首が掲載されている。そのうちの二三首は連続して「見せ消ち」で線を引いて削除としている。削除の見出しには、「前の日記から一、三の短歌を書きぬいて置かう」と記しているが、どの短歌が書き抜かれたのか明らかではない。筆者は四四首の中から、気になる短歌一一首を選んでつぎにより論考したい。なお、短歌番号は第5章2節に掲載した番号に準じた。

18　くろ鉄《かね》の窓にさし入る日の影の移るをまもり今日も暮しぬ
19　やがて来む終の日思ひ限りなき生命を思ひほゝ笑みて居ぬ
26　千仞の崖と知りつつ急ぎ行く一すじ道を振りも返らで
27　身じろがぬ夜寒の床に幾度か忍びやかなる剣の音きく

いつ呼び出されて処刑されるか判らない日々、死に向っての時の流れ、死を意識の上に強く置き、透徹した心情を表している。死を前にして「ほほえみている」の心境、心の強さにも驚かされる。つぎの四首は、獄中にあって常に強い心であったかというと、そうでもなかったようにみられる短歌といえる。

17　虫すくふ胸を抱きて三尺の鉄窓に見る初夏の雲
30　燃えがらの灰の下より細々と煙ののぼる浅ましき恋
31　強き〳〵革命の子が弱き〳〵涙の子かとわが姿見る
34　更けぬれば手負は泣きぬ古ききず新らしききず傷みはじむと

強さを身上とする自分の中にも涙するところもあったと詠んでいる。

29　雪山を出でし聖のさまに似る冬の公孫樹《いちょう》を尊しと見る
32　野に落ちし種子の行方を問ひますな東風《こち》吹く春の日を待ちたまへ

葉を落とし枝だけになった公孫樹に、私利私欲を棄て雪の中に歩を進める聖の姿がみられ、自分もこうありたいと思ったのか。「野に落ちし」は、自分と同志たちが掲げた「主義」や「理想」は、今は報われなかったかもしれないが、春の日には芽吹くと希望を持ち、またそれらが発展していくと思ったのであろう。処刑四日前、一月二一日にはつぎのように記述（①二五九頁）している。

「大木一たび凋落して初めて新芽を生ずるのである。思想界の春日——先覚者を以て自ら任ずる我々は、秋冬の過去を顧みるの必要は少しも無い。前途、只前に向って希望の光明に向って突進すればよいのである。」

先の短歌と同じ主旨とみている。次の短歌は、未来の人々への伝言のように思える。

44　残しゆく我が二十とせの玉の緒を百とせのちの君にさゝげむ

最後に詠んだこの辞世の短歌は、日記「死出の道艸」には記載がなく、詠んだ日は明らかにされていない。『管野須賀子の生涯』の著者清水卯之助と「大逆事件」再審請求の主任弁護人であった森長英三郎との談話の中で、辞世の短歌の「君」について、清水は「在米の愛弟政雄でしょうね」というと、森長は「荒畑寒村かもしれないよ」としたとする会話が交わされた記事がある（②二〇六頁）。私たちの第7回（二〇一四年三月一二日）管野須賀子研究会で、「君」は誰をさすかが論議されたが、「君」は特定の人物ではなく後世に託した「君たち」ではないかと集約された。

「残しゆく玉の緒」の中に、生命の他に管野が生きて残した人生とともに、「主義」や「理想」が含まれているのではと考える。「百とせ後の君にささげむ」は、やはり自分の命がなくなってからの百年後の君、百年後とはかなり長い時間を経た「君へ」と解釈すべきではないかと考える。「百年後」への期待については、多くの大逆事件刑死者も触れている。幸徳秋水は獄中から弁護士平出修への手紙および差入れの返礼の文中に、文芸論を展開した後、つぎのように述べている（③四二八頁）。

「（前略）御申越の趣きは、今日の事件に關する感想をとのことでしたが、事茲に至って今将た何をか言はんやです。又言はうとしても言うべき自由がないのです。想ふに百年の後、誰か私に代って言ってくれる者があるだらうと考へて居ます。（後略）」

獄舎にあって目で交信することも編み笠で禁じられていたが、同志たちは百年後に思いを馳せていたことに驚く。度重なる投獄や官憲の執拗な追尾に、迫り来る日を覚悟していたのかもしれない。

森近運平は獄中から妻にあてた手紙（④二六〇頁）の中で、「事件の真相は後世の歴史家が明らかにしてくれる」と記し、「後の世に希望を託す」と同じ思いを表明している。

大石誠之助も短文（⑤七〇頁）の中で、「社会主義者は皆伝導者でなければならぬ如く、亦た自ら実行者でなければならぬ。我々は数十年若しくは百年以後に理想の社会を作ろうと思うものであるが、それが（中略）一足飛びに変化するものでなく、我々が少しづつ之を実行する事によって近づき得るものである。」と記している。主義、理想を追い求める人たちには、後の世の人たちに託する共通の思いがあったことが理解できる。同志たちは編み笠の中から「左様なら」と別れのことばを交わしたという。その響きには哀しさがにじむ。しかし管野は死刑執行直前の辞世の短歌ともいえる中で、「百とせ後の君にささげむ」と希望を託したのである。

その百年後が現在であることに思いを深くしている。

参考文献

①管野須賀子著　清水卯之助編『管野須賀子全集　2巻』（弘隆社　一九八四年）。

②清水卯之助『管野須賀子の生涯』（和泉書院　二〇〇二年）。

③塩田庄兵衛『増補　幸徳秋水の日記と書簡』（未来社　一九六五年）。

④塩田庄兵衛『秘録・大逆事件（下巻）』（春秋社　一九六一年）。

⑤森長英三郎『碌亭　大石誠之助』（岩波書店　一九七七年）。

第5章　管野の著作にみる主張

三本　弘乗（第5章）

1　管野が遺した著作数と筆名

管野の処女作は、新聞社「大阪朝報社」に入社した三日目に二一歳一ヵ月で初めて書いた記事「黄色眼鏡」（一）の「鴻池の鶴をみて」『大阪朝報』（一九〇二〈明治三五〉年七月四日付）であろう（①五～七頁）。それ以降、刑死する一九一一年一月二五日までの約八年五ヵ月間に、『大阪朝報』に約九ヵ月、『牟婁新報』に約四ヵ月、『毎日電報』に一年八ヵ月、新聞記者として渡り歩いた。その間には、新聞の廃刊で記者を離れた間もあり、キリスト教季刊雑誌『基督教世界』や天理教の月刊機関誌『みちのとも』などにも寄稿しており、著作物はすべて二〇歳代の作品となる。

その間に書いた記事は社会批評（長短さまざまな評論、啓蒙文、随筆、報告、日誌など）二七七編、小説一九編、詩二編、短歌四四首、書簡五七通、ほとんど署名されており合計約三九〇点、無署名は約三六点、合計して約四〇〇点を数える（予審調書、聴取書にスガと署名しているがこれは数から除いた）。

管野は、ときには埋め草的に書いたのか、同じ日に筆名を変えて（須賀子、幽月女、幽月）三編書いていることもあり、使った筆名は二一種も数える。多い順に並べると、須賀子一八一回、幽月女子六六回、幽月女五五回、幽月二九回、幽一九回、月一二回、エス子七回、龍子五回、白百合五回、S生二回、幽女二回、その他、スガ、須賀、白菊女、しらぎく、草官女、大分子（その他省略）が各一回使われている。スガは印刷した挨拶状に連名で記されたもので本人の意志で記したものではないとされている。

なお、スガの名は、管野の記念碑を建てる際の建立趣意書で使われ、碑文の裏面に「革命の先駆者管野スガここに眠る　寒村書」と記されている。この記念碑建立は大逆事件再審請求の主任弁護士森長英三郎が一九七〇年一一月に管野の墓の建立を最初に言い出し（②二二五頁）、記念碑建立の発起人の一人となり、翌年三月に建立趣意書がまわり、七月に建立が実現したものである。建立趣意書は法律家の作成であったので、裁判で用いられていたスガが使われ、寒村も趣意書に準じてスガと記したものと思われる。寒村は自身の著書では、常に須賀子を使っていた。

戦後に著した著書では、須賀子を使用する著者が多いが、森長の影響があったのか大谷渡がスガを用い、近年菅野のことを取り上げた関口すみ子も著書でスガを用いている。

菅野は前述したように、作品の署名で戸籍名のすが（出生時）やスガ（九州で戸籍変更）を自ら使用したことはまったくなかった。菅野はその名を嫌ったのではないかと思われる。菅野が嫌った名であれば、最も多く使った須賀子で著すのがよいと思われるが如何であろうか。

菅野の著作物は、『菅野須賀子全集（全3巻）』として清水卯之助が精力的に編集（第3巻に清水の著作を含む）し、取りまとめており、菅野須賀子の執筆上の業績を知る上で掛け替えのない第一級の貴重な資料となっている。

2　菅野の詠んだ短歌四四首

菅野は詩歌を詠んで楽しむ環境に育たなかったが、少女時代は文学少女のように小説や詩歌を読み、小説家に憬れていたようである。満二一歳で『大阪朝報』の記者に採用されたころから密かに詠んだ数少ない短歌を書きとめていた。なお、短歌の他に詩一編「ささやき」を遺している（③一三〇～一三一頁）。

短歌をどのように解釈し、どのように受け止めるかについては、人によってさまざまであろう。ここでは短歌を掲載するにとどめ、評価については日頃短歌に親しまれている長谷悦子氏にお願いし、第4章5節に取り上げている。

病床漫吟（明治三五・一二・一二）（③一二九～一三〇頁）

1　君は今何夢むらん人の子の袖のしぐれを知るや知らずや

2　心強しと我も思ひし我心に人の情を初めて知りぬ

3　なつかしき文くり返し読める間に時は経にけり空かきくもる

4　罪知りぬ病も知りぬ身も知りぬ人の情も初めて知りぬ

5　亡き人を思ふ心のせまり来て文よむ眼《まなこ》いつかそれけり

6　思ひなやみ涙浮べて立てる人を君思はずや雨降る夕《ゆうべ》

牟婁歌壇（明治三九・二・二二）（①一三三～一三四頁）

7　楽しかりきされど別れは辛かりき梅《むめ》が香むせぶ春のあけぼの

8　たゞ一人泣いて悶えて世をすねて黄楊《つげ》の小櫛を二つに折りぬ

9　昨日まで恋に悶えの人を見て心弱しとほゝ笑みしわれ

10　恋と名の犠牲《にえ》のぞみしは夢なれや主義に仆《たお》れてわれほゝ笑まん

11　我が清き理想を知らば神よ今もつ細筆にみたまをたまへ

小さき虚偽（明治四二・五・二五）（①一三四～一三五頁）

12　不図小さき虚偽《いつわり》ごとに馴れたるを恥ぢたる日より世に捨てられぬ

13　わが心そと奪ひ行きなお足らで更に空虚《うつろ》を責め給う哉

14　今日も亦沈黙《しじま》の人の恐ろしき一つの力はぐゝみてあり

15 いづく迄跡追ひ給う執《しつ》の人振りも返らで走り行く子を
16 攻太鼓迫り来る日もほほ笑みて手に眠らむ幸を想ひぬ
短歌　（明治四三・九・二三）（①一三五～一三六）
17 虫すくふ胸を抱きて三尺の鉄窓に見る初夏の雲
小泉策太郎宛封緘はがき（明治四三・一二・一）（③一六九頁）
18 くろ鉄《かね》の窓にさし入る日の影のうつるをまもり今日も暮らしぬ
19 やがて来む終の日思ひ限りなき生命を思ひほゝ笑みて居ぬ
20 限りなき時と空とのたゞ中に小さきものゝ何を争う
「死出の道艸《くさ》」（明治四四・一・一八日記）（④二四五～二五〇頁）
（初出は神崎清編『大逆事件記録第一巻　新編獄中手記』（⑤六四～八三頁）
21 獅子の群《むれ》飢へし爪とぎ牙《きば》ならしある前に見ぬ廿五の犠牲《にえ》
22 終に来ぬ運命《さだめ》の神の黒き征矢《そや》わが額《ぬか》に立つ日は終に来ぬ
23 尽きぬ今我が細指に手繰《たぐ》り来し運命《さだめ》の糸の長き短き
（明治四四・一・二〇日記）（④二五五～二五六頁）
（44を除き20以降の23首は総て線を引き抹消「見せ消ち」となっている）
◎20 限りなき数《ママ》（時）と空とのたゞ中に小さきものの何を争う
24 いと小さき国に生れて小さき身を小さき望みに捧げける哉《かな》

25 十万の血潮の精を一寸の地図に流して誇れる国よ

◎18 くろ鉄《かね》の窓にさし入る日の影の移るをまもり今日も暮らしぬ

26 千仞の崖と知りつつ急ぎ行く一すじ道を振りも返らで

27 身じろがぬ夜寒の床に幾度か忍びやかなる剣の音きく

28 枯檜葉《ひば》の風に揺ぐを小半日仰臥して見る三尺の窓

29 雪山を出でし聖《ひじり》のさまに似る冬の公孫樹《いちょう》を尊しと見る

30 燃えがらの灰の下より細々と煙ののぼる浅ましき恋

◎19 やがて来む終の日思ひ限りなき生命《いのち》を思ひほゝ笑みて居ぬ

31 強きつよき革命の子が弱きよわき涙の子かとわが姿見る

32 野に落ちし種子《たね》の行方を問ひますな東風《こち》吹く春の日を待ちたまへ

33 波《ママ》（沖）三里初島の浮《ママ》ぶ欄島《おばしま》に並びて聞きし磯の舟うた

34 更けぬれば手負は泣きぬ古ききず新しききず痛みはじむと

35 往き返り三つ目の窓の蒼白き顔を見しかな編笠ごしに

36 目は言ひぬ許し給へとされどわが目は北海の氷にも似し

37 二百日わが鉄窓に来ては去《い》ぬ光りと闇を呪ふても見し

38 遅々として雨雲の行く大空をわびし気に見る夕鴉《からす》かな

39 子蛙の夫婦《めお》楽み居る秋の昼なりし桜樹《さくらぎ》のうつろの中に

40 わが胸の言の柱の一つづく《ママ》（ゝ）崩れ行く日を秋風の吹く
41 廿二のわれを葬る見たまえとヰオリンの糸絶ちて泣きし日
42 西東海をへだてし心にて墳墓《おく》に行く君とわれかな
43 大悲閣石くれ道にホロホロと桜散るなり寺の鐘に
教誨師田中一雄に贈った辞世の歌（明治四四・一）（③一三六頁）
44 残しゆく我が二十《はた》とせの玉の緒を百《もも》とせのちの君にさゝげむ

（注）◎は重複掲載した短歌。19と20は弁護士今村力三郎宛はがき（一月一三日）（③一七九頁）にも記載、18は石川三四郎宛封緘はがき（一月一四日）（③一八〇頁）にも記載。44は東京監獄教誨師田中一雄に請われて詠んだ処刑直前の最後の短歌。18は小泉策太郎宛封緘はがき（一二月一日）にも記し（③一六八頁）、正春寺の須賀子記念碑にも刻まれている。41は清水卯之助著『管野須賀子の生涯』（⑥二八頁）にも引用されている。

3 反戦小説「絶交」と厭戦小説「日本魂」

「絶交」は一九〇三（明治三六）年一〇月八日の『基督教世界』（季刊雑誌）（③四四～五〇頁）に、「日本魂《やまとたましい》」は翌一九〇四年の『みちのとも』（天理教月刊機関誌）3月号（①五九～六四頁）

に、いずれも須賀子の署名入りで掲載された小説である。

明治維新後の日本は、欧米の近代文化を採り入れるとともに徴兵令を公布して富国強兵策を採り、列強国に伍して途上国の植民地化を目論んでいた。「絶交」や「日本魂」を執筆した一九〇三〜〇四年頃の時代背景をみると、日本は一八九四（明治二七）年八月に最初の本格的な侵略戦争・日清戦争を始めている。一九〇四（明治三七）年、当時の政府は、軍隊と警察権力を背景に、絶対的天皇制のもとで、反戦を唱える新聞雑誌や民主的な社会運動を進める政治団体などの弾圧を始めた時代であった。とくに警察が一般家庭を訪問してそれらの紙誌を購読することを止めるように弾圧を始めたのは、一九〇四年の一一月ごろからで、それまでは、次に述べるように弾圧は比較的ゆるやかで、各種の紙誌に反戦論が掲載されていた。

一九〇三年一〇月に管野の反戦小説「絶交」が発表され、翌一一月に週刊『平民新聞』が、戦争反対の平和宣言を出して社説、小説、詩などで非戦論を展開していた。翌年三月に管野が厭戦小説「日本魂」、四月に石上露子が「小説兵士《つわもの》」、六月に木下尚江が詩「戦争の歌」、七月に石上露子が短歌「みいくさに……」、八月にトルストイが「反戦論」および中里介山の詩「乱調激韵」、九月に与謝野晶子が詩「君死にたまふことなかれ」および下中芳岳が「悪魔万歳」、翌年一月には、弾圧をくぐり抜けて大塚楠緒子が「お百度詣」と、これらの著明な厭戦・反戦の小説や詩歌が次々に発表されている。管野の反戦・厭戦小説は、年代的に観ると他に先駆けていたといえる。

しかし、日露戦争に勝利した日本は、勝利に酔いしれて、これらの反戦主義者に目を向けず、ひたすら戦勝を謳歌し、官憲は反戦論者を国賊とみなし、同調者らと一緒に逮捕し処刑する対応を取った。その経緯については本書8章2、3節に取り上げ、橋本敦が明解に論説している。

世界史的に不幸な戦争とされた第二次世界大戦の惨禍の淵源は、大逆事件であったとし、さらにその淵源をたどれば、赤旗事件の厳しい弾圧政策であったとみる研究者もいる。

「絶交」の内容は少女たちの友情が反戦論で壊されていく経過を当時のちまたにあったような内容で描かれている。「日本魂」は、老いた病身の父親と妹を遺して出征する心残りの切ない別れと心配を描き、当時の時代を象徴する悲劇として描かれた厭戦小説である。

なお、厭戦と反戦は文字のままに受け取り、間接的に戦争に反対したものを反戦、戦争の悲しさ悲惨さを直接的に訴えるものを厭戦とした。厭戦も反戦に含めている場合もある。

4　奇跡的に救出された「死出の道艸」の評価

神崎清は、大逆事件死刑囚の獄中手記などが、焼却処分直前に奇跡的に救い出されて、神崎清の手にはいった経緯について、著書『革命伝説4』の「あとがき」につぎのように述べている（⑦三八三～三八四頁）。

昭和二〇年八月一五日、大日本帝国政府は、国体護持（天皇制の存続）を条件としてポツダム宣言を受諾したが、連合国の本土占領を前に、機密書類の焼却を急いだ。司法省の構内で、焼却作業を命じられた守衛のような小官吏が、火をつけた書類の山のあいだに、幸徳秋水、管野須賀子、大石誠之助らの署名のある古ぼけた書類を見つけて、こっそり自宅に持ち帰った。

この私物化された大逆事件死刑囚の獄中手記が、やがて換金のために若いブローカーを通じて、雑誌『真相』を発行している人民社へ、ひそかに持ちこまれた。その情報を耳にした私が、汗をふきふき、飯田橋の三木ビルにある人民社を訪ねたのは、昭和二二年の七月であった。

初対面の社長佐和《さわ》慶太郎に、「秋水や須賀子や森近らの獄中手記を手に入れたそうだが……」と、たずねるや否や、「君の探しているものは、全部ここにある」と答えて、背後の大金庫の中から、古びた書類の束を出してくれた。

手にとって見ると幸徳秋水の『死刑の前』、管野須賀子の『死出の道艸』、森近運平の『回顧三十年』、大石誠之助の『獄中にて聖書を読んだ感想』、新村忠雄の『獄中記』や奥宮健之《けんし》の『公判廷ニ於ケル弁論概記』もあった（一部記載用語省略）（中略）

ついで、大阪の青年が、土蔵のなかで焼け残った故大田黒正記《おおたぐろまさき》検事正の私有本である『訴訟記録』一七冊と『証拠物写』九冊とを、大きなリュックサックに詰めて、洗足の私の家まで運んでくれた。（後略）

さらに、『明治記録文学集　96巻』の「解題」に、つぎのように高く評価している（⑧四〇六頁）。

（前略）いかなる権力からも自由で、「法の支配」をこえた国家権力の乱用、法律の名にかくれた大虐殺に抵抗した彼女の強靱な革命精神は、驚嘆にあたいする。小説家を志願して文章を書きつづけてきた菅野《ママ》すが子にとって、このノン・フィクションの「死出の道艸」が、人生の最後を飾る「白鳥の歌」になったのである。（中略）

俗世間から毒婦のようにののしられ、一部の同志からも淫婦のようにあざけられた彼女は、二重の意味での気の毒な犠牲者であり、被害者であった。この「死出の道艸」の出現によって、名誉回復というか、革命家としての地位と、正しい人間的評価が彼女にあたえられることを期待してやまないのである（後略）。

『管野須賀子全集（全3巻）』を取りまとめた清水卯之助は、その第3巻（③三二一頁）に「（前略）須賀子は死刑判決のその夜から、眦《まなじり》を決するような思いで獄中手記「死出の道艸」を執筆し始めている。てらいも気負いもないこの文章は、数多い獄中手記の中でも最高傑作といえよう。（後略）」と「死出の道艸」を高く評価している。死刑判決が出て、いつ執行されるか判らない状況の中で、一日一日を噛みしめるように綴った、わずか七日の間の日記であるが、冷静に、客観的に過去のことを振り返り、今を嘆かず未来志向で、百年後には自分たちの取った行動を見直してくれるだろうと信じ、そのことにかけて過ごす強さはどこから来ているものであろうか。

5　著作品に見る女性解放運動の先駆者

管野は、『大阪朝報』の記者時代に担当した内国勧業博覧会で、踊る醜業婦の廃止活動から社会正義に芽生え、社会主義者らに接し、社会主義思想に開眼する。自身が正しいと信じればまっしぐらに突き進むタイプの女性であった。体系的に社会主義思想を打ち立てて進んだわけでなく、行動や体験の中で見出し学んでいた。実地に即して社会矛盾を知り、権威や権力に対して臆することなく反発している。

したがって、国家権力で押し進める侵略戦争に対していち早く不正義を感じ、先駆けて反戦への表明をし、キリスト教を乗りこえ、大阪で週刊『平民新聞』読書会を立ち上げ、社会主義運動の草分けとなっている。和歌山県田辺での『牟婁新報』時代の「女としての希望」にみるすさまじい宣言は、社長にオタンチンといわれて叱られているが、何者をも恐れない並の女性ではなかったことが推定できる。

管野は、幸徳の唱える思想歴に追随し社会主義者から無政府共産主義者になったとしている。究極的な理想主義社会はそうあるべきと確信していたようであるが、そのような社会は具体的にどのような社会であるかの形はみえていなかった。このままでは駄目だと言うことはいえても具体像が描けていなかった。百年後には理想社会が開けるとして終わっていたといえる。

6 『新編日本女性文学全集』に収録

大逆事件刑死者出身の地方議会で二〇〇〇年に入ってから高知県中村市（二〇〇〇年一〇月）、和歌山県新宮市（二〇〇一年九月）、和歌山県本宮町（二〇〇四年一一月）の各議会で名誉回復の宣言がなされ、新聞紙上でも取り上げられた。

出版界でもようやく管野須賀子の作品の本格的な見直しが始まり、文学全集に仲間入りするようになった。

二〇〇七年九月に『〔新編〕日本女性文学全集』第一巻（全一二巻）が刊行され、翌年九月刊行の第二巻には、樋口一葉、田沢稲舟、北田薄氷、管野須賀子、石上露子の作品が選ばれている。第二巻編集者の北田幸穂は、「第一巻の先駆的な試みを受け、第二巻収録作品は近代女性文学の本格的な確立期の成果を示すものである。本巻ではより社会の表面から深部へ、文明開化の輝きから開花の届かぬ闇へと、人間探求のまなざしに深まりを見せている（後略）。」⑨五三三頁）としている。管野須賀子は、樋口一葉らと並んで自分の作品が文学全集に掲載されて泣いて喜んだことであろう。

その書の管野須賀子についての解説で、「管野須賀子の名はいわゆる大逆事件の唯一の女性被告として死刑に処された女性として名高いが、須賀子は無政府主義、社会主義の社会思想家、運動家という側面と同時に、フェミニズム思想の先駆者、女性文学者としても再評価が進んでいる」と述べており（⑨五〇九頁）、「あしたの露」、「おもかげ」、「絶交」、「日本魂」、「最後の夢」、「肘鉄砲」、「死出の道艸」の管野の作品七編が選ばれている。妖婦説については何もふれられておらず、管野は晴れ晴れとしたことであろう。

参考文献

①管野須賀子　清水卯之助編『管野須賀子全集1巻』（弘隆社　一九八四年）。
②森長英三郎　大逆事件の真実をあきらかにする会編「無題記」『同上会ニュース19号』（ぱる出版　一九七〇年）。
③前掲『管野須賀子全集　3巻』（同社　同年）。
④前掲『管野須賀子全集　2巻』（同社　同年）。
⑤神崎清編『大逆事件記録第一巻　新編獄中手記』（世界文庫　一九七一年）。
⑥清水卯之助『管野須賀子の生涯』（和泉書院　二〇〇二年）。
⑦神崎清『革命伝説4』（芳賀書店　一九六九年）。
⑧神崎清「解題」『明治記録文学集96巻』（筑摩書房　一九六七年）。
⑨樋口一葉他著　北田幸穂編『〔新編〕日本女性文学全集　第2巻』（菁柿社　二〇〇八年）。

第6章　管野の虚像と実像

三本　弘乗（第6章）

管野須賀子ほど時代と人によって、違って評価される人物は稀と言える。大逆事件による処刑の一九一一（明治四四）年から太平洋戦争敗戦の一九四五（昭和二〇）年にかけては、三四年間にわたり天皇暗殺を企てた国賊と扱われ、大逆罪の刑死者として社会から抹殺された。敗戦後、ＧＨＱの指令で世紀の悪法とされた治安警察法（一九〇〇〈明治三三〉年～敗戦）、大逆罪（一九〇七〈明治四〇〉年～）、治安維持法（一九二五〈大正一四〉年～敗戦）などの弾圧諸法令が敗戦によって廃止され、多くの政治犯が釈放されたが、大逆罪で処刑された人たちの見直しはなされず、罪科はそのままとなり、国賊の汚名は払拭されなかった。

本章では、大逆事件で処刑された大阪出身の唯一の女性管野須賀子が、戦前はともかく、どうして敗戦後も、大谷渡の著書『管野スガと石上露子』出版までの四三年間にわたり妖婦として蔑《さげす》まれてきたか、管野の真実の姿はどうであったかを明らかにするために、敗戦後に管野をとりあげた主要な書籍九冊を経時的に取り上げて検証した。

1 『寒村自伝』にみる管野の虚像

荒畑が敗戦後間もない一九四七（昭和二二）年に出版した『寒村自伝』は、後年補足・充実されて度々再版されている。それらの書籍で、管野須賀子に関わる記述については、表現に若干の相違はあるが、内容的にはいずれもほぼ同じようなものとなっている。一九六五（昭和四〇）年に発行された『新版 寒村自伝（上・下巻）』の上巻には、小見出しで「管野須賀子の出現」と題して管野のことを次のように記している（①一〇六～一〇九頁）。長い引用文となるが、その後の各種の書籍に利用されて、大きな影響を及ぼした記述であるので取り上げておきたい。

なお、引用文中の（i）～（vi）の数字は、荒畑が管野の人間性を描いた際に登場した鍵となった人々に筆者が付加したもので、それらの人々と管野との関わりについては、本章9節に取り上げ、大谷の見解に筆者も追加的な私見を加え、荒畑の指摘は噂や風評に基づくもので、管野の実像ではなかったことを解説している。

〔前略〕彼女は大阪の小説家宇田川文海（ⅰ）に師事して小説家を志したが、しかし作家として成功し得る才分があったとはどうも思われない。それ故、その名を署した幼稚な小説を大阪の小新聞に発表して、やっと一家を支えるだけの金を得るためには、文海の力に頼るとともに貞操をもって支払わねばならなかったのである。そういう生活はやがて彼女を捨て鉢におちいらせ、われから享楽に耽溺させ、そして後に新聞記者となってからはますます放縦淫逸な生活に沈湎して、さまざまな男（ⅱ）と浮名を流すに至らしめた。その反面、そういう境遇に対する反省と自己嫌悪との念に駆られてキリスト教に近づき、大阪婦人矯風会長の林歌子女史の知遇を得、京都に移り住んで同志社教授の英国夫人に日本語を教えて、妹と二人の暮しを立てるようになった。

彼女が社会主義に興味をもったのは、堺先生（ⅲ）がまだ朝報社にあった頃、男から暴力で凌〔ママ〕辱されて煩悶している一婦人に与えて、それは恰も路上で狂犬に噛まれたような災難で、不幸ではあるが自己の責任を負うべき過失ではない、そんな不幸は早く忘れるように努むべきだという意味の文章を、紙上に発表したのを読み、非常に感激して先生に接近したのが動機だという話である。それというのも、彼女自身がまだ少女の折、継母（ⅳ）の奸策で旨をふくめられた鉱夫から凌辱された経験があって、そのために久しく煩悶していたからだ。そしてまた、そういう過去に対する自暴自棄の感情が何ほどか後年の放縦な生活の原因をなしたとも、彼女はみずから告白した。

彼女の田辺来住は単に牟婁新報の留守編集主任というに止まらず、柴庵（ⅴ）と結婚する約束でもあったのだそうである。(中略) 来て見ると柴庵には久しく肺患で臥床している実際上の細君があることが判って、(中略) その失望と柴庵に対する反発とは私が田辺を去った後、不在の法 (ママ) 友柴庵のために来援した真言宗の雑誌『六大新報』の主筆だった清滝智竜 (ママ) (vi) とも情交を結ばせた。(後略)

荒畑が『寒村自伝』に著した管野須賀子像は、国会議員になり社会的に評価された元夫の著した書籍であることから、当時は信憑性の高いものとして多くの著書に引用された。しかし今になってみると、管野が告白したという話は、裏付けの乏しい極めて荒畑の個人的な見解となっており、そのまま受け入れることはできないことがだんだん明らかになってきている。また、執筆当時は、衆議院議員に立候補した時期で (②二〇七頁)、しかも再婚した直後であり (②二〇九頁)、保身の気持ちが強く働いたのではないかと思われる。管野のことを、荒畑自身の考え方で一方的に描いても、登場人物は荒畑以外はほとんど物故者で、反論も出来なかった。また、裏付けとなる残された手紙などの記録もごく限られ、男女間の話も、証拠のない過去の噂話 (①一六〇頁) にすぎず、当事者の否定などの資料も後年見られるようになって信憑性が疑われており、それらのことについて、順次取り上げたい。

2　神崎清の『革命伝説』にみる管野像

神崎清（一九〇四〈明治三七〉年～一九七九〈昭和五四〉年）は敗戦後に、「大逆事件」に関する資料と生存者たちの記憶の収集に当たっていた中で、太平洋戦争の空襲で焼失したとみられていた「獄中手記」と「訴訟記録・証拠物写」が奇跡的に保管されていたことを見出し、復刻版を完成した。これらの書籍は、大逆事件の犠牲者とその名誉回復に取り組む関係者にとっては救世主的資料といわれ、神崎は第一級の功労者とされている。その後大逆事件の概略をまとめ、一九四七（昭和二二）年に世界評論から『革命伝説』を、一九六〇（昭和三五）年に同書名で中央公論社から二分冊の『革命伝説』を出版している。ついで一九六八（昭和四三）年から翌年にかけて芳賀出版から『革命伝説　大逆事件』（全四巻）に集大成して出版している。さらに一九七六（昭和五一）年から一九七七年にかけてあゆみ出版から、二〇一〇（平成二二）年には子どもの未来社から『革命伝説』（全4巻）を出版している。

神崎清が収集したこれらの資料は、神崎自身がライフワークとして取り組んだ大逆事件とその時代背景を明らかにする上で、貴重な資料になったばかりでなく、明治期の思想、政治に関連する我が国の歴史を知る上で、かけがえのない第一級の資料として高く評価されている。

神崎はこれらの書の中で、大逆事件で刑死した明治の思想家・革命家の幸徳秋水とともに唯一の女性刑死者・管野須賀子についても取り上げている。そのなかで、『寒村自伝』に記していた管野妖婦説について、どのように評価していたのか述べておきたい。

もとより、秋水の性的経歴書は、放蕩《ほうとう》あり、過失ありで、清教徒のようにきれいなものではない。幽月にもまた、革命婦人とはいいながら、男から男をわたり歩いてきたような暗い過去があった。しかし、だからといって、この二人が、人間的な愛情の燃焼をぬきにして、単なる性的要求と生活の便宜だけで、同棲関係にはいったとは、どうしても考えられないのである。（中略）（③一一六頁）

婦人記者として、幽月が性的交渉を持った宇田川文海・毛利柴庵・清滝知竜（ママ）・伊藤銀月というような男たちは、生活手段の提供と好奇心の満足から彼女との関係をもてあそんだにすぎなかった。少年寒村にめぐりあって、はじめて自由恋愛を体験することができたが、（中略）秋水のなかの男性的なもの、英雄的なものにふれて、彼女の情熱が全人的に燃えだしたのである。（後略）（③一四一頁）

神崎は、『寒村自伝』に記されている荒畑の記した管野の男性遍歴について、そのまま受け止めながらも、決して管野を妖婦・淫婦・悪女とみてはいない。純粋な愛を貫いた情熱的な革命家と位置づけている。このことは、幸徳が千代子を正式に離婚し、その後で管野との同棲関係になった経緯を、赤裸々に正直に伝えている友人・大石誠之助への手紙（④一四八〜一五二）で理解できる。

しかし、幸徳と管野の恋愛・結婚問題については、管野と幸徳二人だけの認識と対応ですむものではなかった。同志や後輩が理解して共有できていなかったこと、理解してもらうような説明をしなかったことにも問題があり、管野と幸徳、とくに指導的立場にいた幸徳に対応のまずさがあったと言わざるをえない。

3　絲屋寿雄の管野像

絲屋は著書『管野すが』（一九七〇〈昭和四五〉年）に、管野の生い立ちについて、管野が著した半自伝小説『露子』（④一三〜一四頁）と『おもかげ』（④五〜九頁）とを引用してつぎのように記している。それには、管野が小学校だけで終わりながら新聞記者として身を立てることができたのは、関西文壇の実力者であった宇田川文海《うだがわぶんかい》の庇護によるものであったとしている。また、荒畑による『寒村自伝』の管野についての記述を肯定的に引用し、「病気の父と二人の弟妹を養っているうちに、お定まりの文海の妾みたいになっちゃったわけですね。」（④一七頁）「すがは最初の結婚に失敗し、婦人記者として身を立てようと思っており、そんな必要からも、物心両方面からのすがの庇護者であった文海の愛を受けいれたのではなかったのであろうか」

（④二一頁）、「すがは一面、放縦な自分の私生活に対する反省の念も強くて、そのためキリスト教に近づき、大阪の婦人矯風会長として有名であった林歌子女史に識られ、名義だけのものではあったが矯風会の文書課長の地位についた」（④二一頁）と記している。

　また、管野が週刊『平民新聞』を読むきっかけについては、本章2節でふれ、9節で詳細に述べているように、堺利彦が『万朝報《よろずちょうほう》』で書いた一文が契機になったと『寒村自伝』に、おなじ内容で紹介している（④四一〜四二頁）。しかし、この『万朝報』に掲載されているとした記述については、清水卯之助（⑤七八頁）と大谷渡（⑥一〇頁）が、それぞれ独自に調査し、『万朝報』にそのような記述はなかったと報告している。絲屋に限らず、一九八九（平成元）年五月の大谷渡による『管野スガと石上露子』が発刊されるまでの管野の描き方は、荒畑寒村の『寒村自伝』の管野妖婦説に影響された描き方をしており、それまで、管野の真の姿を追究した報告がなかったので、やむを得なかったといえよう。

4　瀬戸内晴美の小説『遠い声』

　瀬戸内晴美（後年出家し寂聴に改名）は、雑誌『中央公論』（一九六五〈昭和四〇〉年）九月号（第八〇巻）に、「管野須賀子」の表題で『寒村自伝』に依拠した小説を発表し、五年後には三〇〇頁に近い小説『遠い声』⑦（一九七〇年三月五日）を出版して反響を呼んだ。

瀬戸内は、かつてポルノ作家や官能作家などと文芸界の一部の人から酷評され、文壇から干された時代もあったが、体験的で、歯に衣着せぬ官能的小説を「女の性《さが》」として赤裸々に描いていた。管野は大逆事件で刑死した一二人の中の唯一の女性で、革命と恋の焔に一身を投げた女性として興味を抱き、作家の創作意欲を沸かしたものと思われる。

瀬戸内は、小説『管野須賀子』（一九六五）や『遠い声』（一九七〇）を描く際に、荒畑に敬意を表して須賀子のことを書きたいと挨拶をしていたと思われる。そのとき荒畑はどのように対応したか判らないが、おそらく執筆内容への注文などは一切しなかったのではないかと思われる。内容的には、管野の男性遍歴と革命家として命がけで取り組んだ波乱の人生を、率直・大胆に著したものになっている。管野の最期は、絶対的権力を握った時の政府の横暴な裁判であえなく絞首刑となるが、最期まで社会主義者として生きた結果の刑死が、無駄でなかったと将来評価されることを信じて疑わなかった、一途な生き方の記録として綴られている。小説としては珍しく、利用した参考文献三〇冊を末尾に掲載し、それには筑摩書房発行の『寒村自伝』、神崎清の『大逆事件記録』、『革命伝説』などが挙げられている。

『遠い声』の初出は一九六八（昭和四三）年で、『思想の科学』に連載され、その後前述の一九七〇（昭和四五）年に新潮社から単行本で出版され、一九七二年には五刷されている。初出の一九六八年となれば、一八八七年生まれの荒畑は八一歳（九四歳没）に達していた。

この小説『遠い声』は大逆事件で死刑宣告を受けて三畳足らずの独房で過ごす管野が、処刑の日も知らないで過ごした刑死の当日、朝目覚めて、自分の生きてきた人生を振り返り、独り言のように心中で語りかける「過ぎ来し方」が、思い出として綴られている。その導入部分につぎのような、管野須賀子の妖婦と批判された男性遍歴についての思い出を、瀬戸内の著作にふさわしく官能的で、性に奔放な女性として赤裸々に記している（⑦六～一二頁）。

（前略）朝、目が覚める時、どうしていつもこんな肉感的な追想に襲われるのだろうか。よく人がいっていたように、私という女は、常人より肉欲的な女なのか。

今日はもう明治四十四年一月二十五日（死刑執行当日・引用者注）。昨年五月十八日、入獄してから八ヵ月が経つ。獄内で迎えた今年の正月で私はようやく数え年三十一になったばかりだ。健康で、社会に生きているとしたら、まだまだ恋の火も燃え、男と快楽に身を焼きつくしていて当然のこと。（中略）

私の今度の死刑の判決の号外を、あの大広間の紫檀の机の上で広げた文海の顔が目に浮ぶ。自分と一度でも寝た女が絞首刑になるような女だったと知った時、男はどんな気持ちがするだろうか。

別れた夫とあの意地の悪い姑、立命館の中川小十郎、牟婁《むろ》新報の毛利柴庵、六大新報の清滝智竜、伊藤銀月、荒畑寒村……その他思い出したくもない……私の上を通りすぎた屑のような男たち……（後略）。

ここに挙げられた人々はすべて実名で述べているが、この書籍が発刊された当時、荒畑寒村以外は全員物故者で、たとえ記述が事実でなかったとしても、荒畑以外は文句の言いようもないことであった。また、小説『遠い声』は、荒畑の著書を基本にしている作品で、管野がさまざまな男と浮き名を流し、放縦淫逸な生活を送った女性として瀬戸内が描いていても、荒畑は自分の著書にそのように記述しているのであるから、文句のつけようもないことであった。荒畑の著書『寒村茶話』に寄稿した瀬戸内の文の中に、管野須賀子と荒畑との閨房のことまで質問されて荒畑をどぎまぎさせ、最初に手を出したのは管野で、荒畑は管野に弄ばれたとする描写で描かれている。

荒畑の『寒村茶話』には、荒畑と瀬戸内が親密に対談した様子が、随筆風に綴られて掲載されている。その中の瀬戸内が寄稿した「ガールフレンドの弁」の短文に、寒村が瀬戸内の小説『遠い声』の出版を讃え、「薄幸な彼女のために、何よりの墓碑銘を建ててくれてありがとう。私が持っているより、あなたのところにあるほうが今では彼女も喜ぶでしょう」と、寒村が入獄中に須賀子から差し入れてもらった『罪と罰』の英訳本を、瀬戸内にプレゼントし、感謝した言葉が添えられている（⑧二八三頁）。

瀬戸内の『遠い声』は、荒畑の『寒村自伝』をもとにしたもので、荒畑との合作ともいえるような内容の作品になっている。それだけに社会への影響力はとてつもなく大きかった。そのことはつぎに取り上げた女性評論家たちの管野須賀子についてふれた書籍や、学術論文にまで引用された事実をみても明らかである。荒畑の偏った管野妖婦説は、小説とはいえ瀬戸内によって虚飾・上塗りされ、社会的に大きくアピールした書籍となり、興味を持たれ、妖婦説を増幅させた作品になった。

ただし瀬戸内は、大逆事件の判決について、「ああ、刑法七十三条。すべては七十三条に結びつけ、片付けてしまった恨みの悪刑法」（⑦一九六頁）、「三十年後、五十年後、いや、迷信深い日本人のことだから、もしかしたら百年も後になって、人々は私たちの刑死を再検討し、罪名を書き直してくれるだろう」（⑦一九八頁）と、管野の悲憤慷慨した言葉として記している。この言葉は、権力にへつらうことの無かった瀬戸内自身の言葉であったと思う。管野が託した願いに、約束を受け止めたと応えた管野への献花といえよう。その後瀬戸内は、機会がある度に大逆事件冤罪の訴えに協力的に取り組んでいる。

5　山本藤枝の管野評

児童文学作家の山本藤枝は、一九七八（昭和五三）年に、著書『人物日本の女性史第11巻』に、「管野スガ」の表題で管野の人物像について取り上げている。それには、荒畑寒村の『寒村自伝』に記されていた、過去の不幸な男性遍歴によって自暴自棄になり、放縦淫逸な生活を繰り返すようになったことに疑問を差し挟みながら、『寒村自伝』に記載されているような享楽に耽溺する生活について、つぎのような批判的な見解を述べている（⑨八二〜八三頁）。

性的放縦とピューリタニズム。純潔をモットーとし、廃娼をさけぶ矯風会と、父親のような男の妾《めかけ》的存在であり、ほかの男たちともルーズな関係をつづけている管野《かんの》スガ。およそ、共存も合体も考えられないこの二者が、なぜ結びつくことになったのだろう。『寒村《かんそん》自伝』にいう、「享楽に耽溺《たんでき》」する生活でありながら、スガには人一倍はげしい自己嫌悪《けんお》があり、反省の念があったのだ。それが、彼女を、キリスト教の団体である矯風会に近づけたのである。

山本がこの書を執筆した当時は、まだ大谷渡の『管野スガと石上露子』の出版以前で、荒畑の誤解と偏見による管野妖婦説の記述が正されていなかったときであり、『寒村自伝』に依拠すれば、ほとんどの執筆者は、管野について山本と同じように受け取るのは当然であろう。

山本藤枝の大逆事件そのものに対する受け止め方は、神崎清の著書『革命伝説』（初出誌の頁不詳）に依拠してつぎのように記している。「ことさら幸徳秋水を首領にまつりあげ、その指揮下にある全国二十四人の決死隊員が、明治天皇の暗殺計画に参加していたと構想して、頭から大逆事件を適用するようなあやまちをおかし、大量二十四人の死刑宣告を行った大審院の判決書の中に、真実はない」（⑨一一一〜一一二頁）とし、大逆事件の政府による判決に批判的に述べている。さらに、管野が死の直前に書いた獄中記「死出の道艸」に記した、「私達三・四人を除いた総《すべ》てを助けて貰ひたいものである。其代りになる事なら、私はもう逆磔刑の火あぶりにされようと、背を割いて鉛の熱湯を注ぎ込まれようと、どんな酷ひ刑でも喜んで受ける」とした記述（⑩二七〇頁）を紹介している。管野はこの死刑直前の極限にきて、もはや聖女であったと山本は記している。

山本は、荒畑のような、管野を侮蔑するような見方で記述してはいない。それにしても、『寒村自伝』の影響力が如何に絶大であったかということがここでも理解できる。

6　学術論文にみる落とし穴

近代日本の思想史を研究したノートヘルファーの著書『幸徳秋水　日本の急進主義者の肖像』（一九六八〈昭和四三〉年にプリンストン大学に提出した英文の博士論文）は、一九八〇（昭和五五）年に日本語訳で一般の読み物として出版された。この本には、多くの邦語文献が引用され、論述の出所を明確にしている。論文としてまとめた一九六八（昭和四三）年当時は、荒畑の『寒村自伝』が、我が国の初期社会主義の内実を紹介した貴重な資料として出回り、それがこの本でも引用されている。とくに管野須賀子の記述については、『寒村自伝』に依拠した「管野妖婦説」によって紹介されている。

なお、一九六四（昭和三九）年には、大逆事件の裁判記録が出版物として神崎清編（敗戦時に焼却処分を奇跡的に免れて闇のルートを経て生き返る）で、『獄中記録』や『証拠物写』（写真撮影による製本印刷）が初めて三五〇部限定出版され、大逆事件の見直しがされはじめた時期ではあったが、荒畑の管野妖婦説が世間一般に定着していた時期であったため、ノートヘルファーは、荒畑の『寒村自伝』（一九六五〈昭和四〇〉年）にそって記述している。

この本の管野に関する記述は、荒畑が入獄中の拘束状況のもとで嫉妬に燃えて過ごした思い出で綴られ、中には根拠のない噂をもとにした管野の男性遍歴説を、さらに増幅・虚飾し、妖婦・淫婦を強調して書かれている。たとえば、「須賀子はずっと以前から自分の自然の贈物（肉体的魅力）を武器に使うことを覚えていた」、「自由恋愛の公然たる唱道者となった」（⑪二九九頁）など、事実とまったく違った管野の人間性を疑うようなことが記されている。それらは、荒畑の『寒村自伝』や、それを引用して書きあげた瀬戸内晴美の「管野須賀子」『中央公論』八〇巻九号を参考にし、さらにそれを膨らまして推測で書かれている。

また、訊問調書をそのまま引用したため、「須賀子は士族の娘でなかったため、育ちのよい日本の婦人の特色である取り澄ました従順さと受動性がなかった。（中略）彼女の時代の束縛的な諸権威を打破することによって自己をその社会的環境から開放していくことを決意した。」（⑪二九七〜二九八頁）と述べ、「継母による奸策で、鉱夫に彼女を誘惑させた」や「大阪の二流小説家の許に徒弟に入った。しかし才能はないし、（中略）彼女は、自ら娼婦の生活に沈むことになった。」（⑪二九八頁）などの記述は荒畑による『寒村自伝』の記述そのものといえる。

管野は、大逆事件で原田判事の訊問の際、「身分は」との問いに対して「平民」と答えている。実際は第1章で紹介したように、両親は共に武士の出であった（⑥一一～一二頁）。須賀子は権威を振りかざして弾圧を謀った官憲や裁判官に対しては、反抗的に平民と述べたが（⑫二〇六頁）、父は京都所司代に仕えた武士の出で、代言人（現在の弁護士）であったことを自ら述べ、士族の娘の誇りと気概を持っていたと大谷は述べている。管野自身も武士の血を意識していたことはたしかである（⑥一一～一四頁）。権力者であるお上に仕える官人に対する反発と、今さら士族と言ったところで何になろうという思いから、予審調書では平民と名乗ったのではないかと推測している。

ノートヘルファーの著作は、当時普及していた荒畑や瀬戸内晴美の著書の引用であったため管野須賀子の虚像がそのまま使われて大きく誤った記述になっている。

7　清水卯之助編の『管野須賀子全集』

一九八四（昭和五九）年に清水卯之助編集による『管野須賀子全集　全3巻』が刊行された。清水（一九〇九〈明治四二〉年～一九九一〈平成三〉年）は、管野が勤務していた新聞社時代に執筆した記述や、キリスト教機関誌などに寄稿した記述などをすべて収集して取りまとめ、さらに第3巻には自著の「管野須賀子小伝」を含め、管野の人となりを愛情と敬意を込めて出版している。

清水が第3巻に載せた「管野須賀子小伝」に、「荒畑寒村は、須賀子の文筆収入を貞操の代償で払っていたと彼女を貶しめているが、弟とともに師と仰いでいる宇田川文海との間に、師弟の垣根をとり払う愛情が生じることもあり得るであろう。」(⑫三〇〇頁)と管野を弁護し、「荒畑が在阪中(一九〇七〈明治四〇〉年一〇月から約半年間「大阪日報」に勤務)、独身時代の須賀子を知っている新聞記者から散々たきつけられたらしく、彼女の行状(新聞記者時代にさまざまな男と浮き名を流すに至らしめた(ii)を指すと思われる)の追憶に懊悩したと、ひとり不愉快がっている。」、「その話が真実なら、なぜ管野が転地療養していた秋良屋《あきらや》に(一九〇六年)二月上旬に尋ねて二〇日間も旧情を暖めたりできるのか」(⑫三〇七頁)と、荒畑の行動を批判している。

清水は、生前(一九九一〈平成三〉年六月没)に取りまとめていた原稿『管野須賀子の生涯』を、清水夫人や関係者の協力で二〇〇二(平成一四)年に出版している。その中に、「荒畑は『牟婁新報』社長の柴庵や高山寺住職の清滝智竜とも肉体関係があったように述べているが、これらは管野を淫婦・妖婦に仕立てる中傷で、逆恨みも甚だしい」と記し(⑤一一二頁)、清滝や柴庵との関係について根拠を示して否定している。また、瀬戸内がふれた伊藤銀月についても、管野が安っぽく銀月に身体を与えたという俗説を破りたい(⑤一二三頁)と記している。

しかし、清水が弁護し敬意を込めて著した『管野須賀子の生涯』でも、長く定着していた管野妖婦説を打破することはできなかった。管野妖婦説が解消されるようになるのは、一九八九（平成元）年に著した大谷渡の『管野スガと石上露子』の出版以降となる。

8　永畑道子の管野評

日本の女性史作家の永畑道子は、一九八七（昭和六二）年に刊行した『華の乱』に、「処刑」の課題で管野須賀子をとりあげている（⑬七〇～八四頁）。管野の赤旗事件から大逆事件で処刑されるまでの間の厳しい弾圧政策の中で生きた人間模様、とくに女性革命家管野の荒畑寒村、幸徳秋水との恋愛と葛藤について追跡して描いている。管野について、「小学校を出ただけの学力だが、あとはほとんど独学で、婦人記者の道を歩いた。男たちのとの遍歴のあとも華やかな、すが子である。すが子の唇は厚ぼったい。たわわの髪、どこか男を惹きこむ魅力があった。」と記している（⑬七〇頁）。

永畑がこの書籍を刊行した時には、清水卯之助の『管野須賀子全集』が三年前に出回っており、それには『寒村自伝』にみるような、管野を妖婦や淫婦と蔑《さげす》むような記述はしていない。しかし、大谷渡による管野の妖婦説否定の書『管野スガと石上露子』の出版以前であったため、『寒村自伝』の妖婦説の残映に引きずられ、管野が換金刑で幸徳にかわって入獄する直前の幸徳への恋慕の手紙「……あなたが壮健でさえいて下されば、私は何年捕らえられても、また死んでもかまいません。懐かしき水さま」についての評で、「したたかに男を遍歴したと伝えられるすが子の愛、やさしさと哀れを、秋水は受け止めた。」（⑬七八頁）と記し、管野を妖婦的に描いている。

9　大谷渡の著書で管野の汚名はそそがれる

大谷渡《おおやわたる》（一九四九〈昭和二四〉年〜）は一九八九（昭和六四）年に『管野スガと石上露子』を出版している。その書のあとがきに、「これまで描かれてきた管野像が、女性ジャーナリストとしての管野の実像とはあまりにもかけはなれていることが明確になった。本書では、これまでの私自身の管野に関する史料調査の上に立って、従来の管野須賀子の虚像を正し、彼女の実像を明らかにすることにつとめた」（⑥二三五頁）と記している。

大谷は関西大学文学部の卒業論文のテーマで天理教についての研究を選び、大学院でもそれを引き継いで調査研究している。管野を調査するきっかけは、天理教の機関誌『みちのとも』に寄稿していた管野須賀子とその師宇田川文海の作品に興味を持ったことによったとしている。その後、『大阪朝報』、『基督教世界』、『牟婁新報』などへの執筆文も徹底して調査し、その調査過程で『寒村自伝』の管野須賀子像に誤りがあることに気付き、裏付けを示して明らかにしているが、長い研究歴に裏打ちされた確証について高く評価したい。

筆者は本章1節で、『新版　寒村自伝』を引用し、文中で管野妖婦説に取り上げられている人物に、(i)から(vi)の番号を付けたが、それらの人々と管野との間に荒畑や瀬戸内が書いているようなみだらな男女関係はまったくなかったこと、根拠のない虚構であるとしたことを大谷の記述を中心に次に取り上げた。

(i)に、管野は宇田川文海の妾となったと述べているが、「管野は宇田川文海の妾などではなかったのであって宇田川と師弟の関係にあった管野が、宇田川の思想的影響の元に廃娼論、女権拡張論を唱え、キリスト教さらには社会主義へと接近していったというのが本当なのである」(⑥四頁)と大谷は断言している。

管野姉妹は宇田川夫人にも愛され、面倒をみてもらった事実があり、また、宇田川は管野の弟を自分の娘(養女)の婿にする予定でアメリカへ留学させている。宇田川は管野が入院した際、枕許にあったバイブルに目をとめ、「身と心を健全になさい」と指導しているクリスチャンである。管野は廃娼運動に取り組み、女権拡張を主張し、キリスト教の洗礼を受け、その矯風会の役員を勤めている。そのような管野が、師と仰ぐ宇田川の妾となって身銭を稼ぐようなことができるはずがないと筆者もみている。

(ii)に、さまざまの男と浮き名を流した話は、大阪の新聞社時代に、出所不明の伝聞、風説などを聞いて(⑥五頁)、獄中で煩悶したと記している(①一七七頁)。これで明らかなように、荒畑は噂などをもとにして憶測で書いたと思われる部分が多いといえる。
(iii)に、凌辱を受けた婦人の『万朝報《よろずちょうほう》』の紙上の悩み相談に堺が、「路上で狂犬に噛まれたような災難で、早く忘れなさいとしたのを読んで堺に接近したとあるが、『万朝報』を調べたが堺のそのような文章は出てこなかったとしている(⑥一〇頁)。このことについては、清水卯之助も『万朝報』にそのような記述はなかったと否定している(⑤七八頁)。
(iv)に、継母の奸策で鉱夫から凌辱された事件について、「一一歳のときに継母が家に入って育てられたが、管野は〈恒に不愉快な日〉をおくったとある」。少女時代に継母との葛藤はあったであろう。しかし、「有馬で父親や継母と遊んだ懐かしい思い出を記し、情の母(継母と推測としている)を、〈浮世の辛苦をつぶさに嘗めし、同情あふるる情の手に慰め給ひしが(中略)其人の前に打ち明けて、共に泣き共に悦ぶの例となりぬ〉」と記しており(⑥二六～二七頁)、その継母の奸策で鉱夫に手込めにされる話は、あまりにも非人間的な残酷きわまる話で大谷は信じられない(⑥一〇頁)としている。
(v)に、柴庵は、『牟婁新報』の社長で、れっきとした妻があり、管野はその病気の妻を、しばしば見舞っており(⑥八頁)、柴庵と関係が持てるはずがない。
(vi)の清滝智竜は、真言宗の機関誌的存在の『六大新報』の発行に携わっており、当時田辺の古刹高山寺の住職であり、海岸沿いの小さな町で、管野が有名人の毛利や清滝と浮き名を流しながら、廃娼や女性解放論の論陣を張ることができるとも、許されるとも思えないと大谷は記している（⑥八頁）。

なお、管野が勤務地の田辺を去る際には、毛利社長始め職員が名残を惜しんで港で見送り、田辺を去った後、住民や若者たちから尊敬されていたとする記述が『牟婁新報』にあると報告されている（⑥一五四〜一五六頁）。小さな町で管野がふしだらな暮らしをしていたら、このような名残を惜しんくれるような見送りをされるはずがない。

10　関口すみ子の『管野スガ再考』にみる管野須賀子論

関口すみ子は、二〇一四（平成二六）年に『管野スガ再考―婦人矯風会から大逆事件へ』（⑭）を著している。その内容は、管野が長く妖婦・悪女と蔑《さげす》まれながら、社会主義社会構築のために献身的に取り組んだ経緯を、ていねいな裏付けを示しながら解説し、これまでの管野論にはなかった新しい見方で掘り下げており、大谷渡の著書に次ぐ本格的な管野の実像に迫る著書と評価できる。

たとえば、荒畑寒村による『寒村自伝』で記された管野妖婦説については、「多くの問題をはらんだ、信頼に値しない（おそらく虚偽を含む）ものであることは明白なようである」と述べ（⑭二一五頁）、大谷の妖婦説否定を追認しながら、往年の闘士・荒畑寒村の信憑性が問われることがなかったと指摘している（⑭二一五頁）。さらに、管野妖婦説の淵源は千駄ヶ谷の平民社周辺にあったとし、幸徳秋水の大石誠之助あての手紙（一九〇九〈明治四二〉年八月）、同志の離反経過、上司小剣の短編小説「閑文字」『早稲田文学』（一九一〇年六月号）、堺利彦の石川半山宛の手紙（一九一一年三月）を取り上げて解説している。しかし、堺利彦については、管野と宇田川文海、伊藤銀月、毛利柴庵らとの関係記述を、親身とはいえない書き方がなされていると批判的にみている（⑭四一～四三頁）。これらの点について関口は、作り話にすぎないと済ましているものもあるが、創作好きな面々による作り話にすぎないといえるかどうか、裏付けを示した反論が待たれる。また、管野の「犠牲」による奉仕の精神は、無謀でナイーブとし、管野の社会主義活動に対しては厳しい見解で、批判的に述べて問題点を提起している。それらの提起の中の一つに、管野の大逆事件における訊問での供述について、つぎのような指摘がある（⑭二四七～二四八頁）。この点については、関口の誤解によると思われるので、取り上げておきたい。

大逆事件における須賀子の供述書類、中でも第十三回予審調書（一九一〇年十月十七日）（中略）には、幸徳が「宮下ト言フ人カ爆裂弾ヲ造ッテ　元首を斃ス計画ヲシテ居ル又事ヲ挙ケル時ハ紀州ニモ熊本ニモ決死ノ士カ出来ルテアロウト申シマシタ」とある。「紀州ニモ熊本ニモ決死ノ士カ出来ルテアロウ」という一節は、平民社関係の事件に紀州や熊本在住の人間を巻き込む論理に他ならない。『牟婁新報』主筆代行を務めた管野が、このような――紀州の人間を巻き込むような——嘘の供述をしたとすれば『牟婁新報』時代の自分を否定したに等しい。（中略）本書は、私なりに、この供述は須賀子の供述そのものではないという確信を得て、上梓したものである。（後略）

大逆事件の検事聴取書や判事予審調書における各被告人の供述は、裁判所書記が記録し、最後に被告人が確認して署名がなされ、供述が正確に記録されているようにみえる。しかし、第8章10節に取り上げているように、大石の予審調書にみる供述（⑮七五頁）、峯尾節堂の「我懺悔の一節」（⑯五〇〇～五〇二頁）、幸徳秋水の「陳弁書」（⑮一八〇～一八一頁）などをみると、訊問は拷問まがいの過酷な取り調べや巧妙な誘導によって作られたもので、極限状態に追い込まれ、被告人が考えてもいなかった事を述べさせられたり、判事の質問を自身の意志に反して肯定させられ、真実が記されていないことが訴えられている。しかも訊問のあった後日、その供述の訂正を申し入れても無視されたと不満が記されている。したがって、これまでも指摘されていたことではあるが、聴取書や調書についての裁判所書記の記録が、必ずしも正確に記されているとは限らないといえる。

前掲の関口が述べている「この記述は須賀子の供述そのものではないという確信を得て……」の記述について、確信の根拠について知りたいところである。それがあれば、関口が度々文中に記している「須賀子の饒舌な供述」（⑭一七五、一九八、二四八頁）という言葉に惑わされて、管野はよけいなことを供述したと誤解される懸念は払拭される。

供述調書でみる限りでは、関口が取り上げた、前述の幸徳が話したという「事をあげるときは紀州にも熊本にも決死の士が出来るであろうとの話」を、最初に供述したのは、関口が指摘している管野の一〇月一七日の予審調書の供述ではなく、第8章10節に取り上げているように、それより四ヵ月前の、六月八日の大石誠之助に対する武富検事による第二回の聴取書での供述によるものであることを明らかにしておきたい。なお、この供述について大石は、引致されて疲労困憊の中で供述し、真意ではなかったと後日の予審調書で取り消している（⑮七五頁）。

訊問が始まった当初の管野は、検事や判事の訊問に対して「知らぬ、存ぜぬ、思い出せぬ」と突っぱね、決して饒舌ではなかった。訊問に対してすべてを話し出したのは、六月一〇日以降である。須賀子は六月二日の訊問の際に、自身の死刑は免れないと察知して覚悟を決め、爆裂弾実行計画と無関係であった幸徳を、今後のために死刑から救出したいと考え、須賀子が獄中でできる最後の取り組みを思いつく。それは秘密の針文字手紙を作成して知人（横山弁護士と杉村記者）に、幸徳らが死刑になることを知らせることと確信する。それが実現できたのが六月九日（九日は記載署名日、封書の消印は一一日）であった。管野はその大仕事を終え、六月一〇日以降はすべてを後世の判断に託する思いで、積極的に供述を始めている。ただし、前述したように、訊問の際の書記の記録が不正確であったこと（時には意図的に曲げられている）を考慮しておく必要がある。なお、針文字書簡については疑問が多く、別人の書簡（偽物）ではないかとする推論もあり、そのことについては4章2節に取り上げている。

管野を含めた大逆罪による大量処刑が、供述内容の真偽を正すことによって、覆される可能性については、法律家や研究者によっても意見が分かれるところと思われる。これらの点については8章10節に取り上げている。

参考文献

①荒畑寒村『新編 寒村自伝』〈上巻〉（筑摩書房　一九六五年）。
②荒畑寒村『新編 寒村自伝』〈下巻〉（筑摩書房　一九六五年）。
③神崎清『革命伝説　大逆事件 2』（芳賀書店　一九六八年）。
④絲屋寿雄『管野すが』（岩波書店　一九七〇年）。
⑤清水卯之助『管野須賀子の生涯』（和泉書院　二〇〇二年）。
⑥大谷渡『管野スガと石上露子』（東方出版　一九八九年）。
⑦瀬戸内晴美『遠い声』（新潮社　一九七〇年）。
⑧瀬戸内晴美「ガール・フレンドの弁」荒畑寒村著『寒村茶話』（朝日新聞社　一九七六年）。
⑨山本藤枝「管野スガ」『人物日本の女性史 第11巻』（集英社　一九七八年）。
⑩管野須賀子著　清水卯之助編『管野須賀子全集 2』（弘隆社　一九八四年）。
⑪F・G・ノートヘルファー　竹山護夫訳『幸徳秋水　日本の急進主義者の肖像』（福村出版　一九八〇年）。

⑫ 管野須賀子著　清水卯之助編『管野須賀子全集 3』（弘隆社　一九八四年）。
⑬ 永畑道子『華の乱』（新評論　一九八七年）。
⑭ 関口すみ子『管野スガ再考—婦人矯風会から大逆事件へ』（白澤社　二〇一四年）。
⑮ 塩田庄兵衛・渡辺順三編『秘録・大逆事件（下巻）』（春秋社　一九六一年）。
⑯ 神崎清編『大逆事件記録　第一巻　新編獄中日記』（世界文庫　一九七一年）。

第7章　「大逆事件」の受刑者たち

辻本　雄一（第7章1節）

1　いわゆる「紀州グループ」と言われた人たちをめぐって

はじめに

明治期の「大逆事件」の受刑者二四人のうち、熊野・新宮の関係者は六人、全体の四分の一、しかもこれら六人の者は、熊野の地に根を下ろして生活している者たちだった。東京や大阪で活躍したわけではない。そうして、大石誠之助を中心とした、いわゆる「紀州グループ」と称されるゆえんも、権力の側の命名であって、そういうグループが実在したわけではない。グループそのものを想定することは、むしろ権力側の思惑に絡め取られることにもなりかねない。幸徳秋水を中心とする、幾つかの「危険グループ」の一掃と言う、権力の側の捏造《ねつぞう》、デッチアゲに与《くみ》することにもなりかねない。グループが存在しなかった、作り上げられた架空のものであったと言うことを確認することは、それぞれの「個」を際立たせることにもなるはずだ。その前提は明確にしておかねばなるまい。そうして、明治期の「大逆事件」は、そういった作り上げられた「言質」のなかに、とかく囲い込まれてしまう危うさを絶えず孕《はら》みながら、「個」の生き方を検証することになる。

回りくどい言い方になったが、端的に言えば、各被告とされる人たちの「予審調書」や「聴取書」なりに寄り掛かり過ぎる「言質の危うさ」と言うことでもある（以下、「予審調書」や「聴取書」からは、この自戒を意識しつつ引用することにする）。

新宮市のＪＲ新宮駅近くの小公園にある「志を継ぐ」碑には、つぎの文字が刻銘されている。

一九一一年、この熊野の地で、「天皇暗殺を企《くわだ》てた」とする「大逆事件」のために、死刑二人無期懲役四名、都合《つごう》六名の人々が犠牲になった。

・大石誠之助（一八六七―一九一一）　・成石平四郎（一八八二―一九一一）
・高木　顕明（一八六四―一九一四）　・峯尾　節堂（一八八五―一九一九）
・成石勘三郎（一八八〇―一九三一）　・崎久保誓一（一八八五―一九五五）

太平洋戦争後、この事件は自由思想弾圧のための国家的陰謀《いんぼう》である真相が判明し、かれらはその犠牲者であった。／これらの人々は、必ずしも同じ思想を有していたわけではないが、熊野独特の進取《しんしゅ》の精神や反骨《はんこつ》の気風のなかで、平和・博愛・自由・人権の問題においては、むしろ時代の先覚者《せんかくしゃ》であった。こうしたかれらの志《こころざし》は、いま、熊野に生きるわれわれにも当然受け継がれるべきもの、受け継がなければならないものと確信する。

新宮市春日の小公園にある「〈大逆事件〉の犠牲者を顕彰する」意味で建立された「志を継ぐ」碑。（2003〈平成15〉年7月除幕、翌年6月現在地に移転）

前記の刻銘文は、まさに、彼等がそれぞれの「個」を基調として、日露戦争後の、時代の動向に時には抗《あらが》い、時には押し流されながらも、若者特有の悩みや煩悶を抱えつつ、熊野という一地域で生きていたということだ。少人数の談話会が、毎週のように開かれ、侃々諤々《かんかんがくがく》、談論風発する環境のなかで、自己を確立すべく奮闘していた。それがたちまちに、身に覚えのない災禍に晒《さら》され、町は「恐懼《きょうく》せる町」（佐藤春夫の十八歳の折の詩「愚者の死」から）に変貌し、口を噤《つぐ》まざるを得ない状況に追い込まれていった。そうして、お互いが疑心暗鬼を抱えながら、「被告たち」は獄に繋がれ、権力の側の「物語《ストーリィ》」に乗せられて、短い余生を送らざるを得なかった。さらに「被告たち」を分断するための権力の側からの心理的な圧迫は、まさに彼らの「悲劇」をいや増しにさせたはずである。
だからこそ、一方で、熊野の地域がターゲットにされたという意識を、後世の者に生む土壌をも生み出した。明治維新期から伏流として潜在的に存在していた、地域への圧迫、薩長藩閥政府から睨まれるという被害者意識の醸成である。徳川御三家の一つ、紀州藩の付家老の地としての熊野・新宮である。必ずしも根拠のないことではなかったことは、毎年のように報告されていた、熊野川沿岸は思想の「危険地域」であるとする権力側の文書に見られる。それは、『特別要視察人状勢一斑』（内務省警保局編）と言われる全国の動静を記述したもので、一九一六（大正五）年の分は次の通りである。

和歌山ハ陰謀事件刑死者大石誠之助ヲ出シ現在要視察人中ニ同人ノ兄玉置酉久（農業）、甥ノ西村伊作（材木商兼銀行重役）大石真子（鉄工業）、同事件服役者成石勘三郎妻ノ弟タル小淵虎市（役場書記）、同峯尾節堂ノ弟慶吉（新聞探訪員）、思想頗ル険悪ニシテ基督教ヲ基礎トシ主義ノ普及ヲ図レル沖野岩三郎（牧師）等ノ存在シ尚神奈川在住加藤時次郎ノ弟時也ノ潜メルアリ三重ニハ陰謀事件服役者崎久保誓一ノ妹「シヅエ」（農業）ノ住スルアリ深キ主義的信仰ヲ有ス殊ニ両県下熊野川沿岸ハ夙ニ一種ノ思想ノ浸潤セル土地ナルヲ以テ此ノ方面ハ将来頗ル注意警戒ヲ要スルモノト認メラル

〔I〕「犠牲者」六人の人となり

以下、無実の罪で犠牲になった六人の、その人柄の一端を簡略に記しておこう。奇しくも石川啄木が見抜いたように、「大逆事件」を構成したとされる三つのストーリイのうち、熊野の六人は「十一月謀議説」、「決死の士五十人を募って豪商らを襲う」という、最も架空談と言われるものに係わったとされる者たちだった。

（1）大石誠之助

情歌の宗匠禄亭永升《ろくていえいしょう》を名のることになる大石誠之助に「米の値に太き吐息はつき乍ら細き煙もたたぬ貧民」（明治三〇年一月）や、「怖い黒死病《ペスト》の裏店《うらだな》よりも焼きたい富豪《ふごう》の遊ぶ家」（明治三六年八月）などの歌がある。

幕末から明治期にかけて、江戸文化の影響が強かった熊野地方にあって、情歌の歴史から逸脱して、大石には、「労働者文学」や「社会主義文学」としての情歌に注目していた時期があった。「私はインドに行っ

前列＝左から大石誠之助、峯尾節堂、玉置真吉、後列＝左から崎久保誓一、高木顕明、新村忠雄。なお、新村が大石宅で薬局生などとして滞在したのは、1909（明治42）年4月から8月20日まで。撮影に際しては本文の「崎久保誓一」の項参照。玉置を削除した写真も存在する。（新宮市立図書館蔵）

ていたときはじめて社会主義の本をみて、以来同主義の研究をしておりまして」（「検事聴取書」）と述べ、一九〇〇（明治三三）年インド滞在中に社会主義の書物を読み始めている。伝染病研究のためのインド行きは、無罪となったものの、一八九六（明治二九）年伝染病予防規則違反事件で起訴されたことと無関係ではないだろう（『熊野新報』同年一二月二二日付）。「英領印度に止まること二年、恰も南阿の役に際し、帝国主義を唱ふる英国政治家の内情を窺ひ知り、併せて現時の文明が未だ皮相若くは虚偽たるを悟り、帰朝以来社会問題の研究に心を寄せ、昨年来社会主義者を以て自任し、且つ之が鼓吹に勉め居候」と、はじめての中央の雑誌登場となる『社会主義』（社会主義協会刊　一九〇四〈明治三七〉年二月）に記している。以後、医業のかたわら、執筆活動、地元での社会主義「伝道」のための演説会を盛んに行い、新聞雑誌縦覧所などを設けて（太平洋食堂や徳美夜月方など）、啓蒙活動に取り組み、中央でもその存在が認められてゆく。

大石誠之助は「大逆事件」で逮捕拘禁されるその年、一九一〇（明治四三）年一月一日付『牟婁新報』に「今の感想」を書いていて、次のように述べている。

> 殊に貧者と青年を愛する事が僕の使命であると思うて、如何なる場合にも彼等に同情を寄せる。それだから僕は常に彼等の状態を研究して、其心を汲み取る事に努めて居る。若しも貧者や青年に見捨てられたと知ったら、自分は非常に時勢に後くれたやうな心地がするだらう。僕

にとってはそれほど寂しい、恐ろしい事はない。

ここで言う「貧者」に被差別部落の人々を想定するのは、誤りでは無いだろう。大石が被差別部落の人々に言及したものには、「貧民部落」の「独身大工」の話（「紀伊より」『光』明治三九年二月五日）、病児を見舞った時の母の言い訳の真相を述べた話（「貧者の心得」『家庭雑誌』明治三九年五月一日）などがある。前者では、貧しい大工が身の回りのものをすべて質に入れ、暖を取るために床板などをはずして燃やしていた所が、あやうく火事になりかかった、その責任は誰にあるのか、と厳しく問うている。また、後者では、子どもが取り散らかして、暑いのでこんな格好で、としきりに弁解する母親を見て、その偽言《ぎげん》の因ってくるところを考える。取り散らかすものはない、暑いからでもなく、貧しいからだとし、「貧者は富者から施しを受ける事を当然と思ふべきである」と言う。しかし、世間では他人から施しを受けているのは、「最も下層の貧民」ではなく、中流以上の人々ではないのか、と疑問を呈している。それは、「此頃慈善家の人気」が「軍人家族」の貧困のみに集まり、「全体の貧民が忘却せられはせぬか」という認識にも通じている（「随感随筆」『週刊平民新聞』明治三七年四月一〇日）。大石の「貧者」への眼差しは、社会の制度の歪みを正確に見据え、その在り方の本質を衝《つ》くものだった。

（2）成石平四郎

平四郎は、一九〇七（明治四〇）年四、五月から社会主義の研究を始めたと言うが（「予審調書」）、遊学のため上京した折、『萬朝報《よろず》』などを通して社会主義の議論や非戦論に関心を示していた。それ以前から、田辺の『牟婁新報』と係わり、主宰者毛利柴庵《さいあん》の影響を強く受けていた。森近運平や新村忠雄が新宮にやって来たとき、その社会主義的な議論に最も共鳴したのは平四郎である。筏乗りとなって、筏師などを啓蒙するのだとして、キリスト教会へ連れて行ったり、社会主義関連の思想を普及させようとした時期もある。しかし、大石との確執なども生じ、一九〇九（明治四二）年一二月には社会主義からは遠ざかり、翌年初め、主義を捨てたと公衆の前で演説したりしている。

平四郎は獄中で「無題雑感及日記」を残していて、判決前の一月の記述には次のようにある。

明治四十四年一月二日　晴　洗面器の水こほる、後風。今日は一月二日である。自分は拘引されて以来七ケ月になる。その日数は壹百九十日である。牢獄生活の七ケ月は余にとつて永久に忘るゝことの出来ぬ生活である。余の牢獄生活は母や兄妹・妻子を憶ふる時ハ悲しみと愁ひあるのみなれども、静かに人生を感ずる時余は社会に在つて十年読書するも尚ほ得ることのできぬ或ものを得た。慥かに得たのである。余の生活の一段落である。吾人は過去に於てあまりに不真面目であつた。それは余は人間を物質として研究し解釈せんとのみしたりしことである。人間は物質であると共にまた主［生］命である。霊である。（中略）物質たる人間は百年を保ち難きも、生命としての人間は永久不滅である。（中略）物質としての人間のみを見る故、そこに不平あり、貪欲あり邪見あり（中略）此の形骸をあまり重視すると、苦痛あり、煩悶あるが、一時の仮相であるという風にみると、あまり悲しくも無い。また嬉しくもない。（中略）運動場へ出ると、多くのタコのあがれるを見る。之が新年が来た一つの証拠か知らん。

　囚はれの運動場にたこを見て春来にけりと独りつぶやく

　病む兄と袖すり合ふも一言の問答ならぬ胸のくるしさ

平四郎の最期の葉書を、博物学者南方熊楠が次のように日記に書き留めている。

　先生是迄眷顧《けんこ》を忝《かたじけのう》しましたが、僕はとうどう玉なしにしてしまいました。いよいよ不日絞首台上の露と消え申すなり。今更何をかなさんや。唯此上は、せめて死にぶりなりとも、男らしく立派にやりたいとおもつています。監獄でも新年はありましたから、僕も三十才になつたので、随分長生きしたが何事もせずに消えます。どうせ此んな男は百まで生きたつて小便たれの位が関の山ですよ。娑婆におつたて往生は畳の上ときまらん。そう思ふと、御念入の往生もありがたいです。右は一寸此世の御暇まで。（明治四四年一月三〇日付）

平四郎が刑死後棺に入れてほしいと願ったのは、真宗聖典一冊であった。

住井すゑが「橋のない川」第二部で、平四郎の墓石に戒名が刻まれていないのは差別によるものであると告発した時、平四郎の遺族は、戒名はいらず、成石平四郎之墓と小さな墓を立ててほしいという、その遺言を示して、作者に訂正を求めている。住井はその第七部で、主人公に本宮を訪れさせ、事の真相を述べるとともに、エッセイ「牛久沼のほとり」（『暮らしの手帖』・一九八四年冬号）でも成石家の墓参に触れ、潔く自己の非を認めている。

成石家の墓地（田辺市本宮町請川）。「円光空庵」の文字が見える「成石勘三郎夫妻」の墓の向こう、小さいのが成石平四郎の墓「蛙聖成石平四郎之墓」の文字。そばに、荒畑寒村の二人を称える顕彰碑がある。

（3）高木顕明

顕明の一九〇四（明治三七）年の草稿に「余が社会主義」があり、「社会主義とは議論ではないと思ふ。一種の実践法である」と本論の冒頭で述べている。「予審調書」では、「私の仏教家としての立場から論じたもので、当時はまだ純粋な社会主義者ではありませんでした」と言い、さらに、「私は真宗大谷派の僧侶です。それで南無阿弥陀仏の信仰によって心霊の平等を得、それによって社会主義という平等の人域に達しなければならぬということを書いたのです」と述べている。顕明は日露戦争時の非戦論に共鳴し、新宮の仏教界では孤立した存在になり、排斥されてゆく。さらに新宮で公娼設置問題が浮上し、実現をみた時、大石や牧師の沖野岩三郎とともに廃娼を強く訴える。これが機縁で、顕明、大石、沖野の三人の談話会が、顕明の寺・浄泉寺で定期的に開かれるようになり、若者らへの啓蒙の役割をはたしてゆく。

真宗大谷派では、一九九六（平成八）年四月、顕明の「擯斥《ひんせき》」処分を解き、宗門近代史の検証と顕明の顕彰とを強く訴えている。

顕明の今日的な課題については、末木文美士《すえきふみひこ》氏がその著『明治思想家論』（二〇〇四年六月・トランスビュー刊）のなかで、次のように述べていて、参考になる。

> 大逆事件によって逆説的に明らかにされた当時の社会主義者たちのネットワークは、上からの宗教利用と異なり、草の根レベルでのキリスト教と仏教、社会主義、部落解放運動、非戦思想などの交渉と習合、協力の関係を明らかにする。それは、（中略）純粋純血の輸入思想と正

新宮市南谷の墓地にある「高木顕明顕彰碑」と、高木家の墓石。墓石は、頭が尖《とが》った天理教形式のまま浜松から移転された。（1995〈平成7〉年9月建立）

反対であるからこそ、土に根ざした思想の定着の可能性を明らかにしてくれる。

彼らの復権は一九九〇年代になってからであり、彼らが時代にあまりに先走って開いた可能性は、いまだ十分に受け止められていない。明治の仏教が垣間見せたわずかな可能性をどのように切り開いていけるかは、なお今後の残された課題である。

（4）峯尾節堂

書いたものがあまり残されていない節堂であるが、伊藤証信が出していた『無我の愛』に次のような短信を寄せている（一九〇五〈明治三八〉年一〇月一〇日）。

> 『無我の愛』日夜繰り返へし〳〵、拝読いたし居り候。煩悶しげき身の、容易に其境に體すること能はず、苦悶罷在候処。昨今稍得るところ有之、嬉しく存じ候。信仰さへ確立せば、パンや、衣服や、住家や、乃至世間の毀誉褒貶やは、恁麼《どんな》になつても宜敷きもの歟《か》と存じ候。雨降らばふれ、雨楽しく候。風吹かばふけ、風楽しく候。以上

また、『熊野実業新聞』一九〇九（明治四二）年一月一二日付に「啓蒙録」を書いている。それは、位牌等をむやみに焼く僧侶らが居るとして投書されたのに応じて、反駁したものであるが、「社会主義」を奉じる僧侶としての偏見が、こういった投書を生んだとも言える。それよ

りほぼ一年前の二月四日付の成石平四郎宛ての葉書に、「無政府共産主義を奉ずる者は其の主義の尊厳偉大なるを少しなりとも汚さざるが為め其の言行の摯実なるを要すと切に感ず」とも書いている。

節堂は、臨済宗の留守居僧として、和歌山県の東牟婁郡や、三重県の南牟婁郡などを転々としたが、「草声」と号して新派の俳句も作る風流の徒でもあった。

（5） 崎久保誓一

「予審調書」では、「四十一年四、五月頃から社会主義を奉ずるようになりました」とあるが、もう少し早かったかもしれない。

三重県木ノ本町（現熊野市）の『紀南新報』の記者をしていた時、土地の鉱毒問題で筆誅《ひっちゅう》を加える記事を書いた折、鉱山側から一記者が買収され、勝手に崎久保の借金の肩替わりとして領収書を取った。それが恐喝取材だとして訴えられ、崎久保は嵌《は》められるかたちで、重禁錮二月の刑を受け、服役するという苦い体験を持っていた。一九〇八年夏頃、大石誠之助と初めて会っているようだが、この夏には幸徳秋水が新宮にやってきたこともあり、社会主義思想に強く惹《ひ》かれた。

現在、崎久保（号は漁洋）の論文で唯一活字化されて残っているのは、『明鏡《めいきょう》新聞』（滋賀県彦根で発行）の第五号（一九〇七年一〇月二七日付）に載る「道徳衰退と救済策」である。物質文明の進歩の陰で道徳が衰退の一途を辿っていることを嘆き、「吾人は社会の改善を企図せんと欲せば根本的に現社会の改革をなさざるべからず。換言せば社会主義を実行せざるべからず」と述べている。なお、同紙一面には大石禄亭の「批評と活働《ママ》（上）」なども載っている。一九〇九（明治四二）年旧正月の大石の東京での土産話を聞く場に同席、この年四月『滋賀日報』赴任に際し、大石宅に立ち寄り、初めて新村忠雄に会っている。その折の、大石、高木顕明、新村らと撮影した写真はよく知られていて、広く紹介されているものである（同席の玉置真吉を削除したものも存在する）。ほどなく滋賀から帰り、牟婁新報新宮支局員や熊野新報記者となる。『熊野新報』は、国家社会主義の立場に近かったから、自身もそちらに傾いたと述べている。『熊野新報』三面の「社会百面相」とか「浮世百態」などの欄は、崎久保の担当であったと、同僚であった永広柴雪《えひろさいせつ》が証言している（『新宮あれこれ』）。

一九一〇（明治四三）年六月末、成石平四郎が爆発物取締罰則違反として起訴された直後、証人として新宮署に出頭、七月に起訴され、東京へ送られた。沖野岩三郎は、平出修に崎久保の弁護を、高木顕明とともに依頼している。

崎久保誓一（「大逆事件アルバム」より）

（6）成石勘三郎

「明治四十年頃から弟の平四郎とともに社会主義の新聞や本を読んで研究しておりました」（「予審調書」）と述べている。花火師の経験がある勘三郎は、弟平四郎に頼まれて爆裂弾の試作実験をした可能性はあるものの、薬種商、雑貨商を営み、地元での篤志家として信望も厚く、いちばん社会主義思想からは遠かったと言えるだろう。大石とは一度か二度しか会ったことはない。弟が世話になっていると言うことで、新宮の「養老館」という料理屋で接待し、酒に酔って「ヤルベシ、ヤルベシ」と広言したことが命取りとなった。

勘三郎の書き残した「回顧所感」は、田辺の裁判所に出廷する場面から書き起こされ、東京監獄での判決を待つ様子、兄弟の最期の別れ、長崎・諫早監獄での生活ぶりなど、貴重な記録となっているが、自身に関しては無実の確信が全編を覆っている。

大正時代、地元の有志により、勘三郎の「嘆願書」が提出された模様である。「大逆事件」の犠牲者の中では、珍しいことであるが、それだけ地域での信望が厚かった証拠である。

成石勘三郎（「大逆事件アルバム」より）

〔Ⅱ〕 六人のその後

「大逆事件」の二四人死刑判決が出たのは一九一一（明治四四）年一月一八日、翌日には半数の一二人に無期懲役の減刑の「恩赦」が言い渡され、それからわずか一週間とは経たない二四日に刑が執行された。成石平四郎は午前一〇時三四分、大石誠之助は午後二時二三分に縊《くび》られた。高木顕明と崎久保誓一は秋田監獄へ、成石勘三郎は長崎諫早監獄へ、峯尾節堂は千葉監獄へ、それぞれ密封した列車で送られた。幾度かの恩赦の機会が各人の上を風のように過ぎ去り、高木は一九一四（大正三）年六月二四日縊死、享年五〇歳。峯尾は一九一九（大正八）年三月六日スペイン風邪が原因で三三歳で病死した。一九二九（昭和四）年天皇誕生日の恩赦によって、崎久保誓一と成石勘三郎はようやく仮出獄を許されたが、成石は獄中での労苦がたってか、翌々年一月三日に郷村（請川村・現田辺市本宮町）で逝去、享年五〇歳であった。崎久保は、戦後まで生きながらえ、一九五五（昭和三〇）年一〇月三〇日三重県の郷村（市木村・現三重県御浜町）で逝去、享年七〇歳であった。

峯尾節堂は獄中記「我懺悔の一節」のなかで、大石への不信を述べていて、大石と交際したことによって、こんな目にあったという意味のことを述べているが、事件の様相を正確に把握し、なにしろ「一味徒党の死を決し」た行いが、お互い名前も知らないなんてそんなばかな話があろうか、とも述べている。また、崎久保誓一も仮釈放後一度として大石の墓参はしなかったとも言われている。犠牲者同士の人間関係もズタズタにされて、不信が渦巻いていったこともやむを得ないし、彼らを批判しても問題の本質には至らない。むしろ、彼らをそういう心境にまで追い込んでいった権力の非情さをこそ恨むべきである。また一方で、戦前の時期にあっても、峯尾の母へ、ある老婆が、「今権現様のおんまはまのとこでかねさんに逢ふたら『これおうたはま（母を歌という）ドクトルさんや、あんてとこのあにさまらは、みててみなはれ、あの佐倉宗五郎みたいに神様にまつられるから』というてくれた、そんな人もある、と母は目頭を熱くしていた」と、節堂の弟三好五老《みよしごろう》が書き留めている（『紀南新聞』）。佐藤春夫が「恐懼せる町」と呼んだように、凍りついてしまった町にあって、細々と語り伝えていた人びとがいたことも確かである。

〔Ⅲ〕成石勘三郎の「獄中手記」と崎久保誓一の「名誉回復」への願い

号を「空庵」と名乗った成石勘三郎は、「獄中手記」と言われる大量のノートと写経を残している。

勘三郎は、諫早の長崎監獄に服役して一六年目の一九二七（昭和二）年元日、過去を振り返って、筆墨紙を許されて一三年になると言い、病気のため三週間寝付いた時、七日間筆を持たなかった以外、必ず筆墨紙に親しんできたと言う。毛筆で筆記してきたのが、一九二三（大正一二）年秋頃から、ガラスの筆の使用が許された。毎日机に向かって「一心不乱」に書いている勘三郎の姿を、担当の刑務官は深く印象に留めている。真面目で信仰心も篤く、仏典を読み、写経にも没頭した。写経はまるで印字のごとく、ていねいに認《したた》められたものばかりである。時に、写経に付せられた因縁誌に当たる部分が、自身の生い立ち等も述べられていて、関心をそそられる。

勘三郎の長男知行《ともゆき》（一九〇九〈明治四二〉年生まれ）は、一九二四（大正一三）年五月新宮商業学校に学んでいた折、一六歳で夭折《ようせつ》。弟平四郎が、刑死する前に木名瀬典獄の特別な計らいで兄勘三郎（無期懲役刑）との対面を許された時、握手しながら、「知行を立派に育て家の名誉を回復してください」と懇願していたその長男である。勘三郎が息子の死を悼んでの「獄中詠歌十首」が、いま在所の祐川寺《ゆうせんじ》に掲げられている。

もともと村会議員なども務め、地元の信頼も厚かった勘三郎に対して、一九二二（大正一一）年三月、「仮出獄請願書」が作成され、そこには、祐川寺住職竹内良勇、請川《うけがわ》村村長須川英三郎以下村会議員や村の名士たちが連署している。それには、静岡県三島町龍沢寺の高僧で、湯《ゆ》の峰《みね》出身（田辺市本宮町）の山本玄峰《やまもとげんぽう》に写しが送られた旨の注記が付されている。一九二五（大正一四）年にも「仮出獄再度請願書」が作成されている。当時の村人たちが、勘三郎を決して

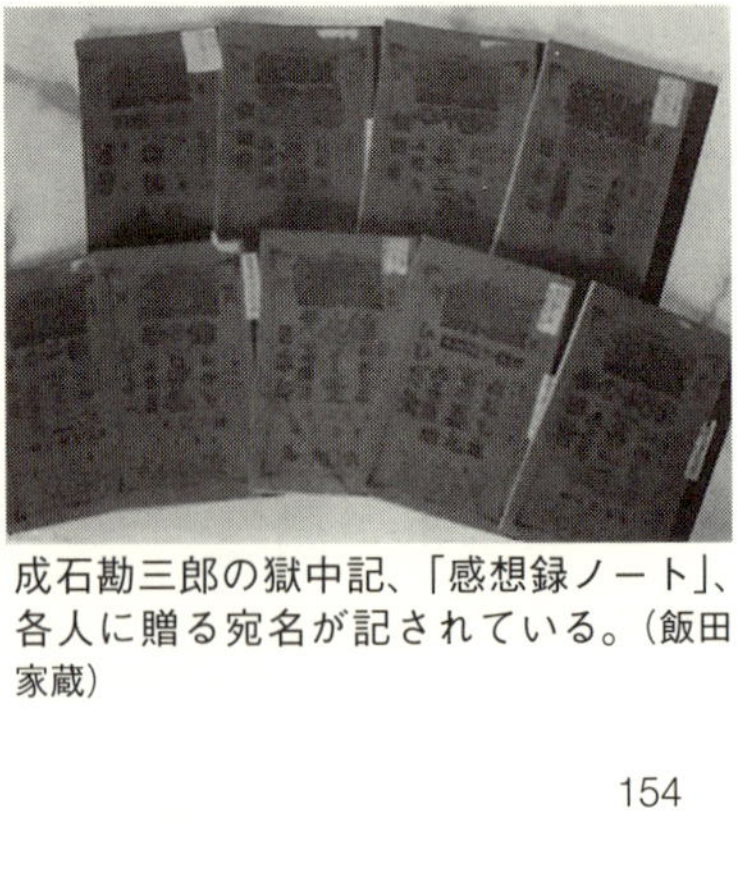

成石勘三郎の獄中記、「感想録ノート」、各人に贈る宛名が記されている。（飯田家蔵）

「大罪人」と見ていなかったことを物語っている。

崎久保誓一は、一九二九（昭和四）年四月仮出獄して生家に帰り、農業に従事するが、冤罪を雪《そそ》ぎたかったのであろう、堺利彦や担当の今村力三郎弁護士らとも盛んに文通、再審にも言及している。仮釈放後、飛松与次郎との交流を示す書簡類もいくつか残されている（飛松書簡の一部、昭和四年の分が、『大逆事件の真実をあきらかにする会ニュース』第四号〈一九六二年一月〉に紹介）。

崎久保は出獄後も毎月一回警察への出頭を義務付けられ、外出の際には尾行がついた。同県の伊勢神宮に皇族が来るたびに身柄を「保護」された。「でも父は平然としていて、自分の行動には何ら悪いことはないと信じていた。むしろ周囲の人の方が監獄帰りだからと気をつかっていた」とは、娘あやの言。あやも戦時下の小学校で儀式の折などに、校長から全校生の前で名指しで「逆賊」の子供です、と辱《はずかし》めを受けた体験を持つ。

崎久保誓一は、弁護士今村力三郎からの信頼も厚く、崎久保は今村の『芻言《すうげん》』を筆写したノートを残している。今村自身が八〇歳の折の記念写真を直筆署名入りで崎久保に贈呈しているし、「時代後れの老人の感想よりも年若き君等の感想を僕が聴きたいのです」で始まる、一九四五（昭和二〇）年一〇月五日付書簡では、戦時体制を批判しながらも、「敗戦の責任者がや釜しく問題と為つて来たが其直接責任が軍国主義者たることは勿論だが爰《ここ》に至らしめた責任は一般国民にあると云ふのが僕の素論である」と、今村は戦後間もなくの感慨を、率直に年下の崎久保に吐露している。

崎久保は太平洋戦争中、今村弁護士に「日本は戦争でアメリカに負けるやろ」と漏らした所、「言葉に気を付けなければ」と厳しく戒められたこともあると言う。そんな生活が敗戦まで続き、戦後、民主主義の世が到来したからと言って、選挙権をはじめあらゆる人権が即座に回復されたわけではない。崎久保は今村や布施辰治弁護士に、相談の手紙も出したようだ。布施は、「敢て本省からの復権命令がなくとも、役場へ行って、大逆罪の廃止による復権を主張し、選挙人名簿に登録して貰うような交渉をすれば、役場でこれを拒む理由なく、受け入れてくれると存じます」と答えている。あくまで「自己申告」であったようだ。刑の失効が決まって復権するのは、一九四八（昭和二三）年六月二六日である。刑の失効であって、もちろん無罪宣告ではなかった。

その後も崎久保は折あるごとに、坂本清馬や荒畑寒村、弁護士の森長英三郎らとも交流を続けていて、さらなる「名誉回復」を願っており、もし生存していれば、「再審請求」に加わった可能性はきわめて高い。

〔Ⅳ〕 再審請求と棄却の問題

崎久保家に残されている書簡類では、坂本清馬の再審にかける「執念」を感じさせるものがいくつかある。「拝啓　崎久保君、僕は庄司海村さんの御書面によつて君の住所が分つたので出獄以来常に気にかかつていた心の重荷を卸すことが出来てほんとうに嬉しく思つている。／お互いに健康であつて新憲法を見たことは何より慶ばしいことである。／不思議なことには現在生存している者は共に秋田え《ママ》流された君と飛松君と僕との三人だけである」で始まる、一九五二（昭和二七）年一一月一三日付の書簡で、各地の遺族訪問や墓参をして、再審請求を起こしたい旨の報告をしたいと述べている。その後、再審棄却、最高裁も特別抗告を棄却したのが一九六七（昭和四二）年七月、三年後の一九七〇（昭和四五）年一月二四日、清馬は「宣言」を発表して、「坂本は必ず勝つ、勝つまで闘いつづける、いわゆる歴史の審判で勝つても坂本に取つては無意味無価値である／日本裁判所が原判決を破棄して無罪の判決を下し永い間無実の罪で言語に絶する損害をかけて申訳がなかつたと、天皇も裁判官も誠心誠意陳謝百拝するまでは決して死なない、断じて死なない、絶対に死なない、必ず万寿無彊、永遠無窮に闘いつづける、そして必ず勝つ」と述べている、そのコピーが残されていた。清馬が新宮の地を訪れ、市民会館で講演会が開かれ、市民に事件の真相と無実を訴えたのは、この年（一九七〇年）四月二〇日のことである。「宣言」の激烈な口吻が、そのまま会場に齎《もたら》されたのであったろうか。

崎久保家に残る、再審請求、および棄却に関する諸資料も貴重であって、再審があったこと自体が忘れられがちななかで、誓一死去後は、娘あやの婿にあたる睦男らが大切に保管してきた。活版印刷の冊子「再審請求書」「証拠説明書」「旧証拠物（単行本・新聞・雑誌等）説明書」「追加証拠説明書」（第五まで）「弁護人の意見書」「弁護人の第二意見書（検察官の意見書に対する反論）」などである。「第二意見書」では、「請求人以外の冤罪に関する証拠」として、「大石の『獄中手記』手紙等」「天野日出吉供述書」「成石（勘）『獄中記』」「崎久保の手紙」「武田・高木の手紙」などが上げられている。

これら百八点の、再審請求には奏功しなかった新証拠資料を読み解いてゆくことが、現在からみて「大逆事件」研究の第一歩であることが納得される。再審請求が棄却され、最高裁に特別抗告が成された時の「特別抗告理由補充書」の冊子もある。また、再審が棄却された際、疑義が生じて、「なぜ長谷川裁判長の訴追を請求したか」と題する、松井康浩、斉藤一好両弁護人名のタイプ印刷抗議文もある。「大逆事件」は、再審請求に関してでも、幾つかの疑問点を残したまま今日に至っている。再審請求の問題点を、手際良くまとめて提示してくれたのは、田中伸尚氏の『大逆事件　死と生の群像』（二〇一〇年五月刊）であった。「大逆事件は生きている」と今でも言われる所以は、こういうことを含めてのものであろう。

おわりに

「大逆事件」を巡っては、文学作品としても多くの作品が生み出されているが、久米正雄にも伏字だらけの「私怨」（一九二一〈大正一〇〉年四月『新潮』）という作品があることを教えてくれたのは、芥川龍之介研究の専門家でもある、長年の畏友石割透氏で、その後の諸研究では落ちている、そのコピーを手渡してくれた（一九九三〈平成五〉年復刻版第九巻『短編小説』本の友社刊）。

どうやら荒畑寒村がモデルらしく、管野須賀子の刑死の場面は、次のように描かれている。

ふと彼の心には、何だか運動場の渡り木のやうに、高い横木の下から、だらりと縊《くび》られたまま下つてゐる彼女の姿を描いた。それは灰色の室《へや》に、黒くだらりと長く、裾のあたりをゆらゆらさせて鳥か何かのやうに吊《つる》されてゐる。（後略）

この描写から、即座に丸木位里・俊の作製画の「大逆事件（足尾鉱毒の図）」第一二面を思い浮かべた。まさか、夫妻がこの短編を知っていたとは思われないのだが……。顔は白布に覆われ、吊るされてまさにゆらゆらと揺れている格好である。××だらけの「私怨」は、「以下百三十五行抹殺す」の表記で終わっている。

戦後すぐの時期に、当時の文部省が用いた『民主主義』という（中学・高校）教科書が最近注目されているが（『週刊金曜日』二〇一五（平成二七）年五月一日号など）、作家の高橋源一郎はその膨大で熱気に溢れた文章を引用しつつ、次のように述べている（『朝日新聞』二〇一五年四月三〇日付)。

民主主義を単なる政治のやり方だと思うのは、まちがいである。民主主義の根本は、もっと深いところにある。それは、みんなの心の中にある。すべての人間を個人として尊厳な価値を持つものとして取り扱おうとする心、それが民主主義の根本精神である。／その「根本精神」から始まり、およそ社会と歴史のすべてを、その精神から考えようとした労作の書き手を、効率を最優先と考えるいまの社会は、もしかしたら、「危険思想」の持ち主と見なすかもしれない。

「大逆事件」の犠牲者たちは、まさに十把《じっぱ》一絡《ひとから》げに、「危険思想」として断罪されたのであった。「大逆事件」を想起すること、その犠牲になったひとりひとりの「個」に寄り添うことは、彼等の「危険思想」を掬《すく》い上げることによって、現在のわが国のこの閉塞された時代状況を打ち破る絶好の起爆剤ともなるはずだ、と強く思う。

(二〇一五年五月記)

[お断り] 一部内容の面で、二〇一二(平成二四)年一月刊行の『大逆事件の真実をあきらかにする会ニュース』第五一号の拙文「佐藤春夫『愚者の死』発表百年展、企画つれづれ」と重複する部分があります。

2 「熊本グループ」の四人

小田 憲郎（第７章２節）

（1）松尾卯一太

松尾卯一太は一八七九（明治一二）年一月二七日、熊本県玉名郡豊水村川島（現玉名市）に生まれた。卯一太は地元の小学校を出た後、熊本市の済々黌《せいせいこう》にすすみ、済々黌を一八九九（明治三二）年五月、四年修了で中退し東京専門学校（一九〇二年早稲田大学に改称）に入学した。しかし、東京専門学校は一年くらいでやめ、一九〇二（明治三五）年ころ玉名に帰り、洋式の大規模な養鶏事業をはじめ、『九州家禽雑誌』という養鶏の雑誌も発行した。松尾養禽場の名は熊本県内はもとより九州、関西方面まで聞こえる存在であった。

松尾の社会主義との出会いがいつ、どのように始まったのか定かではないが、東京専門学校在学中ではないかと思われる。一九〇四（明治三七）年八月七日付週刊『平民新聞』第三九号の「平民社維持金寄附廣告（第三回）」には、紀伊新宮大石誠之助五圓、府下千駄ヶ村徳冨健次郎壹圓などと並んで「金参圓也　熊本豊水村　松尾卯一太氏」が見え、一九〇五（明治三八）年二月一二日の『直言』第二巻第二号の「運動基金寄附廣告」にも「金三圓　熊本縣　吉田松尾二氏」とある。さらに、社会主義伝道行商で知られる小田頼造が、一九〇五（明治三八）年四月末、豊水村の松尾宅を訪れているが、この時小田は松尾を「同志」と呼び、ともに玉名郡の中心地、高瀬町（現玉名市）や熊本市で伝道行商を行っている（『直言』一五号「九州傳道日誌（四）」）。

一九〇七（明治四〇）年春、松尾のもとを、後述する新美卯一郎が訪ね、新聞発行を持ちかけた。新美は、松尾より半月早い同じ年生まれで、済々黌、東京専門学校とも同窓。東京専門学校時代は下宿も同じだった。話はすぐまとまり、松尾が資金を準備し、当時、新聞記者をしていた新美が編集担当で、同年六月二〇日、『熊本評論』を創刊した。

この時、松尾は明確な社会主義者であったが、新美は宮崎民蔵の土地復権同志会の会員で社会主義者というわけではなく、創刊に加わった他の二人（田村次夫、松岡悌三）も社会主義者ではなかったこともあって、松尾らは「創刊の辭」で、「若し評論に主義の冠すべきものあらば、『自由』或は近からん。然り評論は誓って自由の民たらんことを期す」と宣言し、当初、社会主義ではなく「自由」を掲げてのスタートであった。

「自由の民」を標榜した『熊本評論』は、たびたび誹毀《ひき》罪、官吏侮辱罪などの筆禍に遭いながらも、熊本の政財官界、教育法曹あるいは軍の中心人物を次々俎上にのせ、呵責なくその実態や非行を暴き、告発するなど政治的社会的自由の追求を共通の基盤として編集された。

しかしその論調は、その年の後半から翌年にかけて、幸徳秋水や堺利彦等直接行動派の投稿が頻繁に載るようになって次第に無政府主義的色彩を強めていった。そして一九〇八（明治四一）年五月、直接行動派の『日本平民新聞』が廃刊に追い込まれた後は『熊本評論』がその代役を担い、直接行動派の記事で埋められた。とりわけ同年六月二二日、東京神田で赤旗事件が発生すると、早くも七月五日付第二六号で「廿二日の無政府党の活動」、第二七号（七月二〇日付）では一面トップで、収監された一四人救援の「寄付金募集」をよびかけ、第二八号（八月五日付）からは「赤旗事件公判記録」を毎号詳細に報じるなど、赤旗事件報道一色となった。

社会主義根絶を一つの旗印とした第二次桂内閣がすぐさま牙をむいて襲いかかってきたが、松尾は敢然とつぎのように言い放った（①二三二頁）。

前号第一面に記載せし寄付金募集の一文は新聞紙条例違反（秩序壊乱）を以て告発せられたり、吾人は今の所謂法律なるものに鐚《びた》一文の信を置く者にあらず、従って幾度罪に問はれ、幾回獄に下るも敢て恥かしとも思わねば、後悔もせず、改心もせず。

『熊本評論』はその他の記事とともに、新聞紙条例違反をもって多額の罰金と発行禁止処分を受け、一九〇八（明治四一）年九月二〇日付第三一号で廃刊した。

しかし松尾は怯《ひる》むことなく、廃刊後上京し、平民社に二度、幸徳秋水を訪ね、後継の新聞発行などについて相談し、翌年三月一〇日には、飛松与次郎を発行人として『平民評論』を創刊した。しかし『平民評論』創刊号は印刷所を出てすぐに、別ルートで配布された三〇〇部をのぞくすべて（一二〇〇部）が官憲に押収され、そのまま廃刊に追い込まれた。
『平民評論』創刊号の「革命思想」（幸徳秋水）、「斟酌《しんしゃく》する勿《なか》れ」「此の玄関番」（共に松尾卯一太）が新聞紙条例違反に問われ、松尾は筆者および印刷人として一審では無罪となったものの、検事により控訴され、二審の長崎控訴院では一審判決を取り消し、「禁錮一年、罰金百五十円」の判決がくだされ、上告も棄却されて、一九〇九（明治四二）年一一月一七日下獄した。そしてその収監中に大逆事件が起こり、松尾はそのまま東京に移送され、大審院で死刑判決を受けるに至ったのである。

下獄中の松尾がなぜ、大逆事件に連座することになったのか。それは、『熊本評論』廃刊後上京し、平民社で二度幸徳秋水に会い、後継紙発行などについて相談したことをとらえて、その会談で「大逆の陰謀をなし、決死の士を募ることを約し……熊本に帰って新美の同意を得、飛松、佐々木に決死の士となるよう説得し、決意させせ」たとされたのである。

大審院は判決理由で、つぎのような構図を作り上げた。

熊本評論は発行禁止の命を受くるに至る。是に於て卯一太、卯一郎は甚だ之を憤慨し、是れ政府が無政府共産主義を圧迫するものなれば、主義を実行せんと欲せば暴力に頼りて国家の権力関係を破壊するを要す。大逆も敢て辞すべきに非ずとの念を生じ、卯一太も亦上京して伝次郎を東京府北豊島郡巣鴨町に訪問し、伝次郎より赤旗事件連累者の出獄を待ち、決死の士数十人を募り、富豪の財を奪ひ貧民を賑し、諸官衙《かんが》を焼毀《しょうき》し当路の顕官を殺し、進んで宮城に迫り大逆罪を犯さんとするの意思あることを聴き、之に同意して決死の士を養成すべきことを約し、帰県の後同一二月熊本市堀端町の自宅に於て卯一郎に其計画を告げ、卯一郎は之に同意したり。

幸徳秋水は予審尋問などで、それらしい話をした「かもしれない」が、それは三年後になるか、五年後になるか分からない話だなど曖昧に述べたことになっている。

しかし、松尾は検事訊問でも、予審訊問でも、公判廷でも、幸徳との会談の中で、天皇暗殺や決死の士を養成するなどの話はなかったと一貫して否定した。しかし、その主張は無視され、幸徳のあいまいな供述や、後述する飛松与次郎、佐々木道元らの供述を根拠に、この一切の裏付けのない作文によって死刑判決を言い渡され、処刑されたのである。

遺骨は川島の松尾家累代の墓に納められ、のちに二人の遺児（奚司郎、同太郎）によって、松尾家の墓地の中で最も大きな墓が建てられたが、その時には墓に文字を刻むことは許されなかったという。また、妻倭久が二男同太郎を連れて実家に戻り、長男奚司郎も祖父が死去した後、釜山へ渡り、さらに満州に行って、無人となった松尾家の家、土地は他人の手に渡り、「逆賊が住んだ家」として、広い屋敷の表土は一尺（約三〇センチ）余り削り取られて更地で放置され、その土地に新しい家が建ったのは、実に六〇年以上後の一九七〇年代も後半であった。

参考文献

①『熊本評論』二八号(一九〇八年八月五日付)労働運動史研究会編『明治社会主義史料』別冊2(明治文献資料刊行会　一九六二年)。

(2) 新美卯一郎

新美卯一郎は松尾卯一太より半月早い一八七九(明治一二)年一月一二日、熊本県飽託郡大江村(現熊本市)に生まれ、済々黌、東京専門学校とも松尾と同窓である。松尾と同じく東京専門学校を一年ほどでやめ、東京、長崎などでいくつかの新聞社を転々としたのち、一九〇四(明治三七)年はじめころ、政友会の機関紙であった熊本毎日新聞社に入社した。

折から勃発した日露戦争の動員令により召集され、対馬の竹敷で一年七、八ヵ月間軍務についたのち、熊本毎日新聞社に復職するとともに、すぐに松尾卯一太を訪ね、新聞の発行を持ちかけた。政友会機関紙の『熊本毎日』に籍を置いたままの独自の新聞発行計画は、書きたいことを自由に書きたいという熱い想いの発露だったのであろう。

その新美の想いが噴き出たのが「当世紳士内証日誌」であり、「公開状」であった。熊本の政財官界、教育法曹界、軍部の中心的人物の非行や反人民的役割を呵責なく暴露し、糾弾した。

当然それは俎上にのせられた当人たちと当局の逆鱗に触れ、誹毀《ひき》罪あるいは官吏侮辱罪で新美は二度にわたってそれぞれ「重禁錮一月、罰金五円」に処せられるなどした。

また創刊時、新美卯一郎の思想的立場は、宮崎民蔵が主唱する「土地復権主義」であり、宮崎が組織した「土地復権同志会」の会員であった。自由民権運動の中で大井憲太郎らが唱えた土地均分論の流れをくみ、土地を利用する権利はすべての人々に平等に与えられた天与の権利であり、小作農民にも等しく男女の別なく分配されるべきであるとする主張である。

そうした立場が、第一号から前後九回に及ぶ「小作人生活」の連載や、宮崎巡耕（民蔵）の「不覚に過ごされし國民の最大問題」（第四、五、六号）や「土地復権同志会趣意書」（第七号）などとして現れている。

新美はまた、優れた組織者であった。一九〇八（明治四一）年一月三一日、熊本市の人力車営業取締りが突然、翌二月一日から車夫は真鍮製の番号札をハッピの背中に付けなければならないとの通達を出し、原価六銭の番号札を二〇銭で売りつけようとした。これに怒った車夫七、八〇人が、（一）番号札の価格には応じられない、（二）このような事態を引き起した車夫惣代の辞職を決議し、営業取締りとの交渉を新美に依頼したのである。

新美は直ちに動き、二月三日、営業取締りに番号札価格の半額減額を認めさせ、二月四日には当局言いなりの惣代全員の辞職と、約一二〇〇人の車夫全員による選挙という画期的な新惣代選出が実現した。

車夫問題高揚の中で急きょ決まった二月一二日の熊本評論社第一回演説会は「聴衆正に千三百余、中にも車夫諸君は其七八分を埋めたり」（『熊本評論』一七号「本社の演説会」）という大盛況で、松尾卯一太、新美卯一郎、佐々木徳母らが演説した。新美はこの演説会で二回登壇し、最初に「車夫問題の成行」、二回目に「労働者の自覚」と題して演説し、「壇を下らんとするや、熱烈燃ゆるが如き聴衆は一斉に拍手喝采と叫び非常なる壮快を感ぜしめたり」（同前）という状況であった。

演説会終了後、会場を移して「熊本人力車夫同盟会創立総会」に切り替え、規約を承認し、二一人の委員を選出して、約一二〇〇人からなる「熊本人力車夫同盟会」が結成された。最後に新美の音頭で「熊本車夫同盟会万歳」とともに、「万国の労働者万歳」を三唱するという画期的な創立大会となった。

二年後、新美が「大逆罪」の汚名を着せられて処刑され、その遺骨が熊本駅に帰り着いた時、大勢の車夫が駅に出迎え、涙を流したと言う。

新美が大逆事件に連座させられたのは、松尾卯一太の項で述べたとおり、幸徳秋水と面談して帰社した松尾から、幸徳が赤旗事件連累者が出獄後、四、五〇人の決死の士を募って暴動を起こし、諸官庁を焼き払い、政府要人を殺し、さらに宮城に迫って天皇を暗殺し、無政府共産革命をやろうとしているという話を聞いて同意した、とされたのである。

しかし、新美は、検事の聴取でも、予審訊問でも、公判廷でも「松尾からそんな話を聞いたことはない」と否定したが、無視され、死刑に処せられた。

墓は、妻金子トクによって大江村川鶴の一本松の墓地に建てられたが、一九五三（昭和二八）年の「六・二六大水害」で横倒しになり、今は熊本市黒髪の小峯墓地に移されている。

（3）飛松与次郎

飛松与次郎は一八八九（明治二二）年二月二六日、熊本県鹿本郡広見村（現山鹿市）に生まれ、地元の尋常小学校、高等小学校を卒業した。成績優秀であったが、家が貧しく上級学校には行けなかった。しかしその才は高く評価され、一九〇五（明治三八）年、一七歳の時、高等小学校卒の学歴で小学校の代用教員に採用され、教職に就いた。

一九〇七（明治四〇）年六月、『熊本評論』が創刊されると、すぐに熱心な読者となって社会に広く目を向けるようになり、松尾卯一太らとも文通するようになっていった。

一九〇九（明治四二）年三月、前年九月に廃刊においこまれた『熊本評論』が、『平民評論』として再出発するにあたって、飛松は松尾卯一太、新美卯一郎から発行兼編集人として参画するよう求められ、それを機に教職を辞し、平民評論社に移った。

飛松は、平民評論入社にいたる経緯を次のように述べている。（①二七一頁）

同志諸君、僕は今まで小学教員てふ、至って不自由な生活を送って居たものである。小学教員にして若し片言たりとも正義自由を叫ばんか、夫れこそ直ぐに當路の御目玉を頂戴して路頭に迷はねばならぬ、社會主義に關する書籍を讀むさへ又然りで、其不自由束縛は實に血あり涙あるものの憤慨に堪へぬところである。

故に僕は、一日も早く此の苦境を脱して自由の兒たらん希望が満身に籠って居たので、本社の松尾兄に書を寄せて幾度となく僕の衷情を訴へた。其外先輩諸君に計った事も甚だ尠なくない、所が今度平民評論が新装勇ましく、打って出ると言ふので新美兄は遥々鹿北の地に車を飛ばして、社意の在る所を語り、僕に来社すべきを命じた、アア當時僕の喜悦は果して如何であったろう、到底筆舌にては盡し得ない程であった。

意気に燃えての出社であったが、その時すでに『平民評論』第一号の編集は松尾、新美らによってほぼ出来上がっており、飛松の出番は第二号からとなるはずであった。しかし、『平民評論』は創刊号から発行禁止となり、飛松は、「発行兼編集人」として何もしないうちに「禁固八ヵ月、罰金百円」の重刑を言い渡され投獄されることとなった。そして、禁固八ヵ月の刑期が終わり、罰金百円が納められなかったため、その分の体刑中に今度は、大逆事件の被疑者という思いもよらない境遇につき落とされたのである。

覚悟の上とはいえ、社会主義者としての活動経験もなく、思想、理論も未熟なところに、田舎の小学校教員からいきなりの投獄は、それだけでも飛松が恐慌をきたしたであろうことは想像に難くない。

そこに追い打ちをかけて、「大逆罪」の嫌疑による、東京から乗り込んできた武富済《わたる》検事（鬼検事といわれた）の訊問である。恫喝、甘言、誘導尋問等を駆使した武富の訊問の前に飛松は、第一回（一九一〇年八月一日）の検事訊問から武富らが描いた筋書きに沿った供述、証言をさせられた。

検事訊問、予審訊問で武富らが飛松に執拗に供述させようとしたのは、松尾卯一太の項で示した権力が描いた構図の裏付けであり、ポイントは幸徳が宮城に攻め入り、天皇暗殺を含む暴力革命をやると言ったこと、松尾がそれに同意し、そのために飛松らに決死の士となるよう勧誘したこと、飛松もそれに同意したこと、などである。

もちろん、検事調書（聴取書）や予審調書は、幸徳秋水が一九一〇（明治四三）年一二月一八日に幸徳担当の磯部四郎、花井卓蔵、今村力三郎三弁護士宛に出した「陳弁書」の小項目「聴取書及調書の杜撰」（②一八〇～一八二頁）の中で、つぎのようにその杜撰さをきびしく告発（執筆者要約）し、とうていそのまま信用できるものではないと糾弾している。

（前略）自分は数十回検事の聴取に応じたが、最初二、三回は記録を読み聞かされたが、あとは一切その場で聴取書をつくることもなければ、読み聞かせることもなかった、その後予審廷で検事の聴取書にはこう書いてあるというのを聞かされると、ほとんどが違っている。大抵、検事がこうであろうと言った言葉が、自分の申立てとして記されている。多数の被告についてもみな同様であったろうと思う。予審調書も、速記でなく、一通り被告の陳述を聞いた後で、判事の考えでこれを取捨して問答の文書にするのであるから、申立ての大部分が脱することもあれば、言わない言葉が挿入されることもある。（後略）

そういう聴取書、予審調書であるが、それをもとに飛松は「大逆の陰謀に賛同し、決死の士に応募した」として、死刑を宣告され、翌日、特赦で罪一等を減じて無期懲役とされた。

そしてその供述、証言は、松尾卯一太、新美卯一郎らを大逆罪に関連させるうえで大きな、決定的な役割をはたさせられたのである。

飛松は秋田監獄に送られ、模範囚として二度表彰されたのち、一九二五（大正一四）年五月一〇日、大逆事件無期懲役刑者としては第一号で仮出獄した。このとき年老いた母親には会えたものの、父親はすでに亡く、生活は苦しかった。

一九二七（昭和二）年、出獄者の厚生を図る自営協会の世話で広見村役場の書記の職を得、ついで川辺村役場に転じ、一九四八年の定年まで、周囲の温かい善意に支えられて勤めた。

この定年退職の年の六月二六日、時の法務総裁から次のような「特赦状」が交付された。

特　赦　状
明治四十四年一月十八日　大審院　言渡
皇室危害罪　無期懲役　飛松与次郎
特赦せられる
昭和二十三年六月二十六日
法務総裁　鈴木義男　㊞

実に三八年間無実の罪で苦しめられてきた挙句の、手書き、ガリ版刷りの粗末な「特赦状」であった。

飛松は書がたくみで、酒代かせぎに気軽に色紙や襖《ふすま》に書をしたため、かつては各地に見事な書の襖などがあったと伝えられているが、今日、一枚もその存在が確認できないのは残念である。

一九五五（昭和三〇）年九月没。遺骨は、山鹿市の本澄寺に安置されているが、その本澄寺境内の一角に、二〇一四年一月一九日、有志によって「大逆事件犠牲者顕彰碑」が建てられた。

参考文献

①『平民評論』一号（一九〇八年三月一〇日付）労働運動史研究会編『明治社会主義史料』別冊2（明治文献資料刊行会　一九六二年）。

②塩田庄兵衛・渡辺順三編『秘録・大逆事件（下巻）』（春秋社　一九六一年）。

（4）佐々木道元

佐々木道元は一八八九（明治二二）年二月一〇日、熊本市西坪井町の即生寺というお寺の二男として生まれた。壺川尋常小学校、熊本高等小学校を卒業し、一九〇二（明治三五）年、済々黌へと進んだが、五年次の途中で退学した。

その理由は定かでないが、『熊本評論』の後継紙、『平民評論』創刊号の「個人消息」欄に、「▲佐々木道元氏　曩《さき》に熊本縣立済々中学を追はれたる同氏は目下私宅に引籠り讀書修養に餘念なし」とある。

わざわざこう書くからには、『熊本評論』とのかかわりが済々黌追放の一因であったことは間違いないようであるが、この「個人消息」記事はその通りに読むことは出来ない。次の頁の「社たより」には、「二月廿四日　△佐々木君は各方面への通知状を書き、……夜行に間に合ふようにと縣外同志への通知狀六百七拾餘通を發送す　廿五日　佐々木君が通知狀の記入をやること前日の如し　△佐々木君一泊　二月六日（廿六日の誤植か）△夜市内及郡部の舊評論の購読者八百餘名に通知狀を出す　三月一日　△佐々木君来る」とあり、『平民評論』創刊号発行を前に佐々木道元が時には評論社に泊まり込みながら大奮闘している様子がみてとれる。「個人消息」の記事は、おそらく評論社とのかかわりなどを理由に佐々木道元を退学に追い込んだと思われる済々黌に対する一種の嫌味とよむのが至当ではなかろうか。

熊本評論社への出入りや松尾卯一太、新美卯一郎らとの交友、『熊本評論』『平民評論』発行事務の手伝いなどはあるものの、それほど目立つ存在でもなかった佐々木道元がなぜ、大逆罪に問われることになったのか。

聴取書や調書、判決理由では、飛松同様、松尾卯一太から、幸徳秋水との会談の話を聞き、大いに賛同し、勇んで決死の士に応募することを承諾し「大逆の意あり」とされたのである。

佐々木道元には一六歳年上で、道元がその影響を強く受けたと言われ、その頃すでに歴とした社会主義者として通っていた長兄徳母《とくも》がおり、徳母もこの時、熊本地裁検事正菅野善三郎の訊問を受けているが、起訴はされなかった。

その徳母は、道元のことを「〈何も知りません、存じません〉といって遁《のが》れたらよかったのに、社会主義について滔々《とうとう》と述べたためどうしようもなくなった」と、末弟佐々木信道の妻敏《とし》に語っていたそうである〈猪飼隆明氏の聞き取り〉が、問題は一般的な社会主義の話ではなく、幸徳―松尾―佐々木とつながる、権力が描いた天皇暗殺陰謀への関与であった。

佐々木道元も、七月三〇日、武富済検事の第一回訊問では「私は其当時松尾から幸徳の言として決死の士五十人云々、二重橋番兵を逐ひ払ひ云々、東京諸官衙焼き払ひ云々と云ふ様な事は聞きませんでした」と否定した。松尾自身が幸徳との会談でそんな話はなかったと言っているのであるから当然のことではある。

しかし、二日後、八月一日の武富検事による第二回訊問では、「松尾の革命実行と言ふ言葉には皇室を倒す即ち天皇を暗殺するという意味まで含んでいるのであると思ひます」と、推測による重要な証言を検事に与え、松尾の勧誘に応じて一時、決死の士になることを決意し、その後、それを翻《ひるがえ》したと検事の筋書きにのった供述をするにいたった。

その日、武富済検事は飛松与次郎の第一回尋問を行っており、飛松の供述が佐々木の切り崩しに使われたであろうことは容易に想像できるところである。

佐々木道元は、死刑判決の後、特赦により無期懲役とされ、千葉監獄に送られた。六年後の一九一七（大正六）年七月一五日、二八歳の若さで結核のため無念の獄死を遂げた。

墓は生家である即生寺境内にあるが、墓碑に「佐々木道元」の名はなく、「即生寺之墓」とだけ刻まれている。

3　「大阪グループ」の四人

上山　慧（第7章3節11・12項）

（1）岡本頴一郎

岡本は一八八〇（明治一三）年九月一二日、父虎三郎、母ヨシコの長男として生まれた。本籍地は山口県吉敷郡大内村大字御堀（現・山口市大字御堀）となっているが、大逆事件の供述調書では、地名は不明ながら自ら沖縄県生まれと称している。近年の森山誠一氏の研究によれば、当時の沖縄は、いわゆる「琉球処分」（一七七九年三月二七日）によって沖縄県（同年四月四日）となって日も浅く、諸制度は未整備で政情も不安定であった。琉球処分官・松田道之は警官・軍隊四〇〇人を引き連れて沖縄に赴任しており、岡本の父はその配下の一人として一緒に行き、治安関係の仕事に就いていたのかも知れないとのことである（①二四頁）。

沖縄から帰郷後は山口中学（入学年次は不明）に通学していたが、三年生への進級に失敗し自ら中退している（①二四頁）。一九〇一（明治三四）年に上京して早稲田第一学校で英語や国漢文を学んでいたが、その頃に安部磯雄、石川半山、木下尚江らの演説を聞いて社会主義に関心を抱くようになった。しかし、一九〇三（明治三六）年はじめ頃に何らかの理由で恐喝取材の容疑をかけられ、重禁固四ヵ月、罰金五円、監視六ヵ月の刑を受け、東京にいることができず中退した。その後、郷里の山口県に帰っているが、一九〇四（明治三七）年はじめに大阪に出てランプの口金製造職工となる。この頃には、郷里から駆け落ち同然の姿で抜け出しきた薮田ハルと同棲しており、北区（現・福島区）西野田玉川町二丁目に住んでいた（②五〇九頁）。

一九〇七（明治四〇）年六月に森近運平が『大阪平民新聞』を発行するようになってから、その第二号が出たころに「大阪平民社」の茶話会に出席し、以後常連となった。「大阪平民社」では月二回ほどの茶話会を開いており、岡本はその会合で、武田九平、三浦安太郎、福田武三郎、百瀬晋、岩出金次郎、荒畑寒村、山川均、宮下太吉らと会っている。一九〇八（明治四一）年五月に「大阪平民社」が解散した後も、同志の福田武三郎らと『社会主義』（通俗パンフレット）を作成するなどの宣伝活動を大阪でくりひろげていた。

一時は大阪製薬会社に勤めるなどもしていたが、すぐに社会主義者であることが発覚し不当にも解雇されている。そのため、内妻のハルの病身をおしてのブラシ工場勤めで、かろうじて糊口をしのいでいる状態であった。一九一〇（明治四三）年四月八日には荒畑寒村のさそいで上京し、職探しをしている。しかし、厳しい警察の取締りのもとで、結局職は見つからず、同年五月二八日（二九日夜とも）に大阪に帰っており、逮捕されたときは大阪電灯会社の雇員だったという。この滞京最後の夜、荒畑が新聞報道のあった「明科事件」のニュースを聞きこんできており、岡本はいち早く「大逆事件」発生の情報を知ることになった（①二一頁）。大逆事件報道の最初の例は、五月二七日付の『時事新報』の「社会主義者捕縛（信濃松本二十六日発電） 職工に変じて陰謀を企つ 爆裂弾製造中を探知さる」とされており（③三〇一頁）、荒畑が聞きこんできた「明科事件」のニュースは、この『時事新報』の報道と思われる。

大逆事件の犠牲となった理由は、一九〇八（明治四一）年一一月一日、大阪市西区新町三丁目にあった村上旅館において、和歌山県新宮に帰郷する大石誠之助から、東京の幸徳宅での「みやげ話」を聞いたことである。「みやげ話」自体は、幸徳と大石らの間で交わされた雑談の類いで、幸徳が「五十人位確《しっか》リシタル同志アレハ深川米倉三越ノ品物ヲ以テ貧民ヲ賑ハシ登記所ヲ破壊シ所有権ノ所在ヲ不明ニシ二重橋ニ迫ルトノ話モアリ幸徳ノ話ヲ聞キタリ」（④七五～七六頁）と語ったという内容のものである。岡本は第三回予審調書で「幸徳ノ説トシテ云ツタノデシタカ、大石ノ説トシテ云ツタカ、其分界ハ今判然覚ヘテ居リマセヌケレドモ、兎ニ角決死ノ士五十人計リモアツタラバ革命運動ガ出来ルト云フ事モ大石於テ中シマシタデス」と言い（⑤二八八頁）、この説に「賛成トモ不賛成トモ云ハズシテ黙ツテ居リマシタ」（⑤二八八頁）と主張している。しかし、最終の第九回予審調書で「（問）赤旗事件ノ入獄者カ出レハ革命運動ヲ遣ルト言フ話テアツタカ」、「（答）左様ナ具体的ナ話テハアリマセヌカ、赤旗事件ノ連中カ出獄セネハ何モ出来ナイ、夫レ迄ハ深ク修養シテ置カネハナラヌト言フ事テシタ、之レハ大石ノ説テス」（⑥一五八頁）と答えている。

一九一一（明治四四）年一月一八日に死刑判決を受けたが、翌日特赦で無期懲役に減刑され、長崎県の諫早監獄に服役した。しかし、獄中で胃ガンにおかされ、一九一七（大正六）年七月二七日満三六歳で亡くなった。荒畑寒村の追悼文「岡本君を憶ふ」（『新社会』一九一七年九月号）があり、荒畑の小説「冬」（『近代思想』一九一四年一月号）の登場人物「E」は岡本をモデルとしている。岡本の死後、誰が遺骨を引き取りに行ったのかもあきらかではなく（⑦四八頁）、そのため位牌は残されているが（⑧七二二頁）、墓は現在も見つかっていない。

参考文献

① 森山誠一「岡本頴一郎について」『大逆事件の真実をあきらかにする会ニュース』第五二号（同会刊　二〇一三年）
② 荒木傳『なにわ明治社会運動碑（下）』（柘植書房　一九八三年）
③ 小川武敏「大逆事件と石川啄木」　山泉進編著『大逆事件の言説空間』（論創社　二〇〇七年）
④ 専修大学今村法律研究室編『大逆事件（三）』（専修大学出版局　二〇〇三年）
⑤ 森長英三郎『禄亭大石誠之助』（岩波書店　一九七七年）
⑥ 神崎清所蔵・大逆事件の真実をあきらかにする会刊『大逆事件訴訟記録・証拠物写　第八巻』（近代日本史料研究会　一九六〇年）
⑦ 森長英三郎『風霜五十余年』（私家版　一九六七年）
⑧ 近代日本社会運動史人物大事典編集委員会編『近代日本社会運動史人物大事典』第一巻（日外アソシエーツ　一九九七年）

（2）三浦安太郎

三浦は一八八八（明治二一）年二月一〇日、父徳蔵、母しやうの長男として兵庫県武庫郡鳴尾村（現・西宮市）に生まれた。神戸市中央区北長狭通にあった私立高等小学校二年を修業後、両親とともに大阪に出て父親と同じブリキ職人となった。社会主義への関心は、一九〇七（明治四〇）年はじめ頃に山路愛山の『社会主義管見』を読んだことが動機である。

宮武外骨《がいこつ》が大阪で発行していた『滑稽新聞』に「面白雲内（面白くない）」のペンネームで投書などをしており、それは大逆事件判決直後の『大阪滑稽新聞』（一九一一年二月一日）に「逆徒の逸事」と題して「天爵平民」こと宮武外骨が三浦安太郎のことを書いているのであきらかである（①一二頁）。一九〇七（明治四〇）年六月に森近運平が『大阪（日本）平民新聞』を発行してからは、武田九平、岡本頴一郎、荒畑寒村、福田武三郎、百瀬晋、岩出金次郎らと親交を結ぶようになる。しかし、運動を弾圧されるのを恐れ、警察にもしばしば内通するなどの行動があり、同志の一部からスパイであるかのようにいわれていたという。

三浦安太郎
（森山誠一提供）

『熊本評論』（一九〇八〈明治四一〉年八月五日）に「爆裂弾」と題する文章を投稿しているが、一九一〇（明治四三）年一月五日の日記にも「吾れに一抹の爆裂弾を与へよ、直ちに宮城に投擲せん。吾れに一口の匕首を与へよ、直ちに大臣を暗殺せん。吾れに言論の自由を与へよ、直ちに革命を大呼せん。若し吾れに金と女を与へる者ある時は如何、唯だ死あるのみだ」(②五三八頁)、さらに二月二一日の日記には「近所の薬屋が、何かの危険薬品を過つて爆発せしめる、傍にゐた者が大焼傷を蒙つたとやら、あゝ其爆発薬を予に得せしめよ、直ちに之を以て○○を○○せんだ」(②五四一頁)などと書いている。また、手帳にも「豊穐《とよあき》の国、秋津の国、神の国、君子の国、権力の国、圧制の国、迷信の国、姦淫の国、盗賊の国、詐欺の国、賭博の国、オー汚れたるものよ、汝の名は日本国なり」(②五四二頁)と記している。そのため、大逆事件被告の弁護人の一人である今村力三郎の『公判ノート』には、「三浦ノ如キ過激ナル文字ヲ書ク奴ニ碌ナ奴ナシ」、「三浦ハ低能児」、「三浦ハ葦原将軍ノ卵子也。此男ヲ入監セシムル内ニハ必ズ誇大妄想狂トナル可シ」(③六五〜六六頁)と評されたほどである。「逆徒の逸事」ではさらにひどく、「今度の陰謀一件で死刑の宣告を受けた三浦安太郎といふ奴は盗人だよ。盗人が社会主義者になつたのだといふと、義賊の様に聞へるが、彼は鼠賊であつて其盗んだ金で女郎買などをして居たのである」(①一二頁)と書いている。森長英三郎によれば、大逆事件で取り調べを受けた大阪関係の人物のなかに、速水コウという三浦より一〇歳も年上の娼妓がおり、その女性が三浦の馴染みの娼妓だったという(④一六頁)。

大逆事件被告の弁護人で作家でもある平出修の小説「逆徒」の主人公のモデルとされている。作品は「判決の理由は長い長いものであつた。それもその筈であつた。之を約めてしまへば僅か四人か五人かの犯罪事案である」（⑤三〇七頁）と書き出され、理不尽な容疑を受けた三浦の獄中や法廷での様子や、判決を受けた後の管野須賀子の「皆さん左様なら」（⑤三二四頁）という叫び、それらを見た「若い弁護士」の感じたことなどが描かれている。

一九一〇（明治四三）年八月二三日から大逆事件で取り調べを受け、同月二八日に刑法第七三条「大逆罪」共犯として予審請求（起訴）された。その理由は、一九〇八（明治四一）年一二月一日、東京からの帰途大阪に立ち寄った大石誠之助から、「五十人位確《しっか》リシタル同志アレハ深川米倉三越ノ品物ヲ以テ貧民ヲ賑ハシ登記所ヲ破壊シ所有権ノ所在ヲ不明ニシ二重橋ニ迫ルトノ話モアリ幸徳ノ話ヲ聞キタリ」（③七五～七六頁）という「みやげ話」を聞いたことである。しかし、この話は「幸徳ノ病気ト貧乏ノ状態ニテ思想カ過激ニナリ居ル事」（③七六頁）による冗談話程度の放言だったが、捜査の過程で「一一月謀議」に捏造《ねつぞう》されていった。また、翌一九〇九（明治四二）年五月二一日に初対面の内山愚童から「皇太子暗殺」の話を聞いたことも理由になっている。三浦逮捕後、『大阪毎日新聞』の記者が三浦家を訪問しており、そのときの様子を一九一〇（明治四三）年一一月一〇日付の『大阪毎日新聞』に「大陰謀事件被告人　大阪より三人出す　家族の境遇」という見出しの記事に克明に書かれている。

一九一一（明治四四）年一月一八日、死刑判決を受け、翌一九日に特赦で無期懲役に減刑され、長崎県の諫早監獄に服役していたが、一九一六（大正五）年五月一八日に獄死（狂死とも）した。享年満二九歳という若さだった。三浦の墓は、森長英三郎の『風霜五十余年』や『大逆事件アルバム』には「墓はどこにもない」（⑥九三頁）とあるが、荒木傳らによって一九八一（昭和五六）年一〇月に見つかった。発見された当時は、無縁墓同然で守る人もなく放置された状態だったが、平成になってから現在の墓（大阪・阿倍野霊園）に建て直された（⑦九九頁）。

参考文献

① 天爵平民（宮武外骨）談「逆徒の逸事」『大阪滑稽新聞』第五五号（一九一一年二月一日　中之島図書館所蔵）。
② 大逆事件記録刊行会編『大逆事件記録第二巻　証拠物写（下）』（世界文庫　一九六四年）。
③ 専修大学今村法律研究室編『大逆事件（三）』（専修大学出版局　二〇〇三年）。
④ 森長英三郎「大逆事件と大阪・神戸組」『大阪地方労働運動史研究』第一〇号（大阪地方労働運動史研究会　一九六九年）。
⑤ 平出修「逆徒」『定本　平出修集』（春秋社　一九六〇年）。
⑥ 幸徳秋水全集編集委員会編『大逆事件アルバム　幸徳秋水とその周辺』（日本図書センター　一九七二年）。
⑦ 荒木傳「大逆事件に連座した大阪群像」『初期社会主義研究』第二二号（初期社会主義研究会　二〇一〇年）。

立石　泰雄（第7章3節13項）

（3）武田九平　―組合運動や平民社での活動で社会主義者に

武田九平は、父専次、母いちの長男として一八七五（明治八）年二月二〇日、香川県香川郡浅野村（現高松市香川町）で生まれ、尋常小学校四年を修業後、大阪で奉公し、職工として各地を転々とする。職工時代に、悲惨な労働者の実態を体験し、結成されたばかりの組合に加入し、平民社の活動にも参加した。

労働組合活動や平民社の活動に参加

一八九五（明治二八）年、日清戦争で巨額の賠償金を取り、製造業が急速に発達し労働者も増え、一八九七（明治三〇）年ごろアメリカ帰りの片山潜、高野房太郎らにより組合づくりがはじまる。同年四月「職工義友会」が誕生し、七月に「労働組合期成会」が結成される。「期成会」は、労働組合結成の準備をするための団体で、年末には五千百余人が加入し、九〇％が鉄工労働者であった。同年の一二月一日、東京神田のキリスト教会館で鉄工組合発会式を開き一一八〇人が参加している。大審院委員長や経営者らも参加して祝辞を述べ、閉会では「鉄工組合万歳」を三唱し、「君が代」を歌った。片山が編集長になり機関誌『労働世界』を発行する。

武田は、名古屋や東京で女工の悲惨な状況をみて労働組合に関心を持ち、一八九八年に結成されたばかりの「労働組合期成会」に東京で加入する。一九〇一（明治三四）年、大阪に戻り「関西労働組合期成会」の結成に参加し幹事になる。一〇〇余人の入会者がいたが、前年に制定された治安警察法による弾圧などで解体された。一九〇四年には金属研磨工として日露戦争に従軍し、帰還後、現在の大阪市中央区内久宝寺で「武田赤旗堂」の看板を挙げ金属彫刻業をしていた。一九〇七（明治四〇）年には、森近運平が再興した大阪平民社の常連となり指導的役割をはたす。

一一月謀議

新宮で医院を開業していた大石誠之助は、田舎で井の中の蛙にならないよう毎年秋には東京に出ていた。一九〇八年一一月二二日に、幸徳秋水は在京の同志を招いて、大石歓迎の茶話会を開いた。そこでの参加者は、パリ・コンミューンのこと、コンミューン後、フランス政府の社会主義者に対する迫害が厳しくなったこと、日本でも赤旗事件などで、弾圧が厳しくなっていることなど、日本の革命などについても歓談した。一一月下旬、帰宅途中に京都と大阪に寄った。同月二九日の大阪では、和歌山県人が経営している村上旅館に集まり、東京での報告をした。参加者は武田九平、岡本頴一郎、三浦安太郎、岩出金次郎、佐山芳三郎らがいた。これを官憲は「一一月謀議」とし、参加していた武田、岡本、三浦らが大逆罪にされた。

逮捕と獄中生活

武田は、一九一〇（明治四三）年八月二二日に逮捕され、翌年一月一八日、大逆罪で死刑判決、翌一九日に無期懲役に減刑され、同一九一一年一月二一日、長崎の諫早監獄に岡林寅松、小松丑治、成石勘三郎らと送られた。

監獄での生活は、つぎのような堺利彦宛ての手紙（一九一〇年一二月八日）に一端をみることができる。「（前略）日々読書と英語の独習をいたしております。是非今回の入獄を無意義にせぬ様にいたします。心身共に健全です。（中略）本を少々買いたいのですが、どうゆう本がいいのでしょう。歴史を読みたいと思い、古事記や日本史略を読みました。（中略）先月博文館から発行せし柿崎正治訳ショペンハウエル作『意思と現職としての世界』は如何なる書籍でしょう（後略）」。歴史、哲学、外国語などに興味を示しており、勉強家であった事がうかがわれる。

仮出獄

武田の仮出獄は一九二九（昭和四）年四月二九日（天皇誕生日）で、同年月日に新宮グループの崎久保誓一、成石勘三郎が出獄している。無期懲役者で最初に仮出獄したのは熊本の飛松与次郎で、一九二五（大正一四）年五月一〇日である。

武田の身元引受人は、金光教幹部の佐藤範雄であった。佐藤は、金光教々祖没（一八八三年）

後の金光教団を牽引してきた人物で、森近運平一族の遠縁にあたり、森近の両親は金光教の信者で、森近救済のため奔走した。武田との関係は、アナーキストの活動に熱心であった弟武田伝次郎が、佐藤が開いていた「危険思想」家たちの感化救済の「社交桜心会」に参加し、面識があった。伝次郎は佐藤に、兄の仮出獄をお願いし、佐藤は、伝次郎の思想を変えるため、上京して司法次官に会い、仮釈放を請願する。その後、長崎に行き、諫早刑務所長に当時刑務所にいた武田九平、岡林寅松、小松丑治、成石勘三郎の仮出獄を要請している。引受人の佐藤は、武田を金光教の修行生として芸備教会で修行させ、名前も信心の中で幸せに生きてほしいとの思いをこめ信原幸道と命名している。

逮捕から二二年ぶりに大阪へ仮出獄

武田は、一九二九（昭和四）年五月四日から三一（昭和七）年三月二日まで金光教々会で修業し、逮捕後二二年ぶりに大阪に戻り、弟伝次郎の家に落ち着く。六月には伝次郎の一家がブラジルに移住したので、妹の津田さとの家に住むようになる。五月からは、逮捕以前に店を出していた現在の中央区内久宝寺に金属彫刻業の店を出すが、不況でうまくいかなかった。しかし、毎日自転車で通い、「これで平凡に死ねる」と妹に言っていたそうである。

一九三二（昭和七）年一一月二九日の夕刻、自転車で帰宅途中、タクシーにはねられて頭部を強打し、北浜の病院で手当てを受けるが死亡する。武田の交通事故死は翌三〇日の大阪毎日新聞のトップ記事で扱われ、「幸徳事件武田九平翁　街頭に悲惨な死　円卓にはねられて　数奇な一生終をわる　不遇な晩年」とし、妹津田さとの談話を詳しく載せている。

武田の遺骨は、妹さとの嫁ぎ先、津田家先祖代々之墓に納骨され、妹の津田さとらと共に祀られているが、武田九平の名は霊標に刻銘されていない。「管野須賀子を顕彰し名誉回復を求める会」の事務局員三人は、二〇一五年一〇月に津田家の墓地のある寝屋川市の本門仏立宗清風寺を訪ねて参詣した。

参考文献

①渡辺順一『佐藤範雄の大逆事件連座者達への救済活動―森近運平、武田九平の交渉を中心に―』（二〇〇六年金光教の渡辺順一氏より戴いたコピー）。
②田中伸尚『大逆事件―死と生の群像』（岩波書店　二〇一〇年）
③塩田庄兵衛・渡辺順三編『秘録 大逆事件（上巻）』（春秋社　一九六一年）
④森長英三郎『禄亭大石誠之助』（岩波書店　一九七七年）。
⑤大逆事件の真実をあきらかにする会ニュース編『同会ニュース五〇号』（同会発行　二〇一一年一月二四日）。
⑥犬丸義一・中村真太郎『物語 日本労働運動史 上』（新日本出版　一九七四年）。
⑦原朗『日清・日露戦争をどう見るか』（NHK出版　二〇一四年）。

三本　弘乗（第7章3節14項）

（4）管野須賀子

管野須賀子については、本書1～6章に詳しく述べているが、インターネットなどには、未だに元夫荒畑寒村の著書に依拠した管野妖婦説が多いので、本節で正しく要約して紹介する。

管野は、一八八一（明治一四）年六月七日に大阪北区に生まれた。両親とも士族の出で、須賀子もそれを誇りにしていたが、大逆事件の調書では、権力に抗して平民と名乗り、執筆者のなかには、士族でなかったため奔放な妖婦となったと記していることがあるが誤記である。出生時に届けた戸籍名は「すが」であったが、父の仕事で大分に転居した際に「スガ」となり、それ以降の法的な記載ではすべて「スガ」とされている。しかし管野自身はスガを一切使わず、筆名の須賀子を多用し、本書でも須賀子に統一した。姓も、菅野は誤記と管野本人が指摘している。

尋常小学校四年と高等小学校四年を学習したが、父親の鉱山業の関係で度々転校し、一一歳の時に母親が死去して休学したこともあり、修学条件は恵まれなかった。小学校の成績は優れ、表彰されたこともあり、男勝りの子どもであった。後釜に入った継母との確執や、父親の鉱山業の不振から、自立を目指して一七歳で助産婦になるため上京するが、父親に頼まれ、家の犠牲となって東京の小金をもつ商家に嫁いでいる。しかし、尊敬できる相手でなく、読書好きな須賀子は商家での仕事に耐えられず、結婚生活三年後の二〇歳の時、父親の病気看護を名目に大阪に帰り離婚する。たまたま弟が書生として仕えていた小説家でジャーナリストの宇田川文海の紹介で、創設の『大阪朝報』の女性記者採用試験を受けて合格し、二一歳で記者となる。

当時大阪天王寺で、内国勧業博覧会が開催され、その記事を担当するが、余興で醜業婦（芸妓）を白昼公然と踊らせる催しを国辱ものと憤慨し、反対キャンペーン記事を、自社の『大阪朝報』、日本基督教婦人矯風会機関誌『基督教世界』、天理教機関誌『みちのとも』などに寄稿して活躍する。その過程で大阪婦人矯風会の会長と知り合い、大阪の天満基督教会で受洗して信徒となる。しかし、突然『大阪朝報』は廃刊し失職する。運よく婦人矯風会の専従になり、矯風会活動と醜業婦の舞踊反対運動を通じて社会主義者らとも接し、社会主義思想に目ざめる。東京での婦人矯風会大会に出席した際には平民社を訪ね、週刊『平民新聞』の購読者となり、帰阪後は社会主義活動に取り組んで、大阪における社会主義運動の先駆者とされている。

たまたま、和歌山県田辺町の『牟婁新報』の社長が筆禍事件で投獄され、編集責任者に採用され、五ヵ月間を田辺で過ごしている。『牟婁新報』には六歳年下の荒畑寒村がおり、意気投合して編集に取り組む。社長が刑期を終えると退社し、上京して『毎日電報』の記者となり、荒畑と結婚する。荒畑とは相性が悪かったのか喧嘩が絶えず、荒畑が一時期大阪に勤める段階で話し合い別れている。そんななかで赤旗事件がおこり逮捕され、『毎日電報』を解雇される。

赤旗事件では堺利彦を始め主な活動家が逮捕され、重い罰金刑と長期入獄刑を科せられ、社会主義者らの活動は停止状態に追い込まれる。その重い処罰に憤懣を抱いた活動家らは、社会主義思想を弾圧する根源は、天皇を神と崇めて強制する迷信にあるとし、爆裂弾で天皇を殺傷すべきと、長野県明科の宮下太吉らは平民社を訪ねて幸徳らにその決行を持ちかける。

一方、赤旗事件の裁判で、管野は社会主義者の持論を述べて幸徳に気に入られる。幸徳は妻と正式に別れ、管野の協力で『自由思想』の発行を取り組む過程で、管野と結婚する。赤旗事件で獄中にいた荒畑は妻（離婚していた）の管野を幸徳が略奪したと憤慨し、離婚を知らなかった同志も、幸徳と絶交する一幕もあった。管野はあらためて獄中の荒畑に離婚を伝えている。

幸徳は宮下らの爆裂弾による取り組みから後退していたが、その矢先に密告により宮下が逮捕され、幸徳と交流のあった社会主義者らが芋づる式に逮捕され、管野は獄中逮捕となる。

国家権力は社会主義者を殲滅する好機とみなし、幸徳を首謀者とする大逆罪をでっち上げ、二六人全員の死刑を求刑する。一九一一（明治四四）年一月一八日に判決があり、管野を含む一二人を死刑、一二人を無期、二人を有期刑とするが、前例のない早さで同月二四〜二五日に処刑する。

管野は、処刑されるまでの六日間に「死出の道艸」を記すが、死を前にした傑出の遺書と評され、また、記者時代に著した反戦小説「絶交」や厭戦小説「日本魂《やまとだましい》」他が、『新編日本女性文学全集』第2巻（二〇〇八年　菁柿堂）に、樋口一葉らの作品と並んで掲載され、評価されている。

4　その他の一二人

大澤　慶哲（第7章4節15項）

(1) 明科事件と宮下太吉

一九〇九（明治四二）年六月一〇日午後三時半、一人の男が国鉄篠ノ井線明科駅に降り立った。男の名は宮下太吉。間もなく開業する国営明科製材所の機械据付のために雇用され、愛知県亀崎町の亀崎鉄工場から転勤してきたのである。

宮下太吉は一八七五（明治八）年九月三〇日、山梨県甲府市で生まれ、一六歳で故郷を出て、機械工の見習いとして東京・大阪・神戸・名古屋の大工場を渡り歩くうちに、腕のよい機械工となっていた。

亀崎鉄工場に入ったのは一九〇二（明治三五）年頃で、そこで『平民新聞』などを読んで、社会主義に目覚め、森近運平との交流や内山愚童から送られてきた『入獄紀念　無政府共産革命』に共感し、爆裂弾による天皇暗殺の意志を固めている。

太吉は警察の干渉でこじれた夫婦仲のことや、職工で組織した組合を当局に乗っ取られたことから、心機一転、かつての上司であった関岬太郎を頼り、関が建築主任をしている明科製材所へ転職を決めた。

明科赴任の旅の途中、太吉は平民社に幸徳秋水と管野須賀子を訪ね、爆裂弾による天皇暗殺の決意を須賀子との間で固めている。この時に、新村忠雄、古河力作も同志となったことから、大逆事件の発端となった明科事件のメンバーが固まった。新村はこの後頻繁に往来し、連絡を取り合うことになるが、古河とはついに一度も顔を合わせることはなかった。

明科へ着いた太吉は一三日から臨時工として働き始めるが、太吉の着任を知った警察は、早速山梨県から社会主義者名簿の送付を受け、長野県の主義者として監視を開始する。明科駐在所の小野寺藤彦巡査が張り付き、常に行動や郵便物の往来をチェックしている。太吉は一一月までの五ヵ月間に三回の転居をしているが、特に一〇月初めから十一月上旬までの一ヵ月は、二階に太吉が、一階に小野寺巡査が住むという極めて異常な暮しをしている。その時に本人はもとより、太吉と同居していた姉を使って社会主義をやめるよう、工作やスパイまがいのことをさせているが、この時期に巡査に気づかれることなく爆裂弾を作り試爆をしている。

一〇月二〇日に予定されていた製材所の落成式に職工仲間で余興に素人芝居をやろうとなり、太吉は社会主義の喜劇『欧州乞食旅行』を上演する計画を立てた。これを察知した小野寺は、小西松本警察署長に報告し、これを中止させ、太吉は解雇されそうになったが、工場主任関のとりなしで、社会主義を辞めることを条件で解雇を免れた。

表面は社会主義をやめたように見えた太吉であるが、その裏では爆裂弾の材料を集め、製造方法を調べ、着々と準備を進めた。原料の鶏冠石を粉末にするための薬研は新村忠雄が手配し、兄の善兵衛に送らせており、後にこのことで善兵衛は事件に連座することになる。材料がすべて揃い、製造法は奥宮健之から新村が聞き出したので、太吉は近くのブリキ屋臼田鍋吉に径一寸（約三センチ）、長二寸（約六センチ）ほどの小缶を作らせ、これに塩素酸加里六分、鶏冠石四分の割合で混ぜた薬品二十匁（七五グラム）に小豆大の小石二〇個を混ぜて詰め、紙で巻いた上に銅の針金を縦横に巻き爆裂弾を作っている。恐らく、着任以来太吉がオルグを続けた同僚の新田融《とおる》宅であろうが、これがいつどこで作られたのかは、検事調書にも触れられていない。

一一月三日は天長節で製材所は休みであった。この日は松本で花火があがるので、その音に紛れて爆裂弾の試爆をしても怪しまれないだろうと思い、夜八時頃、工場から東へ十五、六町（約一六〇〇～一七〇〇メートル）行った山道の東側の山の端で、岩のように堅くなっている所へ五、六間（九～一一メートル）離れた所から投げつけたところ、青い火花とともに大音響がして、驚いた太吉が腰を抜かしそうになったという。

この音を聞いて不思議に思った者は、小野寺巡査をはじめ村人にも何人かいたようであるが、気づかれることなく済んでしまった。その後、太吉が逮捕されてからも、事件の最も核心部分であるにもかかわらず、爆裂弾の製造日、場所、事件の場所も特定されることもなく、実況見分も行われていない。

警察は太吉監視のため、元巡査を守衛に、巡査の息子を汽罐火夫として製材所に入れ、常時監視の体制を敷いていた。この情報網からブリキ缶注文がわかり、一九一〇（明治四三）年一月二六日から極秘の内偵が始まった。製材所の西山所長も役者上がりの清水太市郎を採用し、太吉の部下とし、密かに情報収集をしていた。

太吉は自宅近くの清水の家を頻繁に利用し自分の書斎代わりにしていた。やがて、清水は小沢玉江という下諏訪警察署の巡査の娘と結婚したが、太吉は相変わらず清水の家を足繁く訪ねていた。五月一日、工場の定休日に宮下が、清水の家に立ち寄ると、清水は女房との約束を違え一人松本へ出かけ、太吉に愚痴を漏らした玉江は、それとなく誘いをかけ、太吉と玉江は肉体関係をもってしまう。太吉の五月一日の『日記』に、「非常ナル日」と書かれている。

清水の妻と結ばれてから負い目を感じた太吉はその気持ちを解消させるため、二人に、明治天皇暗殺の計画を打ち明け、隠し持っていた爆裂弾用のブリキ缶と火薬の原料を預けた。

太吉は四月下旬に新田にブリキ缶二四個を作らせているが、このことが五月中旬製材所のスパイ網に掛かり、五月二〇日から警察の取調べを受けることになり、ついに、五月二五日製材所に隠した爆弾材料が押収され太吉の逮捕となったのである。

地元では「宮下さんは本当に親切なおとなしい人柄で、口数の少ない方で、世間で言うような人とは思えません」（望月桂「宮下太吉氏に就いてこぼれ話」）などと、実際に係わりのあった人の評判は悪くなかった。
製材所は、太吉逮捕から二年後の一九一三（大正二）年五月二四日、機関室から出火し消失し、廃止となった。「宮下の呪い火だ、祟り火だ」と世間が騒がしかったという（望月桂 前掲）。

参考文献
①神崎清『革命伝説　大逆事件１～４巻』（子どもの未来社　二〇一〇年）。
②田中伸尚『大逆事件』（岩波書店二〇一〇年）。
③大逆事件記録刊行会『大逆事件記録』（世界文庫　一九七二年）。
④絲屋寿雄『増補改訂大逆事件』（三一書房　一九七〇年）。
⑤塩田庄兵衛・渡辺順三『秘録　大逆事件上・下』（春秋社 一九五九年）。
⑥小松芳郎『松本平からみた大逆事件』（信毎書籍出版センター　二〇〇一年）。

石山　幸弘（第７章４節16・17項）

（２）新村忠雄

誤解されている新村忠雄

新村忠雄（弟）の二三年九ヵ月の短い生涯を眺めて思うことは、今日においてすら誤解を受けている悲しみである。一途にして健気《けなげ》な革命青年は、社会真実を求める熱情だけを頼りに、信頼を篤くしていた同志大石誠之助からさえ裏切り行為を受けていたことも知らず、生涯を非妥協で生ききった。ここでは彼に被せられている誤解の一端を明らかにしておきたい。

そもそも今日流布している新村忠雄像は、坂本清馬および神崎清の両氏によって形作られたと言って大過ない。単純化すれば、学識希薄で、革命決起に逸《はや》ったオッチョコチョイな人物、秋水の使い走りというイメージが通り相場だ。それゆえずいぶんと矮小化されて語られていると思える。秋水が語ったとされる「新村はオッチョコチョイだから、めったなことを喋ってはいかん」の出所は坂本清馬だ（①七二頁）。秋水のこの耳打ちは坂本の脳裏に生涯へばりつき、そして多くの研究者の今日をも縛っている。では秋水は何をもって斯く印象を新村に持ったのか。当局の誘導尋問に乗った応答証言を外せば、坂本証言と同類の言質を他に見いだせないとなれば、至って秋水の個人的印象が坂本に囁かれたことになる。それが何時だったか、坂本は詳述していないが、辛うじて「幸徳家を飛び出す以前」（①七二頁）だとのヒントを遺している。

知られるように坂本が秋水と喧嘩別れして幸徳家＝巣鴨平民社を飛出したのは一九〇九（明治四二）年二月一日か二日だったとしているから、囁きはこれ以前でなければならない。

ところが当の新村は前年の一九〇八（明治四一）年一一月二八日、東京を去って群馬に帰り即日不当捕縛され、一二月四日～二月三日まで前橋監獄に下獄、四日出獄、五日上京、六日平民社入りした（②注）ことを考えれば、秋水の囁きは、坂本が入社日を一一月九日と自身語るからそれ以後、新村が離京する一一月二七日までの間ということになる。なぜなら、秋水の坂本へのこの忠言は、当の新村が前橋監獄に入獄し、平民社に出入りできなくなればまったく不要になるからだ。そこで坂本の発言に耳を傾けると、新村に会ったのは「明治四十一年十一月中下旬ころ、（略）巣鴨平民社へたった一回来て泊まって帰った」（①一七七頁）その時だけだとし、それ以後は一度も会っていないと強弁している。

結論を急ぐと、新村が『東北評論』の新聞紙条例違反裁判を抱えながら上京し、品川の後藤毛織会社に就職したのは一一月初旬であった。一週間もまたず右手中指を負傷し、社を休んで茂木一次宅を訪れ、その足で平民社を訪ねたのがおそらく一一月八日だった。坂本入社の前日である。証拠は「一〇日あさ床の中」で認めた善兵衛宛書簡（「証拠物写」四三押第一号七七）中に「秋水や森近や一屋に集りて刑事の間断なき注意の中にあり。坂本克水は其後居所不明」云々とあって、坂本の入社前の情報を伝えていることや、同月九日執筆の阿部米太郎宛茂木一次書簡に負傷の事実が書かれてあることなどが証しとなる。秋水にとって新村は初対面ではなかったが、この段階では革命の士を気取る一地方青年という閾を出なかったろう。それが工場勤めで負傷したと苦く笑って見せる場面は、秋水から見れば「オッチョコチョイ」以外の何者でもなかった。これが神崎の手に移ると、茂木一次『大逆事件のリーダー』中にある「おれは機械は危険だからいやだ」を引き出して、「ウ・ナロードをさけび、労働者のゼネ・ストを煽動する青年革命家が、機械をこわがっているようでは、仕事にならない」（③二一頁）と書くことになる。新村を蔑む姿勢が現代にも引き継がれていると思えば、秋水の他意ない囁きも、研究者のアンプに入力されると、無用な出力となる典型である。

ともあれ秋水が坂本に囁いたのは、これ以後のある日、恐らく大石歓迎昼食会前の一一月二〇日か二一日、新村が泊まった際だったろう。しかしこの忠言には二面性があって、未だ新村を見極めるほど接していない秋水にとって、当然の警戒心を披露したという面と、一方には書生として平民社に住み込みが決定した坂本への婉曲な忠告でもあったことを、実は坂本自身が気付いていない。新村は近々入獄するのだし、坂本は書生として平民社に住み着くとなれば、むしろ囁きの重心は坂本側にあったとしていいだろう。人の性状は簡単には変らない。その後の行動が示すとおり、未見の女人名義の男性カンパニヤに結婚を申し込む御仁の方にこそ、この訓戒はふさわしかったのではないか。すなわち、坂本が「新村はオッチョコチョイ」を戦後の証言で盛んに繰返すようになったのは、歴史家神崎が『麺麭《パン》の略取』の身代わり入獄に際し、今村弁護人『公判ノート』にあるとされる新村証言として「（坂本が）検事局へ呼出サレルカ〈ツライ〉トテ泣テ居ル」とあるが、それを「メソメソ」と言い換えて、「そんなことがありましたか？」（①一七八頁）と問い、否定する坂本を信用せず、両論併記を返答したからだ。これではまるで入獄未経験者の狼狽のように映るから、坂本の怒りも理解できる。この取材を原因として、そこから新村は虚言者だと言い出す必要性が生まれ、幸徳の囁きを奇貨としたと思われる。

坂本は出獄後の新村に会っていた　―新村忠雄が見た巣鴨平民社の内部

坂本は、入獄前に自分が笑っていようが泣いていようが新村は獄中にあったのだから解らないでは無いかという（①一七八頁）。なるほど、坂本の平民社飛出しが二月二日、新村の出獄が二月四日では辻褄の合うことである。しかし、一連の坂本証言、「出獄後の新村には会っていない」は本当だろうか。次の書簡抜粋は、新村が阿部米太郎宛に一九〇九（明治四二）年「二月八日夜十二時」に執筆したものだ。

新村善兵衛（「大逆事件アルバム」より）

（前略）奥様（注・千代子）は病気で居るし、食事かかりは坂本君だがこれも病人である。その上悶々として帰宅せぬ事が二泊もつづく。掃除もせんならんし、食事もやる手もぬけられぬさ。然し食客の二人とは只でさへ困難の秋水様にはあまりに重荷である。僕は二三日中になんとかする考へで居るのである。昨日坂本君へ検事局へ出頭しろとあった。多分そのまま引はられるかもしれぬといふので、同人の入獄の用意として、金を一円やる（途中の賃□ともなんとも）のだが、ナイ。よって小生の持金を貸与する。尚、坂本が新しい本を買ふ。八十銭がないか（ら）ある様な風をして茂木兄へ行き高畠の五十銭、朴人の三十銭と集めてやっと書籍を手に入れたといふありさま。秋水様は荒畑妻女（注・管野スガ）を引つれ轉地へと出たのさ、検事局へのつきそへが僕といふわけ。朝起きて、二人で食をこしらへ食ふてしまった（後略）。（②八二頁）

前節で注記したように新村忠雄は一九〇九（明治四二）年二月六日に平民社入りした。つまりこの書簡は入社三日目の新参者の目に映った社内の様子を外連味《けれんみ》なく伝えている点で貴重だ。気付くのは同年二月一日か二日に巣鴨平民社を飛出したはずの坂本が、八日の朝食を新村とともに摂っていること、次いでは秋水が荒畑妻女（管野スガ）を引き連れ転地療養（鎌倉）の避寒行に出かけていることだ。一日か二日に坂本に向かい大喧嘩に発展するほど、人妻（管野スガ）との接触に留意を与えたとされる秋水が、坂本が居なくなったとたんにこのような行動に出ている。しかもリュウマチを病む妻千代子を放り出して。

ところで坂本が二度と敷居をまたぐまいと心を固くした平民社に戻ったのは、「昨日坂本君へ検事局へ出頭しろ」とあったからだ。昨日とは七日である。誰かが大杉保子宅に身を寄せている坂本の許に走ったのだろう。舞い戻った坂本は当然秋水・幽月二人が避寒行に出たことを知ったはずだ。怒りは激高というにふさわしかったとみえて、極寒の前橋監獄を出獄して三日目の肉体奉納生新村が事情の細部も知らず、健気《けなげ》にも坂本のため金策に走り回ってくれたことを、自分の憤懣に気を取られてまったく記憶を失っていた。それが後世の著述に重要な意味を持ったとすれば、単なる「記憶喪失」では済まされない注意喚起を我々に与える。文中「一円やるのだがナイ」の意は「やりたいのだがナイ」だ。仕方なく懐中の一円を出すのだが、これは実兄善兵衛が帰省旅費として獄中に送ってくれた二円中の一部だ。そうであればこれはただの「一円」ではなかった。生地への不帰の決意との天秤の中で拠出させたものだった。以上から、坂本の「出獄後の新村に会っていない」（①一七七頁以降）との力んだ証言は訂正を要するだろう。

さらに思い出すのは、神崎が「あらゆる資料を総合してこの当時（一九〇九年三月一八日の千駄ヶ谷移転前後）二人の間に恋情感情は発生していても、肉体関係はまだなかったらしい、というのが、筆者の推論である」（③一〇八頁）も、右書簡日付から訂正を要するだろう。見落としてならないのは、この段階で坂本が秋水への憤懣を新村に一言半句漏らしていないことだ。先の「新村はオッチョコチョイ」の訓戒が生きていた証拠としていい。ともあれ、神崎が前掲書で「清馬飛出す」の一項を設けてこだわったのは流石《さすが》で、秋水との喧嘩別れとなれば、坂本の有罪根拠の一つになった「平民社飛出し」が、秋水の指示による「決死の士五十人」を募る全国遊説だったとする強権司法の根底を崩すことになるからだ。

ところで新村は「坂本君」について「悶々として」というだけで、その理由を本人に問うていない。なぜだろう？　ここにも「坂本は（精神を病んだ）病人だ」と避寒行出発直前に秋水から吹き込まれ、それを鵜呑みにする青年がいたと思えば、両者それぞれ胸に一物を抱えて向かい合った朝飯は、味もなかったろう。

参考文献

①大逆事件の真実をあきらかにする会編『大逆事件を生きる―坂本清馬自伝』（新人物往来社一九七六年）注＝新村予審調書にある平民社訪問回数「数回」は正しく、坂本の批判は誤解である。自身が入社以前に訪問していた事実に思いが及んでいない。

②石山幸弘「大逆事件の飛沫（二）」『風』群馬県立土屋文明記念文学館紀要・六号（同館二〇〇二年）。注＝これまで新村の巣鴨平民社入りは当人証言により二月五日とされているが、実際は六日が至当。二月五日に上京し、茂木一次や大澤一六らによる出獄慰労会を、寒夜九時過ぎまで大澤方で過ごした事実がある。「五日」を押し通したのは同席人を事件に巻き込むのを避けるための気配り。茂木『大逆事件のリーダー』中にも「周囲の人達に対しては少しも迷惑のかからぬよう細心の注意を払って居る」として、片鱗がうかがえる記述がある。

③神崎清『革命伝説２』（芳賀書店　一九六八年）。

（3）千葉監獄収監中の新村善兵衛

四年半に亘る千葉監獄在獄中の善兵衛（兄）はどんな心境であったか。これまで官権資料が伝えるところは「教誨《きょうかい》ノ趣旨ヲ服膺《ふくよう》シ能《よ》ク獄則ヲ遵守シ改悛ノ状アリ」とされ、下駄表の製造やマニラ麻の糸織器を操る工役に精勤し、一九一二（大正元）年八月には賞票を付与されていた。まさに模範生を演じていたのである。しかし、繋がれてある者の苦悶の毎日に潜む内心まで、獄吏が見透せようもない。実弟忠雄を殺した権力への疑念・怨念・無念を唯々諦観の中に鎮め、ひたすら出獄を待つ囚徒の一典型を生きていた。それも有期懲役八年が六年に、というようにいわば期限付きの我慢・忍苦であるからこそ堪え得たものだった。同じ獄窓に日々を送っていた峯尾節堂や佐々木道元は、無罪を信じていただけに出口の見えない無期刑は「獄苦」をいや増しに高めたに違いなかった。その二人の横顔の一瞬を善兵衛が捉えていた。

「囚衣の人の顔には夏を除いては何時も陰鬱な蔭の消いた時は余りない。殊に峯尾氏の淋しい悲しげな姿、佐々木氏の六ケ敷い憂鬱な相貌を見ると、実に何とも云いぬ感に打たるゝ。たまたま相見て苦笑する――」(「新村善兵衛獄中記録」)。作業か運動などの際に目にした印象だったろう。善兵衛がこれを記録したのは一九一五(大正四)年五月二七日より少し前だったが、佐々木はそれから一年二ヵ月後の一九一六(大正五)年七月一五日二八歳で、峯尾は一九一九年(大正八)年三月六日三四歳でそれぞれ獄中病死した。体力的には一番充実している時期だったから、病を克服する生欲の減退が一因として作用したのかも知れない。一九一五(大正四)年七月二四日仮出獄した善兵衛が、曲折を経て警視庁に出頭したのは翌年一一月七日だった。そこでこう語った。思い起こせば検事や警察、予審判事に言われるままに諾々と従い、ほとんど真意を語ってこなかった。それゆえ今なお自分が何で罰せられたのか解らない。尾行警察は今も郵便脚夫を呼び止め点検しているが、その理由がわからない。実弟忠雄は主義に斃れた。自分はそれがどんなものか知りたい。それを知ったからとて現代に実現しようとは思っていないが、と。それからの善兵衛は天津への逃避行に失敗し、仮寓中の大阪桜島（現・此花区）にてスペイン風邪に罹患、没したのは一九二〇（大正九）年四月二日、三九歳だった。

田中　全（第7章4節18項）

（4）幸徳秋水

幸徳秋水は初期社会主義運動の理論的主柱であり、管野須賀子が最終局面において、最も深い関係をもった人物であるが、そのあたりのことは、すでに本書でも書かれているので、ここでは須賀子に至るまでの秋水と女性とのかかわりについて、書きとめておきたい。

幸徳秋水（伝次郎）は、一八七一（明治四）年、土佐中村の商家（薬種問屋）に生まれたが、二歳の時父を病気で失う。秋水は母多治の手一つで育てられた。以後、秋水にとって母は父でもあり、絶対的存在であった。それは母の意に従順ということではなく、常に意識の底を母が支配していたということ。自分の主義と、母に心配をかけたくないという思いの葛藤、相克の上に揺れていた。秋水は最期の獄中まで、母に手紙を出し続けている。

処刑の前、母は秋水に面会をはたした後、郷里に帰って病没（自殺説も消えない）。このことによって秋水は、はじめて母から「解放」された。

秋水は幼少の頃、漢学者木戸明の私塾で学ぶ。格調高い漢文体の文章はここに基礎を置くが、思想的には、当時土佐で流行していた自由民権にあこがれ、わずか一六歳で単身上京するという早熟な民権少年であった。その後、一八歳の時、大阪で中江兆民に出会ったことが秋水の運命を決定づけた。兆民から雅号秋水をもらう。

秋水は二三歳の時、兆民の口利きで自由新聞（板垣退助主宰）に入り、ジャーナリストとしてのスタートを切った。二六歳の頃、東京に母を迎えて同居し、最初の結婚をしている。母に負担をかけたくないという思いから、兆民の意を受けた同門の友人から紹介された相手を、顔も見ないまま「君にまかせる」と応諾した。

その娘は西村ルイ（別名朝子）と言い、明治維新後の士族授産事業であった福島県国営安積開墾事業に参加していた旧久留米藩士西村正綱の娘で、当時一五歳の幼妻であった。

しかし、秋水は結婚式の日、奇怪な行動をした。初夜を迎える新妻を置いて吉原の遊郭に遁走した。かくて、結婚は一年をおかず破綻。秋水は美人至上主義者であり、また新婦が無学で自分を理解できないことに不満であった。一度実家に帰ってゆっくりして来いと、上野駅まで送ったあと、離縁状を送りつけるという、むごいものであった。

こうした秋水の行動は、小泉三申の後日談により伝えられているものであるが、最近わかったところによれば、西村家は福岡県八女郡黒木町で江戸時代から続いた素封家で、藩から士分を与えられた名門の家柄であり、ルイは子供の頃から相応の教育を受けていた。離縁の理由を、三申の言のみに求めるのは酷である。年齢差の問題もあったろう。現に、秋水の母多治はルイのことを明るくてかわいらしい嫁として気に入っていた。

ルイは入籍されないまま、一年もたたないうちに離縁されたが、すでに身ごもっており、その後、秋水の子（ハヤ子）を生んだ。しかし、秋水も母も、そのことは知らないままであった（①②）。

その三年後、秋水は二度目の結婚をした。相手はやはり兆民が介在した師岡千代子であった。千代子の父師岡正胤は平田派の国学者で、その門下生の一人が兆民とも交友があったことから縁談がまとまった。結婚式は、正胤の死後まもなくであったため、兆民は両家の父親代わりとして出席した。秋水二九歳、千代子二四歳。

しかし、秋水はその夜、またも吉原へと、同じ失態を演じた。今度は見合いを経ていたが、見合いの席では相手が顔を伏せたままであったので、実際を見ると期待はずれだったというもの。ここまでくると、異常の域を超えている。これも三申の後日談ではあるが。

千代子は国学者の娘だけあって教養は申し分なかった。父からのきびしい薫陶を受け、国文だけでなく、英語、仏語もできたほか、日本画も描いた。秋水の執筆を手伝い、清書などもしている。晩年、秋水との生活の思い出を書いた『風々雨々』（③）は、内容、文章ともに、その教養の深さがにじみ出た珠玉の作品である。

それでも秋水は、千代子は地味で病弱、おとなしい性格であったこともあり、自分には向かないと、不満をもらしていた。だからであろう、二人の間に子はできなかった。満たされないながらも、一〇年間の生活の積み重ねで築いてきた堤を切らせたのが管野須賀子であった。何事にも情熱的な須賀子は、ルイや千代子とはまったく違ったタイプであり、何よも革命の同志でもあった。秋水はズルズルと引き込まれていく。千代子には強引に離婚を迫り、判を押させた。秋水三九歳、須賀子二七歳。

秋水は、それでいて郷里の母には、千代子は名古屋の姉のもとに一時的に養生に帰らせたものであり、心配しないようにと言い訳の手紙を書いたり、忠告に来た木下尚江には、「しかし、君、僕の死に水を取ってくれる者は、お千代だよ」と、弁解がましいことを言っている。

しかし、これは秋水の本音でもあった。須賀子と二人で滞在していた湯河原から、須賀子が換金刑で入獄したら、すぐにその頃大阪にいた千代子に、須賀子とは手を切るのでよりを戻したいと手紙を送っている。

千代子は秋水の身勝手さに悶々としながらも、結局は秋水逮捕後、差し入れ等の世話をするようになる。この手紙を獄中で予審判事から見せられた須賀子は嫉妬のあまり、同じ獄中の秋水へ絶縁状を送りつけた。

秋水は早熟な民権少年から、人間の自由・平等・博愛、そして社会主義へと思想と行動を深化させていったが、こと女に関しては常に「拙《つたな》い」。私はその裏に母の存在をみる。

秋水が恋愛感情を持って女性に自ら接近したのは須賀子が最初で最後であった、ことだけは間違いないであろう。

参考文献

①田中全「西村ルイのこと―秋水最初の妻―」（『文芸なかむら』二九号、二〇一五年七月）。
②同「続西村ルイのこと―秋水最初の妻―」（『文芸なかむら』三一号、二〇一六年一月）。
③尾崎清「秋水の妻　師岡千代子著『風々雨々』を評す」（西南四国歴史文化論叢『よど』一五号、二〇一四年四月）

尾崎　清（第7章4節19項）

（5）坂本清馬翁の思い出

「大逆事件最後の生き証人」といわれた坂本清馬は、一八八五（明治一八）年、土佐の室戸の掘立て小屋で生まれた。同じ土佐の西南中村（現四万十市）出身の父親幸三郎は腕のいい染め物職人だったが、一家の浮沈は激しかった。事業に手を出した父親が破産したため掘立て小屋で生まれたり、幼少時食べる物にこと欠き、よその畑に落ちている薩摩芋の切れ端を拾ってきて、家族で分け合って飢えをしのぐような生活を送っているかと思えば、父親が再び家運を盛り返し、当時としてはエリート学業コースであった高知県立海南学校と県立二中に学んでいる。だが、いずれをも中途で退学してしまった。

退学後はっきりとした目途もなく過ごしていたが、一方で老子の『道徳経』や蘇東坡《そとうば》の詩を読んで、東洋的無政府思想に惹かれたという。

さらに河上肇の「社会主義評論」を読売新聞紙上に読んで、『道徳経』に説かれている理想社会を実現するためには、社会主義によるしかないと若い情熱をたぎらせた。翁の一生は一時期を除き、無政府共産社会への憧れと追求で貫かれているが、その端緒にはこれらの書物の啓発があり、その根底には拾って来た芋を家族で分け合って食べたり、安価な中国米の粥のような飯を一日一回食べて飢えをしのぐというような体験があった。「此の世から貧乏、貧乏人を無くさなければならない」という思いは日増しに強まっていった。

明治三九年二二歳の翁は東京に出た。やがて郷里の先輩幸徳秋水の理論と運動に引き付けられ接近、秋水の書生となり同居した。秋水の翻訳したクロポトキンの『麺麭《ぱん》の略取』の秘密出版などに尽力したが、姉のように慕っていたという管野須賀子のことで秋水と口論になり「貴様が革命をやるか、おれが革命をやるか競争するぞ。こんな所にはおられない」と言って家を飛び出した。翁には短気なところがあり、師の秋水に対してもこんな言葉で癇癪を爆発させたのだ。その気性の激しさは並大抵ではない。

秋水のもとを飛び出して、そうこうしているうちに大逆事件が起こって翁も舞い戻っていた東京で逮捕された。明治四三年七月のことである。非公開で証人も許されない暗黒裁判の審理は急ピッチで進められ、翌年一月一八日には、被告中二人を除く二四人に死刑判決が下った。この中には翁も含まれていたが、翌日翁ら一二人は特赦により無期懲役に減刑された。涙が滂沱《ぼうだ》として止まらなかったという。無理もない。翁は何も知らず、何の関わりもなかったのだ。

それから秋田監獄と高知刑務所での二四年間に渡る獄中生活が始まる。とりわけ暖房のない秋田監獄での二一年に渡る冬は厳しかったようだ。自分の吐いた息が凍り付いて、壁を掻くと霜のようにザクザクと落ちる有様だったという。同囚で最も高齢であった浄土真宗の僧侶高木顕明師は、獄中生活の厳しさに耐えかねたように縊死《いし》してしまった。しかし、習得していた健康術などを規則正しく行い、健康に十分留意しながら翁は過酷な獄中生活に耐え抜いた。

翁が仮出所したのは一九三四（昭和九）年、生き延びて出所できた被告たち七人中の最後だった。敗戦は勤めていた住友通信工業の松脂《まつやに》採取事業の足場として居を構えていた中村で迎えている。以後死去するまで筆者の父幸三郎と師秋水の郷里である中村で過ごした。

戦後の翁の活動の中心は大逆事件の真実を明らかにし、自らの冤罪を晴らすことにあったろう。森近運平の妹栄子と共に一九六一（昭和三六）年、東京高裁に起こした再審請求は六年の長きに渡ったが、翁八二歳の一九六七（昭和四二）年、高裁に続いて最高裁も訴えを棄却して終った。

その後、秋水の妻師岡千代子の墓を秋水一族の墓所に建てたりしたが、一九七五（昭和五〇）年、自らその設立に情熱を燃やした高知県立西南病院（当初は幡多結核療養所といった）の一室で八九年の生涯を閉じた。筆者は翁の六〇歳年下だが翁のことは多少知っている。それは筆者の父と翁とが親しかったからだ。翁の最後を養女のミチエさんと筆者の父が看取っている。そんなわけで翁は散歩がてら、西南病院の前に建っていた一軒家の筆者の家に足繁く立ち寄っていた。

着流しに兵児帯を巻き付け、素足に雪駄履きという出立ちで、翁は雑種らしき愛犬を引き連れてよく立ち寄った。近くの堤で行き違う時もあったが、小柄だが鋭い風貌の翁に突然会うとついたじろいだものだ。

家に筆者の父がいない時は筆者がよく話し相手になった。話し相手といっても筆者は少年であったし、翁の聞き役であることが多かった。翁の話しを聞きながら筆者が強く感じたのは、非常な情熱家であること、貪婪《どんらん》なまでの知識欲の持ち主だということだった。翁は激しい情熱と知識欲にあふれていた。今思えばあの情熱と知識欲は、無政府共産社会を生涯夢見た人の情熱と知的探究心であったのであろう。もう八十に達していた翁が、恋情を抱いていたといわれる管野須賀子のことを語るとき、少年のように顔を赤らめるのだった。「管野さんは魅力的な人だった。あの頃の女性は余り表情がなかったが、管野さんは豊かな表情の持ち主で、それが魅力的だった」と話してくれたのを覚えている。

また、「秋水先生は革命思想家ではあったが革命家ではなかった」とその師を語ったこともあった。

筆者の拙い短歌に翁を読んだ一首がある。

誰よりも坂本清馬をまず思う
　異骨相てう言葉聞くたび

筆者が翁との薄い縁から得た印象は、直情径行、曲った事は大嫌いという典型的な土佐の異骨相《いごっそう》であり知識欲旺盛な情熱家であったという事に尽きる。

坂本清馬は大逆事件を風化させなかった。戦後に於ける大逆事件の研究と真相究明活動にとって、翁の存在その物が大きな励ましになっていたのだが、それだけではない。あの絶対的天皇体制下も含めて、翁は毅然としてその無実を生涯叫び続けたのだ。そんな人間が翁のほかに誰があろう。坂本清馬は実に、我が国裁判史上に於いても特筆されるべき人物である。

参考文献

① 大逆事件の真実をあきらかにする会編著『大逆事件を生きる――坂本清馬自伝』（新人物往来社　一九七六年）。
② 鎌田慧『残夢　大逆事件を生き抜いた坂本清馬の生涯』〈株〉金曜日　二〇一一年）。
③ 左山遼（執筆者　尾崎清の筆名）『真冬のレクイエム』（リーブル出版　二〇一一年）。

上山　慧（第7章4節20・21項）

（6）岡林寅松

岡林寅松は一八七六（明治九）年一月三〇日に父長太郎、母茂登の長男として高知市鷹匠町四〇番屋敷で生まれた。高知師範附属高等小学校を卒業後、一八九九（明治三二）年に独学で医術開業前期試験に合格する。一九〇四（明治三七）年頃、小学校同級生の小松丑治（次節参照）の世話で夢野村の神戸海民病院支院に就職し、後期試験への受験のため、事務をとるかたわら医生として医療にも従事した。

日露戦争が開戦する前、『万朝報』に掲載された幸徳秋水と堺利彦の非戦論に共鳴し、社会主義に関心を抱くようになった。そして、一九〇四（明治三七）年九月、岡林と小松が中心となって「神戸平民倶楽部」を結成し、社会主義に関する研究や討議を目的とした例会を開いている。岡林の第一回予審調書によれば、岡林と小松以外では、東洋思想研究家で曹洞宗僧侶の井上秀天、キリスト教社会主義者で石炭販売業の中村浅吉、永井実、林謙、北川龍太郎がよく例会に出ていたとしている（①八〇頁）。また、小松の聴取書には、これにキリスト教伝道師の藤野と宇野の名前が加わっている（①五〇頁）。

一九〇六（明治三九）年二月に日本社会党が結成された際、岡林は「医士」の肩書で岡林真冬の名前で入党しており（②九七頁）、同年五月二九日から六月一四日の間に金三〇銭を寄付している（②一二一頁）。小松らの名前が党員名簿に見られないため、岡林の入党は「神戸平民倶楽部」を代表したものと思われる。

また、この年の春から夏にかけて、『赤旗』という社会主義雑誌の発行を計画している。この『赤旗』の発行計画は、岡林寅松、小松丑治、北川龍太郎、中村浅吉、松尾涙村らによるものであったと、小松丑治の聴取書（①五〇頁）に記されているが、岡林寅松の第一回予審調書（①八〇頁）には、資金不足や印刷を引き受けてくれるところがなかったため、発行には至らなかったとしている。

一九〇七（明治四〇）年一一月二四日、「神戸平民倶楽部」は、元町六丁目にあった元六倶楽部で「第一回社会主義講演会」を開いた。大阪からは森近運平、武田九平、荒畑寒村が出席したのをはじめ、和歌山県新宮からも大石誠之助が出席し、それぞれ講演している。神戸からは、岡林が開会の辞として「神戸平民倶楽部の歴史」を述べ、井上秀天も「宗教と社会主義」について講演している（③一九五頁）。

岡林は幸徳秋水とは直接の面識はなかったが、一九〇八（明治四一）年末頃に小松丑治、井上秀天、中村浅吉と相談のうえ、クロポトキン著・幸徳秋水訳の秘密出版『麺麭の略取』を四部申し込んでおり、秋水に「予約〆切（明治四二年一月一五日）後に

岡林寅松（「大逆事件アルバム」より）

送金しても差支えないか」と問い合わせている（①七七頁、④九六〜九七頁）。これに対して秋水は、「御無沙汰致候。御端書及新聞多謝。獄中及在京の同志いづれも健在に候。例之件は来月に成ても宜敷候間一部でも多く御周旋願候」（⑤五五九頁）と返事の葉書を寄せている。

大逆事件での容疑は、内山愚童の「皇太子暗殺計画」に賛成したかどうか、愚童に爆裂弾の製法を教えたかどうかであった。岡林は聴取書で、一九〇九（明治四二）年五月二二日に神戸海民病院で小松とともに初対面の愚童と面会した際、「親父ハ到底六ケ敷カラ倅《せがれ》ヲ害スルト云フ話ヲモシタ様ニ思ヒマス」（①七三頁）と言わされたが、その後の予審調書では「皇太子暗殺」の話を一貫して否認している。しかし、一〇月二三日の小山松吉検事による聴取書で「内山ハ暴力革命ヲヤラネバナラヌト言ヒ親爺ハ到底難カシイカラ倅《せがれ》ヲヤルト申シタ様ニボンヤリ記憶シテ居リマス」（①九六頁）と認めさせられ、一九一一（明治四四）年一月一八日に死刑判決を受けた。翌一九日には無期懲役に減刑され、長崎県の諫早監獄に入獄した。その間、自らの心境を『感興録』と題した三〇巻に及ぶ手記と『和歌日記』八冊に書いていたというが（⑥一七頁）、これらの手記は現在も見つかっていない。

一九三一（昭和六）年四月二九日、仮出獄を許された岡林は、弁護士で社会大衆党の代議士でもあった田万清臣が大阪の市岡で経営していた大衆病院（のち大和病院と改称）に堺利彦の紹介で勤務することになり、そのかたわらローマ字運動などにも参加した。田万清臣の妻明子は、病院に勤務していた頃の岡林について次のように語っている（⑦四三〇〜四三一頁）。

口数の少ない、それはそれは真面目な人でした。ずっと病院の一室を借りてそこで生活していました。変わっていましてねえ、冬でも板の間で寝るクセがあるのです。それに水浴を好むんですよ。自分の部屋の入口にいつも「真冬独房」の木札をつっているんです。「真冬」はあの人の号でしたからね。短歌や俳句もつくっていましたね。それに大変な勉強家で、エスペラント語に堪能でした。それにもう一つ変わっていたことは、どこへ行くにも電車に乗らなかったことです。助松の私たちの家へ行くのもゴム長をはいて歩いて行くんですよ。これには市岡警察の刑事さんも弱っていましたねえ。

その後、病院が戦災で焼失したため、一九四五（昭和二〇）年郷里の高知に帰り、松本家に嫁いでいた妹晃恵夫婦宅に身を寄せた。終戦後の一九四七（昭和二二）年二月二四日、日本国憲法公布の特赦により、刑の効力が失われるという形で復権し、一九四八（昭和二三）年九月一日に満七二歳で亡くなった。

参考文献

①「森長訴訟記録Ⅳ」（未刊　森長英三郎所蔵）。
②労働運動史研究会編『光』（明治社会主義史料集　第二集）（明治文献資料刊行会　一九六〇年）。

③労働運動史研究会編『大阪平民新聞』〔明治社会主義史料集　第五集〕（明治文献資料刊行会　一九六二年）。
④神崎清『革命伝説　大逆事件2　密造された爆裂弾』（子どもの未来社　二〇一〇年復刻）。
⑤大逆事件記録刊行会編『大逆事件記録第二巻　証拠物写　下巻』（世界文庫　一九六四年）
⑥中島及編・幸徳秋水著『東京の木賃宿』（弘文堂　一九四九年）
⑦荒木傳『なにわ明治社会運動碑（下）』（拓殖書房　一九八三年）

（7）小松丑治

小松丑治は、一八七六（明治九）年四月一五日に父孫四郎、母柳の次男として高知市帯屋町四一番屋敷で生まれた。地元の高知師範附属高等小学校四年を修業後、一七歳で大阪に出て区役所、小学校雇、郵便局員などの仕事をした。郵便局員時代に官印盗用、官文書偽造行使詐欺取財の容疑で重禁固一年、監視六ヵ月の刑を受ける。一八九六（明治二九）年に高知へ戻り、市内の医院で薬局生をしていたが、前科と肺病で厭世的になったこともあった。一八九八（明治三一）年、神戸へ出て、東川崎町五丁目の神戸海民病院の事務員となった。一九〇四（明治三七）年三月、兵庫区三川口町一丁目六〇番屋敷で小間物屋を営んでいた津田熊吉の長女はると結婚し、東出町一丁目一六五に住んだ。この頃の小松を妻のはるは「すべてに万能ですっきりと背が高く、眉宇《びう》に輝きのあふれた」人（①九九頁）と回想している。

社会主義に関心を抱くようになったのは、週刊『平民新聞』が創刊された際、友人からその創刊号を見せてもらい、次号から購読するようになってからである。一九〇四（明治三七）年九月小学校同窓生の岡林寅松とともに「神戸平民倶楽部」を結成し、井上秀天、中村浅吉、永井実、林謙、北川龍太郎らが会員に加わっている。

一九〇七（明治四〇）年一一月三日、幸徳秋水は東京から郷里の土佐中村に向かう途次、大阪に立ち寄っており、「大阪平民社」で歓迎会が開かれた。歓迎会には、神戸から小松丑治と井上秀天が出席しており、秀天が歓迎のことばを述べている。岡林寅松が出ていないのは、二人で病院をあけるわけにはいかないので、留守番にまわったためである。小松の第二回予審調書によれば、「幸徳ハ社会ノ進歩ハ科学、労働者ノ生産力、「レボルト」ノ三ツノモノニ拠テ往クモノデアルガ我国ニ於テハ終ノ一ツナル「レボルト」ガ発達シナイカラ社会ガ進歩シナヒ故ニ之レヲ達ル様ニシナケレバナラヌ」（②五八頁）という主意を述べたとしている。「レボルト」の意味については、「幸徳ノ咄《はなし》ニハ反抗ト云フ意味ダト申シマシタカラ、従来ノ習慣ニ反対スル事ト解釈致シテ居リマシタ」、「例ヲ挙ゲテ見マスト、幸徳秋水ナドノ抱ク無政府共産主義ノ如キモノガ其習慣ニ反対スルモノト思ヒマス」（②五八頁）といっている。

大逆事件での容疑は、一九〇九（明治四二）年五月二二日、神戸海民病院で内山愚童と面会した際、愚童の「皇太子暗殺計画」に賛成したかどうか、愚童から爆裂弾の製法を問われ硫酸と「リスリン」を混合するなどと答えたかどうかであった。小松は聴取書で、愚童の「皇太子暗殺計画」を「内山ハ倅《せがれ》ヲ害スルト云フ様ノ話ヲシタト云フ記憶ハアリマセヌ」（②「小松丑治聴取書」五二頁）と供述している。その後の予審調書でも一貫して容疑を否認し続けていたが、最終的に予審判事から「岡林ハ皇室ニ危害ヲ加フルト云フ様ナ意味ノ話モアツタカノ如ク申立ツルガ如何」と問い詰められ、「良ク考ヘテ見ルト其様ナ意味ノ話モアツタカト思ヒマス」（③「小松丑治第六回調書」一七四頁）と認めさせられた。一九一一（明治四四）年一月一八日、死刑判決を受けたが、翌日無期懲役に減刑され、長崎県諫早監獄に入獄した。

小松丑治(「大逆事件アルバム」より)

一九〇七（明治四〇）年一月、神戸海民病院は支院と本院が合併したが、一九一〇（明治四三）年一月には改組により湊川病院と改称された。これを機に、小松は自分の地位を医師志望であった岡林にゆずり、病院を退職して、養鶏業をはじめている。小松が入獄した後は、はるが一人でこの養鶏業を支えることになった。事件から間もない一九一一（明治四四）年四月二八日には堺利彦が訪れており、堺はこのときのはるの様子を「丸い顔」（『へちまの花』第三・一九一四〈大正三〉年四月一日）という随筆に書いている。また、一九一三（大正二）年一月六日には荒畑寒村もはるのもとを訪れており、荒畑はそのときのことを次のように記している。

僕は神戸に赴き夢野村の小松春子さんを訪ねた。小松君が諫早に入獄してからは、その遺して行った養鶏事業は、繊弱《かよわ》い春子さんの手一つで経営されて居るのである。「岡林は獄中で発狂したそうです。小松にはそんな事があらせたくないと思ひまして、こうして仕事を続けては居りますが、却々《なかなか》エラうム（ござ）いまして…」と、眼に涙を溜めながら話された時には、僕は覚へず胸が迫った。犠牲！あゝ大なる犠牲！いっその涙の微笑と代るべき時は来るのか（④二一九頁）

一九三一（昭和六）年四月二九日、小松は仮出獄を許され、二〇年ぶりに妻はるのもとに帰ってきたことを五月五日付の『大阪朝日新聞』夕刊が「幸徳事件の無期囚出獄　廿年振に妻と再会　孤独と貞操を守り通した半生　流す涙も忘れる歓び」として報じている。仮出獄後は再び養鶏業をはじめたが、特高警察から常に監視されていたため、「全く日蔭者の生活であった」（①一〇〇頁）という。一九四三（昭和一八）年頃、京都市伏見区深草の親族宅へ転居したが、一九四五（昭和二〇）年一〇月四日、栄養失調により満六九歳で亡くなった。

参考文献

①大野みち代「小松はるさんのこと」『大逆事件の真実をあきらかにする会ニュース第一二号』（一九六六年掲載　同会編著『同会ニュース　第一号〜第四八号』ぱる出版　二〇一〇年復刻）。
②「森長訴訟記録Ⅳ」（未刊　森長英三郎所蔵）。
③神崎清所蔵・大逆事件の真実をあきらかにする会刊『大逆事件訴訟記録・証拠物写　第八巻』（近代日本史料研究会　一九六〇年）。

④荒畑寒村「大久保より」『荒畑寒村著作集八』（平凡社　一九七六年）（初出）『近代思想』第一巻第五号（一九一三年二月一日）。

森山誠一（第7章4節22項）

（8）森近運平――管野須賀子との接点からみる

性別はもちろん生まれも育ちも性格もまったく違う二人であるが、生まれた年は同じ一八八一（明治一四）年。まったく同じ時代を初期社会主義の同志として共にたたかったが、管野と秋水の「自由恋愛」のことで袂を分かった。その後、管野は東京巣鴨そして千駄ヶ谷平民社にとどまり、森近は岡山県へ帰郷・帰農したが、同じ事件―「大逆事件」とよばれる社会主義思想弾圧の強権政治―の犠牲者となって、二人とも同じ死刑台で処刑されてしまう。何という運命のめぐり合わせであろう。

二人が初めて会ったのは、日露戦争のさなか、管野らが設立した大阪の週刊『平民新聞』読者会を発展させた「大阪同志会」を基礎にして、さらに堅固な関西地方拠点を構築する志望を抱いて、東京「平民社」の大阪支社たる「大阪平民社」を設置・主宰するため、元岡山県庁職員（農政担当）森近が妻子を伴って上阪したとき（一九〇五年二月）である。

この頃の管野は、初めての日刊新聞記者として活躍していた『大阪朝報』が一年でつぶれ、もっぱらキリスト教「大阪婦人矯風会」の仕事と、宇田川文海の『みちのとも』（天理教の雑誌）、『基督教世界』、日曜紙『大阪タイムス』などの文筆活動をしながら、大阪住吉から京都に転居して故郷で暮らす半身不随の父と、病弱な妹の生活を支えていた。もちろん森近の「大阪平民社」とは密接に連携していた。この時期に森近と交信した管野の書簡が五通残っている（『管野須賀子全集』には未収録だが、別の機会に紹介済）。このなかには、京都の病父の死亡通知ハガキや弔詞への礼状などとともに、『直言』婦人号（第一二号）二〇部と新聞残部を、宣伝用に送って欲しいという社会主義への強い傾斜をうかがわせる書簡（明治三八年四月二二日、京都）もある。

その後、東京の平民社解散に伴い、第一次「大阪平民社」も閉鎖に追い込まれ、森近は今後を相談するため上京している。管野はその時を回顧し、「同志会の後身たる大坂平民社の熱血男児森近氏が、『大坂には真面目なる社会主義者一人も無し』とて、奮然東都に去られ（後略）」とした一文がある（①六六頁）。森近はそのまま東京に留まり初期社会主義の若手リーダーとして活躍する。その後、ふたたび大阪に回帰しての活躍（第二次大阪平民社）は、ここでは省略する。

他方、管野は、堺利彦の勧めで紀州田辺の地域新聞『牟婁新報』の臨時救援記者（社会主義に親近の自由人・社主毛利柴庵の筆禍入獄中の主筆代理）として活躍。柴庵の出獄により退社、帰洛してからは、京都法政大学（現・立命館大学）の関係雑誌『吾が家』の編集・執筆を短期間手がけ、そのうち、東京の『毎日電報』への就職が決まり、『牟婁新報』の同僚記者であった年下の荒畑寒村との結婚も内諾、一九〇六（明治三九）年一〇月一二日には病妹を伴って上京、森近と同じく東京で活動することとなる。

管野が上京した約二週間後（一〇月二八日）に堺利彦宅で「社会主義婦人会」が開催され、管野も出席した。管野の東京デビューである。この席で『毎日電報』への就職と寒村との結婚も披露されたに違いない。引き続き午後に行われた「戸山の原」へのピクニックには、報じられたところによると福田英子、幸徳千代子、堺・竹内・添田・白柳の各夫妻のほか、森近夫妻も参加した。管野にとって森近と会うのは大阪以来の久しぶりのことである。会話もはずんだことであろう。会全体としても「久しぶりにてこの日ばかり愉快なる日はなかりき、以後月一回は催したきものなり（一婦人）」（『光』二六号）と報告されている。実際、十一月下旬、および翌一九〇七年三月三日、同様の会が開催される。

さて、「大逆事件」の発端となる宮下太吉検挙があるのは、あと三年余後（一九一〇年五月二五日）のこと。その間に何があったのか。紙数の関係で話を飛ばすが、「大逆事件」の管野の第二回予審調書（一九一〇年六月五日）で、判事から森近のことを尋ねられ、次のような判事の（問）に管野が（答）えている（①二二五～二二六頁、原本カタカナ、〔〕内は執筆者の補注）。

（問）森近運平等と交際あるか。（答）森近は同〔社会〕主義者なれとも稍軟かい方て議会制策《ママ》を採ると云ふ風てす。（中略）私は森近とは不和です。森近は兎角自分の説を人に聞かせる学者振るので人に嫌はれます（中略）。
（問）尚其頃（明治四二年二月頃、東京で）宮下は森近を訪ひ右事件（「元首を斃すと云ふ事」）を話し同志に加へんとしたとの事たか如何。（答）一向知りませぬ。私か宮下と懇親に話をする様に為つたのは其後の事てすから仮に其時森近に話したことかあつたとしても宮下は私には左様な事は告げなかつたでせう。私共は森近を此事件の同志とする杯の事は少しも念頭にありませぬ。（後略）

管野の応答は、森近をわざと遠ざけ庇《かば》っているかに見えるが、おおむね事実であり本音でもあると思う（紙数の関係で論評は省略）。この六日後の六月一一日に起訴決定となった森近はその三日後の一四日郷里の自宅から拘引される。それは管野の線からではなく、宮下の供述の線（詳細は略す）からであった。

簡潔に要約すると、森近は、かつて第二次「大阪平民社」に来訪した（一九〇七年一二月）宮下の質問に答えて、久米邦武『日本古代史』（早稲田大学の日本史シリーズの第一巻）に依拠して、神武の橿原即位や天皇紀元の虚構性など皇国史観（「迷信」）払拭を教示し、皇室を批判的に観る知性（「不臣の念」）を芽生えさせた。森近はいわば今回の事件の実体的首謀者である「宮下の先生」である。これが、森近が検察や裁判官に憎まれた核心部分であり、実体的にはまったく幼稚な爆裂弾事件が針小棒大的に危険視された要因ともいえる。皇国体制護持者にとって、とんでもない許せない奴等だというわけである。

「大逆」裁判の特別法廷では、森近は、宮下とのこと（犯罪を構成しない皇国史観批判）のほかに、幸徳らとの首都蜂起・天皇詔勅強請計画の「謀議」（巣鴨平民社での憂さ晴らしの革命談義—せいぜい不敬罪）、さらに、宮下からの天皇危害参加要請は断ったものの、代わりに古河力作を推薦し、東京で事が起きたら、郷里から援兵を率いて上京すると伝えたという話（帰郷の際の曖昧な言質—犯罪未生）で、有罪（大逆罪）とされたのであった。

管野は、死刑判決後の「死出の道艸」のなかで述べている。「噫、気の毒なる友よ、同志よ、彼等の大半は私共五、六人の為めに、此不幸な巻添にせられたのである。私達と交際して居つたが為めに、此驚く可き犠牲に供されたのである。（後略）」と。

しかし、巻き添えにしたのは、管野のいう「私共五、六人」ではない。無理やり巻き添えにしたのは、裁判に関与した検察官や裁判官、その上に君臨した山県および桂内閣の政治権力者たちである。管野たちでは断じてない。賢明な人々は、それを知っている。管野よ、森近よ、犠牲者たちよ、もって冥せよ。

参考文献

①管野須賀子著　清水卯之助編『管野須賀子全集2巻』（弘隆社　一九八四年）。
②同右『同3巻』（同社　同年刊）。

太刀川　竹之（第7章4節23項）

（9）世直しに生涯をかけた人　内山愚童

一九一一（明治四四）年一月二四日、大逆事件の受刑者一一人が東京監獄で処刑された。最初に幸徳秋水が処刑されて午前八時六分に絶命し、内山愚童は五番目に処刑され一一時二三分に絶命し、唯一の女性管野須賀子は翌二五日に繰り延べて早朝に処刑され、八時二八分に絶命している。

翌二五日、遺体は落合火葬場に運ばれ、火葬場内の仏壇に並べられた。竈《かま》の中へ納めんとする間一髪のところへ愚童の実弟内山政治が立ちふさがり叫んだ。「この棺の中の仏が兄に違ひないか、弟として一目見たい、この蓋を開けてくれ、誰が止めても俺は見る」と、蓋は開けられ、政治はしばらく無言のまま遺体を見つめる。「ああ兄だ、苦しまずに往生して居ます。これで私も得心しました。立派な死に顔だ」。時に内山愚童、享年三八歳であった。

平成二五年一一月一六日、小千谷市の山本山中道ポケットパークで内山愚童師を偲ぶ会（注・新潟県内の有志）が建立した顕彰碑の除幕式が行われた。内山政治の孫である内山政一さん（長岡市在住）が親族を代表して謝辞をのべた。

「小千谷市の計らいで市全域を一望に見渡す所に建立頂きました。我々一同は新しき一頁を家族とともに引き継ぎ、語り継ぐことを誇りとし、末長く語り継がれる事を願い、心から深く感謝申し上げる次第であります。」

内山愚童は百二年ぶりにふるさと小千谷に還ってきた。

愚童の生誕と出家

内山愚童は、得度するまでは慶吉といい、一九七四（明治七）年五月一七日、新潟県魚沼郡土川村（現小千谷市土川）で父内山直吉と母カヅの長男として生まれた。慶吉の弟妹に、次男藤吉、三男政治、長女ヨシがいた。

父親の直吉は、仏壇、仏具、菓子型の製造を営んでいた。慶吉は小さいころから父の業をつぐべく木彫の仕事の手ほどきを受けた。また、幼少の頃から俊才であり、小千谷尋常小学校四年の卒業時に首席で県知事表彰を受けている。

一八九〇（明治二三）年、慶吉は一六歳の時父親を事故で亡くし、翌年の一八九一（明治二四）年、藤吉と政治に家業を譲り旅に出た。小千谷を出てから明治三〇年四月に得度して愚童と改名するまでの足跡はわかっていない。上京し井上円了（東洋大学創設者）を訪ね書生になったという説がある。また、中国に渡ったという説もある。中国から持ち帰ったとされる藤の木は現存しており、「愚童藤」として平成二四年七月小千谷市船岡公園の一角に移植された。毎年五月に赤紫の花を咲かせている。

箱根大平台、林泉寺住職に

ともかくも郷里を出るときの慶吉の大志は砕け散ったとみられる。やむなく、母から聞いていた叔父である曹洞宗高僧の青柳賢道を、神奈川県愛甲郡三田村の清源院に訪ねたのは一八九七（明治三〇）年四月であった。青柳賢道の弟子、坂詰孝童に就いて得度し愚童と改名された。そして、一九〇四（明治三七）年、愚童三〇歳の時、箱根大平台、大光山林泉寺第二〇世住職についたのである。

当時の箱根大平台の戸数は三五戸、一戸あたりの耕作面積四反五畝の極貧の村であった。愚童は暇があると仏像を彫刻して檀家に配布し農民と苦楽を共にしていた。愚童はこの頃から社会主義思想に影響を受け、同年、週刊『平民新聞』第一〇号に「予は如何にして社会主義者となりし乎」を寄稿している。愚童が社会主義の平等観に共鳴した背景には、大平台における貧しい生活があった。

社会主義者たちとの交流と秘密出版

その後週刊『平民新聞』に寄稿する回数が増え、林泉寺を訪ねてくる社会主義者が多くなった。一九〇七（明治四〇）年八月、幸徳秋水も来山し二泊している。

同年六月二二日に起こった「赤旗事件」の判決に憤慨した愚童は『入獄紀念　無政府共産革命』を秘密出版する。東京で印刷機械と活字を買い込み、林泉寺の本尊を安置した須弥壇の戸棚の中に秘密印刷所を作り、人のいない時を見はからって作業をした。四六判、一五頁のパンフを一〇〇〇部刷り「平民新聞」の読者に発送した。副題は「小作人はナゼ苦シイカ」で、次はその中の一節である。「なぜにおまいは、貧乏する。ワケをしらずば、きかしやうか。天子金持ち、大地主。人の血を吸ふ、ダニがおる」。この出版は大きな反響を呼ぶのである。

大逆事件に連座

一九〇九（明治四二）年五月、愚童は、出版法、爆発物取締罰則違反容疑で逮捕され、起訴された。『入獄紀念　無政府共産　革命』は官憲の手に渡り、愚童が関西旅行に出掛けた留守中、神奈川県警が家宅捜索し、秘密印刷所とダイナマイトを発見した。ダイナマイトは箱根登山鉄道の工事用のものを預かったもので愚童には責任のないものである。裁判では、東京控訴院で重禁錮五年の判決をうけ、横浜の根岸監獄で服役中に大逆事件が発覚するのである。

検察は服役中の愚童をひきだしてその関連を取り調べたが、宮下太吉らの天皇暗殺謀議に結びつけることができなかった。そこで謀議とはまったく関係のない「皇太子暗殺計画」をデッチあげ、愚童を連座させてしまったのである。

僧籍剥奪処分の取り消しと名誉回復

一九九三（平成五）年四月、曹洞宗は愚童師への処分を取り消し、八三年ぶりに師の名誉回復を公表した。さらに二〇一一（平成二三）年一月、内山愚童師没後百年を経ての曹洞宗宗務総長談話を発表している。次の文章はその中の一節である。

「大逆事件そのものが、実態として存在した組織的犯罪ではなく、愚童師を含む多くの被告が罪なくして断罪されたことが、敗戦後明らかになりました。とくに愚童師生前の行実については、むしろ私ども僧侶が模範とすべきすぐれた仏者であったことが見直されました」

参考文献

① 柏木隆法『大逆事件と内山愚童』（JCA出版　一九八〇年）。
② 森長英三郎『内山愚童』（論創社　一九八四年）。
③ 塩田庄兵衛・渡辺順三編『秘録　大逆事件　上・下』（春秋社　一九五九年）。
④ 曹洞宗人権擁護推進本部編著『仏種を植ゆる人』（曹洞宗宗務庁　二〇一二年）。

奥宮　直樹（第7章4節24項）

（10）奥宮健之

土佐郡布師田《ぬのしだ》村に一八五七（安政四）年誕生、一九一一（明治四四）年大逆罪で刑死。

生いたち

奥宮健之《おくのみやけんし》の父奥宮慥齊は、陽明学者で、土佐勤王派の支援者でもあった。健之は、その父から陽明学を教えられ、父主宰の「奥宮荘子会」などで尾崎行雄や犬養毅、中江兆民らと共に学び、同い年の植木枝盛とも親密に交流した。

その後、健之は板垣退助などが創立した立志社で学び、二三歳で自宅に私学校を設立し、英学、洋算、漢学を独りで教えた。翌年から、馬場辰猪等の政談討論演説会に参加し、自由党に入党し、精力的に自由民権思想を鼓吹して回った。

「車会党」結成と名古屋事件

二六歳の時、鉄道馬車の延長計画に対し、人力車夫たちは生活権を奪われ反対した。健之は彼らを煽動し、示威運動を企て「車会党」を結成した。

自由党などへの弾圧が激化し、愛知県内の自由党員は政府転覆の陰謀に狂奔していた。名古屋に滞在していた健之も、その軍資金調達のため加勢していた。ある日、警官と格闘し三人を殺害した（名古屋事件）。当時、健之は植木枝盛らと岡山を遊説中であり、直接実行していなかったが、東京で逮捕され無期刑となった。一二年余後の明治三〇年、四〇歳で出獄したが、世の中は大きく変わっていた。大日本帝国憲法が発布、第一回総選挙も実施され、板垣をはじめとして往年の同志たちは体制側の指導者となっており、健之の居場所はなくなっていた。

三度の渡航

出獄した奥宮健之は忘れられた存在であり、国内での居場所はなかった。職探しと気分転換のためか、健之は海外に目を向け、一九〇〇（明治三三）年、パリでの万国博覧会へ通訳兼マネージャーとして同行し、博覧会閉会後、欧州各地を回った。帰国した翌年、アメリカのシアトルに渡った。帰国後、『北米移民論』を出版した。次いで、中国の雲南省へ開発顧問の肩書きで赴任するが数ヵ月で帰国した。揺れ動く当時の世界情勢の中、ヨーロッパ・米国・中国の三大陸を見聞し、健之が何を考え何を得たのかは今後の研究に待たれるが、三度の渡航は決して本人の満足するものではなかったと思われる。

奥宮健之の思想遍歴

健之は、政治的平等が不可欠だと主張した。当時の民権論者の多くは人間的平等を主張していたが、それを政治的平等にまで言及した者は必ずしも多くはなかった。さらに民主主義の根幹をなす国民全員の政治参加の権利を主張し、多額の税を納める富裕層だけでなく、すべての国民に参政権をと制限選挙を批判し、普選論を強くとなえた。富裕層を支持基盤とする板垣らとは違い、自由民権左派と称された。同時に、国家そのものを認めない幸徳秋水らとも一線を画していた。また、マルサスの「人口論」の影響で、日露戦争を肯定的にとらえる時期もあった。

しかし、戦後恐慌の犠牲がすべて勤労大衆が背負わされ、「持てる者と持たざる者」の現実を前にして、健之はいよいよ社会主義に関心を向けていかざるを得なくなった。幸徳や堺利彦らと社会主義の研究をはじめ、「カルルマークスの資本論に傾聴せざるべからざるの時代とはなれり」（「新政党組織ニ関スル意見」）と述べている。「私ハ決シテ西洋直輸入ノ社会主義ヲ盲信スルモノデハアリマセム。」（『諸点』）と主張。その後、片山潜派の政談演説会の弁士も務めた。この時点で、「ルソーからマルクスへ」という思想の移行を示したことは、社会主義思想史上、先駆的な位置を占めていると言える。『日刊　平民新聞』に、「先づ社会主義を研究せよ」などの論文を寄稿し、片山らの社会主義・議会政策派に傾倒していった。

奥宮健之と「大逆事件」

こうして往年の自由民権運動家から社会主義者へと進み始めた矢先の一九一〇（明治四三）年に、突然拘引された。同年五月一六日、片山派の政談演説会で、健之が演説した日の九日目から大逆事件の検挙が全国的に開始され、健之は六月二八日午前六時四〇分、渋谷の自宅で「某事件の嫌疑をもって」検挙。市ケ谷監獄の未決監に収容され、暗黒裁判を経て翌年一月一八日に死刑判決が出され、たった六日目の一月二四日に刑の執行、午前九時四二分絶命した。五四歳。

奥宮健之は、いわゆる「爆裂弾計画」に関わってはいない。ただ、逮捕される前年に幸徳秋水を訪ねた際、爆裂弾の製法を聞かれ、自分では分からず同県人で元自由党員の西内正基より製法を聞き出し、秋水に教えたまでである。天皇暗殺計画はもちろん、何に利用するためだとか、そんな話は一切なかった。

死刑執行の前日に、健之は、冤罪《えんざい》への無念と雪冤《せつえん》への期待を込めて、姉と妹に最後の手紙を出した。

姉上様妹殿 「（前略）其中裁判モ落着セハ自然真相モ分明ナルベシト期待シ居リタルニ図ラスモ今回ノ如キ極刑ノ申渡ニ接シ只夕只夕《ただただ》意外千万ノ感ニ打タレ候（中略）私ガ此事件ニ関知セザル事ハ死後必ズ共冤ヲ雪《そそ》クノ期アルヘキヲ信シ今ハ只運命ニ一任シ静ニ其臨終ノ期ヲ待チツツアル次第ニ御座候（後略）」 一月二十三日

健之の墓は、巣鴨の染井霊園にある。「奥宮健之　さわの墓」と刻まれた墓石が園の片隅にひっそりと建てられている。奥宮慥齊・健之父子の生家跡は、高知市布師田地区の広大な孟宗竹林の一角にあり、関係者の手により整備され墓石を確認できる。

奥宮健之の評価

奥宮健之の数少ない研究者による、健之の評価を紹介する。

① 阿部恒久「奥宮健之随感」『大逆事件の真実をあきらかにする会ニュース』26号（ぱる

出版　二〇一〇年)。

彼が自由民権家から社会主義者（広い意味だが）へ転回した類いまれな人物ということである。歴史を民衆の視座からとらえようとする者にとって、自由民権運動から社会主義運動に転回した人間がどれほどいるかということは、きわめて興味深い問題である。管見の限りでは、健之と景山（福田）英子としかいない。そういう意味でもこの二人は史乗に刻まれてよい人物である（①一一頁）。

② 絲屋寿雄『自由民権の先駆者―奥宮健之の数奇な生涯』（紀伊国屋書店　一九七二）。

彼が当時の歴史的条件のもとで、あくまで最大多数者である下層人民の最大幸福を追求したこと、社会改良、労資調和、人口論とジグザグの道を歩みつつ、やがて下層人民の解放の道を社会主義の方向にもとめようとしたこと、その考え方にはまだまだ多分に前近代的「空想的」なものが残っていたにせよ、最後には片山潜らの普通選挙運動にも参加し、その生涯を、「最大多数の最大幸福」の追求に終始した点で、奥宮健之は自由民権左派の出身者の中で、最も社会主義に近づいた一人として位置づけることができるのではなかろうか。

南　逸郎（第7章4節25項）

（11）古河力作――園芸花作りから革命家へ

生い立ち

古河力作は一八八四（明治一七）年六月四日、父慎一、母八尾（やお）の長男として、福井県遠敷郡雲浜村竹原第九号作園場九番地（現小浜市）に生まれた。家は江戸時代中期から続く廻船問屋・船持ち商人という本業のほか、酒造・醤油醸造を兼営し、藩のご用達も務めた特権商人である豪商古河家の分家である。明治一三年本家古河家が廃業した折、父慎一は二〇町歩の田畑を売り払い、食品業、倉庫業、鉱山業を転々とするが失敗し、力作が五歳の時に山師仲間に誘われ北海道へ行く。

生来身長一三〇センチあまりと背が低く、小学校時代から「小人」などと苛《いじ》められながら育ったが、弟三樹松は『私の思い出』の中で兄力作について「成績は優秀だった」と語っている。

一八九九（明治三二）年高等小学校を卒業と同時に、叔父（獣医）の世話で神戸の永井園芸店に就職し、その後一九〇三（明治三六）年に上京し、西洋草花店康楽園（創業者印東熊児は新宮出身でクリスチャン）で、死刑になるまでの六年半を草花栽培に専念した。康楽園時代の力作について創業者の長男である玄一は、「園丁というよりも父の書生だったという方が正しい。営業事務を手伝い、草花の拡大写真や標本の撮影、カタログや見本帳の製作、夜は父の書斎で英語やドイツ語を習っていた」（①引用）と述懐しており、力作の誠実な人柄を感じさせる。

上京後の社会主義への傾斜

古河力作が、社会主義に関心を抱き始めた頃のことについて、第一回予審調書で、「私は明治三八年末頃より社会主義の機関紙『光』を購読し、また同主義の雑誌を読んでいた。結果四〇年になって社会主義を信仰し、その頃は同志と往来するような事はありませんでした。四一年七月になって始めて幸徳秋水を大久保の南百人町の宅に訪問し其の後は色々の社会主義者を訪問して互いに研究しました。」と述べている。

古河力作は、一九〇八（明治四一）年五月頃「滝野川の川田倉吉主宰の社会主義クラブ《愛人社》に入社」する。（絲屋寿雄「大逆事件年表」）

《愛人社》は社会主義の新聞雑誌を縦覧に供した新聞縦覧所から出発した結社で、「毎月二回座談会を持ち、毎回七、八人の参加があった。時々『労働者』などのチラシの発行配布をしていた」（『東京社会新聞』八号消息欄）とあり、一九〇八（明治四一）年頃から社会主義者との交わりを持ち、社会主義者への政府の圧迫に怒りを募らせていた。川田倉吉の証人調書の中で「明治四一年秋、桂の弾圧を苦々しく思い、単身短刀を懐中に日比谷に桂の身辺を窺ったりした」。古河自身も第五回予審調書で「白鞘の短刀を六〇銭で買い取り、それを懐にして（中略）私は社会主義の取締方法が厳重であるに付き暗殺する計画だということを申し立てれば政府に於いても幾分か注意して取締を緩めて呉れるだろうと」いうことを期待して単独行動を起こしたと述べている（②二七三頁）。

古河は、死刑判決後に書かれた獄中手記「Ⅱ　余と本陰謀との関係」で、「（前略）日頃大言の手前卑怯と笑われんのも嫌なり（後略）」（③一八八頁）と書いているが、古河には、同じ社会主義者の仲間からも卑怯呼ばわりされたくない、社会主義者として権力の弾圧に立ち向かっていく態度を認めてもらいたいという思いが強いようにも見える。一九〇九（明治四二）年頃からは「平民社」（千駄ヶ谷）へも出入りするようになり、同年四月幸徳秋水が管野須賀子と共に発刊した『自由思想』第一号の印刷名義人を引き受けているが、幸徳は頼まれれば断れない古河力作の性格を見越して依頼したのではとも想像できる。

古河はこの年の六月頃に、明科の宮下太吉が爆裂弾の製造に成功したという話を聞いたというが、しかし公判が始まるまで古河は宮下に一度も会っていない。

大逆事件との関わり

古河力作の大逆事件の関わりについて、予審調書・検事聴取書・大審院あて意見書の中では、「（前略）平民に対して虐政を行うものに対し、今年の秋を期して投付けようという相談ができていると申しましたから、私はそれなら自分も其仲間に加わろうと進んで申し出ました」

（②八七頁）。「到底言論や筆の力では政府に勝つことはできないから、爆裂弾をつくって政府を倒そうと覚悟しているのです」（②二五三頁）と書かれているが、投弾対象は「政府」「虐政を行うもの」と言い、「今日の一般思想の程度では、元首を尊重しておりますから（中略）私個人としては元首に対して凶暴な行為をするということは全く考えて居りません。（中略）もしそう相談をうけたとしても、私はそれに賛成しません」（②八七頁）と、大逆の意図を否定している。

また、前述したように獄中手記に「日頃大言の手前卑怯と笑われんのも嫌なり」とし、さらに、「且つ面と向かって余り人に反対する能わざる僕は、脱せんと思えば何時でも脱し得らるることとなれば、兎に角賛同したり」（③一八八頁）と書き、今村力三郎弁護士に宛てた「釈明書」（明治四三年一二月一三日）の冒頭では「（前略）私が事実此計画に同意していなかったということは既にご承知の事と存じますが（中略）私には到底陰謀などに加わる資格はないのです。（後略）」（④三九頁）とも書いている。

こうした古河の言動や性格から判断してか、弁護士の今村力三郎は『芻言《すうげん》』（大正一一年一月）の中で「幸徳事件にありては、幸徳伝次郎、管野スガ、宮下太吉、新村忠雄の四人は事実上争い無きも、その他の二十人に至りては果して大逆罪の犯意ありや否やは大なる疑問にして（後略）」（④一八七頁）と古河を除外しており、同じく弁護士の平出修も、その「大逆事件意見書」の「後に書す」の中で、「（前略）本件犯罪は宮下太吉、管野スガ、新村忠雄の三人によって企画せられ、やや実行の姿を形成しているだけであって、始終此三人と行動して居た古河力作の心事は既に頗る曖昧であった（後略）」（⑤三四二頁）と述べている。

死刑執行後について

古河は、獄中手記の「Ⅳ　遺言」の中で「私は非墳墓主義者ですから、墓は立ててほしくありませぬ。法事もいりませせぬ。屍体は大学に寄付して解剖してもらってよろしい。何か医学上の参考にでも（後略）」と綴る（③二〇三頁）。この本人の遺志によって遺体は、学術解剖に提供するため帝国大学に入ったが、無政府主義者の死体解剖は世間の誤解を受けるとして拒否される。結局火葬に付したが、遺骨は現在も行方不明で、父慎一が亡くなり、曹洞宗永平寺派歓喜山妙徳寺（小浜市青井）に墓を建立した時に力作の戒名を脇に刻んだという。現在小浜には「古河」を名乗る家は一軒もなく、『古河力作の生涯』の著者水上勉の生地である本郷に建てられた「若州一滴文庫」の中の力作コーナーに自筆の書き込みのある、処刑後宅下げされた『聖書』が展示されているという（『朝日新聞』〈夕刊二〇一〇・二・一〉「ニッポン人脈期・神と国家の間」②）。

参考文献

①水上勉『古河力作の生涯』（平凡社　一九七三年）。

② 塩田庄兵衛・渡辺順三編『秘録　大逆事件（上巻）』（春秋社　一九六一年）。
③ 神崎清編『大逆事件記録第一巻 新編獄中手記』（世界文庫　一九六四年）。
④ 専修大学今村法律研究室編『今村力三郎訴訟記録三一巻《大逆事件（二）》』（専修大学出版局二〇〇二年）。
⑤ 平出修「大逆事件意見書」『定本　平出修集』（春秋社　一九六五年）。

立石　泰雄（第7章4節26項）

(12) 新田融 ――社会主義者でない者の大逆罪

ブリキ缶をつくって有罪

新田融《とおる》は製材所の機械据付工として各地を歩いていた。一九〇九（明治四二）年、青森県の官営製材所から長野県の官営明科製材所へ転勤し、職工長になった宮下太吉に会い、宮下から小さなフタ付きブリキ缶（直径約一寸〈三センチ〉、長さ約二寸）を作るよう頼まれて作ったこと、薬研（薬品をすりつぶす道具）と出版物（小冊子）を預かったことで大逆罪の陰謀に加わった証拠とされて起訴された。判決は新村善兵衛と共に爆発物取締罰則違反で懲役一一年の刑に処せられ、千葉監獄で服役し、一九一六（大正五）年に仮出獄している。

出版物とは、内山愚童から宮下に送られた、表紙に『入獄紀念・無政府共産・革命』と印刷された小冊子で、宮下が新田に渡したところ、ずいぶん興味を示したと宮下が述べているが、新田は社会主義について理解や共感はまったくもっていなかった。逮捕された一九一〇（明治四三）年の新田に対する第五回予審調書（六月三〇日）で判事が「此ノ本ノナカニハ、天子金持、大地主。人ノ血ヲ吸ウ『ダニ』ガオル（後略）」と書かれていることに意見を求めると、新田は「ヘイ馬鹿馬鹿シク思ヒマシタ」と答えている。

宮下太吉は、逮捕された最初、新田も天皇暗殺計画に同意していたと陳述していたが、それは、天皇暗殺計画を密告したのが新田と思って憎んでいたために供述した虚言だったとして、後日取り消している。新田は一九一六（大正五）年に出獄し、一九三七（昭和一二）年まで生存しているが、大逆事件前も事件後も、社会主義の活動はまったくしていないため、新田についての資料はわずかしかない。

新田の経歴と大逆事件

新田は、一八八〇（明治一三）年三月一二日、宮城県仙台市堤通町で父彦八、母マサの五男として生まれた。本籍は北海道後志国小樽区稲穂町一四番地であるが、そこで住んでいたのは義兄の新田彦五郎で、日清戦争の出征の際にそこに居たことがあるだけである。一九〇五（明治三八）年一月二五日、秋田県大館町で高橋常松の長女ミヨ（一八八五年一二月四日生）と結婚し婚姻届を出し、そこで長男大太郎が生まれ、青森県津軽郡滝内村で二男浜次郎が生まれている。一九〇九（明治四二）年三月、青森県の官営製材所から長野県の官営明科製材所へ転勤し、そこで宮下と出会い、大逆事件に連座することになる。

新田は、使用目的も知らず、宮下に頼まれて前掲のブリキ缶を一九〇九年一二月から翌年四月までに二四個製作した。その一九一〇年五月一四日、明科製材所の予算が削られ労働者の解雇の発表があり、新田は退職し、明科を去ることになる。当時、宮下は新田に「自分はこの秋東京に行って暴動を起こすのだから今この工場をやめてもいい。君がこの工場にいたいのなら代ろうか（後略）」（六月六日宮下の「予審調書」）と伝えたと記されている。宮下は、爆裂弾を造るため、新宮の大石誠之助医院にいた新村にたのんで塩素酸加里を送ってもらい、鶏冠石は奉納花火用として友人に頼んで購入している。塩素酸加里を送った新村忠雄は明科を訪問し宮下に会った際、宮下から新田の事を聞いている。「彼（新田）が郷里へ出発すると間もなくこの計画が発覚しましたから、新田がこれを漏らしたに相違ないと考え（中略）彼も知っていたように申し立てたのであります。」（同「予審調書」）としているが、天皇殺傷の件について宮下は新田に話していない。

新田は明科製材所をやめて秋田市の妻の実家に帰ったところを一九一〇年五月三一日、逮捕され長野に連行され、幸徳らと大逆罪によって予審請求（起訴）された。前記のように翌年一月一八日、爆発物取締罰則違反の有期刑で懲役一一年の判決を受け、一月二〇日に懲役八年の新村善兵衛、死刑から無期懲役に減刑された佐々木道元、峯尾節堂らと千葉監獄に送監された。

仮出獄後の新田

新田の仮出獄は『特別要視察人状勢一斑』（第七）によると、出獄は一九一六（大正五）年一〇月一〇日で、「最近の言動」の項目には、「出獄以来注意を要する言動なし」、「爾来著しき主義的言動なし」と書かれている。出獄後、妻の郷里秋田市へ帰ったが、特高の監視が厳しく、東京へ出て深川で機械据付工をやっていた。子どもは一九一八年に三男が生まれるが、一年で亡くなり、翌年に長女、一九二六（大正一五）年に次女が生まれている。一九二九（昭和四）年に本籍を小樽から宮城県荏生原郡平塚村中延三三二番地に移している。子どもたちは、長男大太郎が神奈川県に、他の三人も関東に住んでいた。

「大逆事件の真実をあきらかにする会」世話人の大岩川嫩さんから新田の墓が東京の多磨墓地にあることを聞き、二〇一五年九月一七日、大岩川さんの案内で「新田家之墓」を参詣させてもらった。正面に「新田家の墓」、裏には「昭和一三年三月二〇日、新田大太郎建立」と小さく刻まれていた。新田の死亡は、一九三七（昭和一二）年三月二〇日で、一年後に建立したことになる。

多磨墓地の一角には、裁判の中心的役割をはたした平沼騏一郎検事と、一九〇八年の「赤旗事件」当時総理大臣だった西園寺公望の墓があった。平沼の墓の前に立つと、向かって右に今村力三郎弁護士の墓もあった。社会主義者を殲滅するため大逆罪に仕立て上げた悪名高い検事と、無罪にするため頑張った主任弁護士の墓が並んで立っており、因縁めいたものを感じた。

第8章　大逆事件の受け止め方と戦後の対応

立石　泰雄（第8章1節）

1　大逆事件の時代背景

（1）明治維新前後の動乱時代

一九世紀後半の欧米は、工業化が進み、近代的な軍事力と経済力を背景に、東アジアに市場を求めて植民地化を狙い侵略を進めていた。日本にもそれらの国の船が出没して開国を迫っていたが、徳川幕府は統治能力の低下で開国に踏み切らざるを得ない混乱状態にあった。その状況の中で、公家と薩摩・長州両藩の連合による討幕運動がおこり、土佐藩の大政奉還の建白が功を奏して大政奉還が実現し、明治維新によって新政府が成立した。新政府は、維新直後の混乱の中で、倒幕に貢献した薩摩と長州が土佐を取り込み、公家と組んで王政復古をかかげ、絶対主義的天皇制を仕立て上げ、その権威を利用しながら中央集権国家の欽定憲法を作った。

もっとも、中央集権的天皇制政府も、明治維新直後は四民平等の社会の実現を目指し、自由民権運動の世論も高まった時期もあった。しかし、これらの運動は反政府運動につながることから、新政府は早々と言論弾圧法案をつぎつぎに公布し、言論を抑圧する政策に切り変えている。さらに徴兵令を公布し、警察制度を全国的に整備し、警察と軍隊に守られた官僚国家をつくりあげ、天皇に権力が集中した欽定憲法のもと、四民平等運動の抑制に取り組むようになる。その経緯についてはつぎの2、3節に取り上げている。

新政府は、この欽定憲法を背景に、遅まきながら欧米の列強国に伍するように近代文明を採り入れ、富国強兵をはかり、大陸への侵略をすすめていった。

(2) 侵略戦争への取り組み—朝鮮半島の併合

大陸への侵略を目指した日本は、強権的に朝鮮の植民地化をはかった。当然のこととして、朝鮮に進出していた清国と対立し、一八九四(明治二七)年八月に日清戦争がおこり、日本は勝利する。さらに満州から朝鮮への南下政策を採っていたロシアとも対立する。

この日本とロシアが対立して開戦の危機の時に、幸徳秋水、堺利彦らが勤めていた『万朝報』は、反戦論から主戦論に立ち位置を変更する。そのため幸徳、堺らは退社して一九〇三

（明治三六）年一一月に平民社を立ち上げ、自由・平等・反戦・平和を提唱した週刊『平民新聞』を発行し、社会主義社会実現のための取り組みをはじめる。

幸徳らの反戦の訴えも空しく、一九〇四（明治三七）年二月に日露戦争がおこり、大きな犠牲のもとで日本は勝利する。朝鮮では警察と軍隊の権力を背景に、強権政治を進めるが、これに反対する義兵闘争が起こり、日本は陸軍を送り徹底的に弾圧した。一九〇九（明治四二）年一〇月二六日、安重根はハルピン駅頭で初代統監伊藤博文を暗殺した。伊藤（六八歳）は、ロシアのココツォフ蔵相との会談に出向いての遭難であった。安重根は一九一〇年二月に旅順の裁判所で死刑判決をうけ、一ヵ月後の三月二六日、旅順監獄で死刑が執行された。同年八月二二日には、「韓国併合条約」が調印される。韓国内での不穏な動きを警戒するため日本軍討伐隊をソウルに結集し、憲兵隊は街を巡回し徹底的に弾圧をした。

日本の国内では、幸徳や堺らが主張する社会主義、無政府主義に対する弾圧を強め、一九〇八（明治四一）年八月に赤旗事件が起こり、主な社会主義者らを重い罰金刑と禁固刑で弾圧する。それへの反発で、一九一〇年五月、天皇殺傷の爆裂弾製作がなされたとした、宮下太吉の逮捕にはじまる二六人を断罪する大逆事件がおこる。

大逆事件については、戦後の研究で、政府が捏造した冤罪事件であったことが明らかにされているが、そのことについては、本書で取り上げた各受刑者の訊問や弁護人、戦後の研究者らの発言によって知ることが出来るが、政治の中枢にいたつぎの二人の発言を記しておきたい。

当時政権の中枢にいた、元内務大臣原敬は「原敬日記」に「今回の大不敬罪ごとき、もとより天地に容れるべからずも、実は官僚が之を産出せりと云うふも弁解の辞なかるべしと思ふ」（一九一〇年七月二三日）と述べ、デッチあげの中心人物で、当時検事であった平沼騏一郎は、「彼の事件はすまないことをした、誠にはずべきだと後悔した」と発言した記録テープが残っている（『大逆事件の真実をあきらかにする会ニュース』四八号　一九頁）。

(3) 大逆事件処刑前後の朝鮮の状況

その頃のマスコミは、朝鮮の状況について新聞紙上によく触れている。「朝鮮の言論抑圧」の見出しで「大逆の判決を載せたとして発行停止、二〇日釜山特派員発」（東京朝日新聞一九一一〈明治四四〉年一月二二日）、「逆徒包囲」の見出しで「黄海道の賊徒は同道西端に突出する半島の九月山に追い込み二個連隊を以て包囲し、最早袋の鼠同様の窮地に追い詰めた（後略）」（同紙一月二八日）。また同紙に、「マドリード、バルセロナ、巴里で処刑に抗議する集会が数回開かれた」とした記事を載せている。さらに、予算委員会での朝鮮と大逆事件について、四頁紙面のほとんどを使って質疑の状況を報道している。要点だけ紹介すると、「寺内総督の演説」の見出しで詳しく説明し、「大石の質問」の見出しでは、「寺内総督の説明終わるや大石正己氏は五ヵ条の質問なせり。（一）朝鮮併合前には文官政治を行い併合後は武官政治を見るは頗る奇異の感なき能はず。総督は武官に限りたるは何故ぞや（以下略）」。「寺内総督の答弁」の見出しで、「寺内総督は聊《いささ》か立腹の模様にて立ち上がり『武断政治を云々される、も朝鮮人は決して太平無事の民にあらず、現に危険分子はハワイなどを始めその他處々に散在しつ、あり、伊藤公の遭難の如き、全く是等危険の徒に依りて（中略）文明国民と同一に取り扱わんとするは大間違いなり（後略）』」と答えている。つづいて「大逆事件」の見出しで、「花井卓蔵氏は無政府党事件について質問して曰く（中略）此の事件は、彼等が主義信念より大逆を企てたりと云ふよりも寧ろ警察、裁判等の迫害により起こりたるものなるが如し。もし彼の赤旗事件に対する警察の処置宜しかりしならんには、斯くまでにはいたらざりし、なるべく思はる（後略）」、「平田内相答弁、（前略）花井君は今度の大逆事件は主義信念により起こりたるにあらず、警察その他の迫害より起こりたると云はるれども、本官の見るところ主義信念より起こりたると思はる。その著書等に見て明らかなり（後略）」と答えている。

朝鮮併合時代の我が国の文官政治と武断政治についてみると、文官派の伊藤博文と武断派の山県有朋《ありとも》とが対立していた。軍備拡張派の山県（元帥、官僚軍閥体制強化）と山県系の桂太郎（大将、韓国併合、大逆事件で弾圧政策）が首相になって、陸軍の影響が一層大きくなり、国内でも朝鮮でも弾圧が厳しくなり、大逆事件の起こった背景が見えてくる。

大逆事件後の日本は、警察権力横行で言論が封殺された物言えぬ、恐怖の「冬の時代」を迎え、その結果が満州事変に始まる一五年戦争の大惨禍をもたらしたとされている。

2　大逆事件の時代における弾圧と公権力

橋本　敦（第8章2・3節）

許し難い政府権力による弾圧であった大逆事件の歴史的本質を明らかにするためには、それが天皇制絶対の政治と、そのもとで戦争へと向かう当時の明治政府の国民の平和と民主的運動に対する公権力による弾圧が、いかにひどいものであったかをふりかえってみる歴史的検証が必要である。

言うまでもなく、この弾圧は軍隊と警察権力の整備・拡充を背景にしたものであった。一八七四（明治七）年には警察制度が整備され、さらに同年徴兵令が公布され、軍人勅諭（一八八二年発布）や教育勅語（一八九〇年発布）に示された天皇への忠誠を至上理念として国民に押しつけ、これに抵抗する民主的運動や社会主義運動に対する政治権力による弾圧体制が広く整備された事実がある。

この不当な弾圧の法構成は、つぎに取りあげるようにおよそ民主主義のかけらもないひどいものであった。

(1) 言論弾圧諸法令の制定

一八六九（明治二）年に出版条例が制定され、数度にわたる改正、強化の後一八九三（明治二六）年に出版法が制定された。一八七五（明治八）年に新聞紙条例が制定され、改正・強化を経て一九〇九（明治四二）年には新聞紙法が制定されて、「皇室ノ尊厳ヲ冒涜」「政体ノ変革ヲメザシ安寧秩序ヲ乱スモノ」は内務大臣の権限ですべて発禁処分にした。

さらに、日露戦争（一九〇四年）を前にして、一九〇〇（明治三三）年に治安警察法が制定され、前年の一八九九（明治三二）年には軍機保護法が制定され、こうして明治政府はまさに権力で国民の目と口をふさいだ。

(2) 悪名高い治安警察法

一九〇〇（明治三三）年に制定された治安警察法は、労働組合死刑法とまできびしく批判されたように、労働組合運動を全面的に抑圧するものであったが、それにとどまらず、政府の悪政に抵抗する民主的な政党や結社は全面的に禁止された。

この治安警察法の下では、労働組合や民主団体と市民の一切の集会は警察への事前の届出が強制され、それらの集会には警官の臨監と解散命令が認められ、言論・集会の自由は圧殺された。そして、一九〇一（明治三四）年五月一八日には、幸徳秋水・安部磯雄・片山潜らのわが国最初の社会主義政党である社会民主党は、その綱領で戦争反対と軍備廃止を宣言していることを理由に、治安警察法第八条の「内務大臣ハ安寧秩序ヲ保持スルタメ」「必要ナ場合ニ於テハ結社ヲ禁止スルコトヲ得」という規定により、「わが国の安寧秩序を乱すもの」として内務大臣の命により、まさに党結成のその日に解散を命じられ、一日たりとも存在することが許されなかった。

治安警察法はのちに述べる治安維持法とならんで、戦前の暗黒時代を作った悪法の二本の柱となったものであった。まさに国民の平和・民主運動に対する政治権力の暴圧であった。さらに明治政府の民主運動に対する圧制はそれだけではない。

幸徳秋水らが戦争反対を訴え続けた週刊『平民新聞』は、一九〇五（明治三八）年に廃刊を命じられた。幸徳らは、その明治三八年一月二九日の週刊『平民新聞』最終号を、マルクスがプロシヤ政府から『ライン新聞』の廃刊を命じられたことに抗議して赤刷りの紙面で発行したことにちなんで、全紙面を赤刷りで発行し、

「平民新聞は一粒の麦の種となって死す。多くの麦は青々として此より萌出でざる可からず」

「平民新聞死す、嗚呼平民新聞本月本日を以て死す、知らずや全紙眞紅の文字は、是れ満天下志士の胸中の熱火、眼底の涙血なり」

と抗議の宣言をしたのであった。

まさにそのとおり、戦争反対をつらぬいたその理念は、歴史の流れをつらぬいて、今、わが

憲法第九条となって、今日に生きているのである。

（3）「赤旗事件」の前例にない処罰

「赤旗事件」は第3章で詳述している。要約すると、筆禍事件で投獄されていた山口孤剣が一九〇八（明治四一）年六月に出獄し、その歓迎会の後、赤旗を掲げて街頭デモに移ろうとして警官と乱闘になり、主要な活動家一二人が逮捕され、前例にない重い罰金刑と長期の投獄が科せられた事件である。この弾圧で、「言論による闘い」に限界を感じ、テロリズムを容認する活動家も生じた。つぎに述べる「大逆事件」の淵源はこの「赤旗事件」の弾圧とする見方もある。

（4）「大逆事件」の謀略と極刑

以上のような明治政府の政治権力による国民の平和と民主主義の運動に対する不当な抑圧と弾圧のあげくに、大逆事件（一九一〇〈明治四三〉年五月二五日から検挙開始）の謀略がつくりあげられたのであった。塩田庄兵衛東京都立大教授は、その著『弾圧の歴史』（①二八頁）で次のように述べている。

（前略）蘆花が予想した通り、この大逆事件の大部分はデッチあげでした。二四人の被告のうち、大逆罪に相当したと考えられるのは、せいぜい三人ないし五人であって、他の二一人ないし一九人は、まったく無実の罪で、ただ彼が社会主義者、無政府主義者、またはその同情者、支持者であったというだけの思想的な理由で、絞首台に送られ、あるいは無期懲役の牢獄に閉じ込められたのです。これはいわゆる「権力犯罪」の典型であります。それを仕組んだ真犯人は、当時の内閣総理大臣陸軍大将桂太郎、それを背後からあやつっていた陸軍元帥元老山県有朋、その手先になってきびしい論告求刑を行った主任検事平沼騏一郎（のちの総理大臣）といった人たちです。彼らこそは、権力犯罪の真犯人として責任を問われるべきであります。支配者たちは、政治的反対派を一掃するために「国賊」をつくり出し、国民のなかから孤立させ、これをかりたてることによって、反対派を一掃するばかりではなく、人民を恐怖させ、だまり込ませてしまうのが狙いでした。（後略）

この大逆事件が明治政府によって、国民の戦争反対と民主的政治を要求する一切の運動を抑圧するために仕組まれた、まさに政治権力の謀略であったというこの事件の本質を、明治政府の内務大臣であった原敬自らが明治四三（一九一〇）年七月二三日の「原敬日記」で「今回の大不敬罪のごときはもとより天地に容るゝべからざるも、実は官僚が之を産出せりと云ふも弁解の辞なかるべしと思ふ。」（②三六〜三七頁）と、明確に認めているのである。これは大逆事件が「無実の罪」であることの重大なあかしである。

このように大逆事件なるものは、明治政府の最高権力者が自らも認めるとおり、まぎれもなき明治政府による権力犯罪であった。犠牲者の一人となった管野須賀子もその獄中の記録「死出の道艸」で次のように書いている（③二六〇頁）。

（前略）今回の事件は無政府主義者の陰謀といふよりも、寧ろ検事の手によって作られた陰謀といふ方が適当である。公判廷にあらわれた七十三条（皇室危害罪）の内容は、真相は驚くばかり馬鹿気たもので、三文文士の小説見た様なもので全て煙の様な過去の座談を強いて此事件に結びつけて了ったのである。（中略）検事や予審判事は強いて七十三条に結びつけんが為めに、已れが先づ無政府主義者の位置に立ってさまざまの質問を被告に仕かけ、結局無政府主義者の其理想は絶対の自由平等にある事故、自然皇室をも認めないといふ結論に達するや、否、達せしめるや、直ちに其法論を取って調書に記し、夫等の理論や理想とは直接に何等の交渉もない今回の事件に結びつけて、強ひて罪なき者を陥れて了ったのである。（後略）

この「死出の道艸」は、司法当局と政府に対する無実の罪をきせられたことへの管野のきびしい抗議であった。京都大学の中山研一教授が「現代の国家権力と法」の中で、大逆事件の特質について次のように論述している（④一二一頁）ことは重要な指摘である。

大逆事件の特質は、戦後の再審請求からもわかるように、犯罪行為自体の実在性についてすでに疑問があり、「不臣の心情」の処罰への傾斜が見られる点にある。裁判の審理が、一人の証人も許さず、非公開の一審終審で、おどろくほど迅速に進められ、「疾風のような裁判と処刑」に終わったことも、天皇制そのものに対する挑戦を不倶戴天のタブーとする体制の絶対的要請の反映として理解することができるであろう。この事件を契機として「特高警察」が確立・強化されるにいたったことも周知のところである。

われわれは以上に述べたような大逆事件の政治的本質と、このような天皇制権力の非道な人権じゅうりんを許した、歴史的暴挙に対する誠実な反省の上に立って、幸徳秋水はじめ管野須賀子らすべての大逆事件犠牲者に対する名誉回復を、今日の日本の歴史的正義実現のためにも、なんとしてもなしとげなければならないのである。それは日本の歴史をただし、そして人道と正義をまもる何ものにもかえがたい重大な国民の闘いである。

3　特高警察と後年の治安維持法

この大逆事件は、当時の裁判所構成法第五〇条の「刑法第七三条（皇室危害罪）ノ裁判」は「第一審ニシテ終審トスル」との大審院の規定により、地裁、高裁なしでいきなり大審院に送られた。そしてその裁判では弁護人申請の証人は一人も採用されず、わずか一ヵ月で結審されるという異常な審理で、一九一一（明治四四）年の一月一八日には被告人とされた二四人に死刑判決が下された。政府もこれではあまりにもひどいので、国民の批判がおきるのをおそれ、天皇の特赦によるとして翌日一二人を無期懲役に減刑した。しかし、その判決からわずか六日後には幸徳らは（管野は七日後）絞首刑を執行された。

政府はこの大逆事件を利用して国民に対する弾圧体制を一層強化した。それが同年警視庁に設置された悪名高い特別高等警察（特高警察）で、これを拡充して全国配置がなされた。

こうして大逆事件を契機として、わが国の社会主義運動にはまさしく「冬の時代」がおとずれた。やがて第一次世界大戦へと戦時体制が深まるなかで、一九二五（大正一四）年に治安維持法が制定され、特高警察の強化の下で、わが国の反戦平和のたたかいと社会主義運動はきびしい弾圧を受けることとなるのである。

さらに、一九二八（昭和三）年の六月、政府はこの治安維持法を、不当にも国会の審議にかけず、いきなり緊急勅令によって最高刑を「死刑もしくは無期懲役」に改悪した。

これには当時の東京朝日新聞さえ「緊急勅令をもって人を死刑に処することは前代未聞、而して必ず絶後なるべきことである。」とその無謀をきびしく批判した。

この緊急勅令による治安維持法の大改悪が翌一九二九（昭和四）年三月の衆院本会議にかけられ、労農党代議士であった山本宣治（山宣）はこれに断固反対の先頭に立った。その山宣が議会休会となった同年三月四日に、大阪天王寺公会堂でひらかれた全国農民組合大会に出席して演説し、「われわれのたたかいは激しくなり、今や階級的立場を守るものは私ただひとりだ。だが私は淋しくない。山宣ひとり孤塁を守る。背後には多数の同志が……」と話した時、ここで山宣の演説は臨監の警官によって中止を命じられてしまった。そして東京に帰った山宣が翌日の三月五日の衆議院本会議で、この治安維持法の死刑法への大改悪に反対討論をする用意をしていたのに突然、討論打切りの動議が出されて、山宣は用意していた反対討論ができなくされてしまった。

そして山宣が無念の思いで常宿の神田の旅館に帰ったとき、右翼団体「七生義団」と名のる黒田保久二が訪れて、山宣に対して「自決勧告書」なるものを突きつけ、短刀で山宣を突き刺した。その自決勧告書には、「山本は治安維持法に反対して国民を赤化した罪により直ちに衆議院議員を辞職せよ」と書かれてあった。山宣は血まみれにされた背広の内ポケットに、治安維持法の死刑法への改悪に対する反対討論原稿をいだいたまま無念の落命となった。そしてこの改悪された治安維持法によって、日本共産党をはじめ、多くの民主的活動家が不条理極まる弾圧の犠牲となったのであった。

戦前の戦争と暗黒の政治を作ったこの悪法・治安維持法について塩田庄兵衛東京都立大教授は前記の著『弾圧の歴史』で次のように書いている（①四五頁）。

「治安維持法は、共産主義運動を攻撃目標にしていましたが、反共は、けっして反共だけにとどまることはできません。民主主義全体にたいする攻撃という本質を持っています。治安維持法が議会に上程されたとき、社会民主主義者や労働運動の右翼幹部たちは、自分たちには無関係な問題であるという態度をとって反対しませんでしたが、治安維持法は共産党に対する弾圧から、やがて社会民主主義、自由主義、平和主義など、戦争とファシズムに反対するすべての民主勢力に対する弾圧の武器として、猛威をふるうことになりました。容共反共を問わず、およそ反体制的な思想や運動は、すべて取締りの対象になりました。法律そのものがたびたび改悪されて、最初の最高刑一〇年の懲役から死刑にまでつよめられ、さらに無制限に拡張解釈されて、権力者の目から見て好ましくないものには、およそ片っぱしから適用されることになりました。この法律が制定されてから太平洋戦争の敗北によって廃止されるまでの二〇年間に、この法律によって検挙された日本国民の数は八万人にのぼるといわれています。」

松尾洋の『治安維持法』によれば、治安維持法による検挙、送検者は、日本共産党員と支持者七万五六八一人、起訴者は五一六二人と記されている（⑤二一七頁）。山本宣治の言葉を借りれば、これらの治安維持法により弾圧された民主的良心的活動家は、まさに「犠牲と、血と涙と生命までもつくして」の苦しいたたかいを耐えぬいたのであった。

この悪法、治安維持法は終戦後すみやかに廃止されるべきであったのに政府がこれを行わずにいたところ、一九四五（昭和二〇）年九月二六日に治安維持法で刑務所に留置されていた著名な哲学者の三木清が獄中で病死した事実が明らかになって大きな国民の批判が高まった。そのため「人権指令」と言われた占領軍指令部の指示が出され、これによってようやく政府は同年一〇月一五日に治安維持法を廃止して、刑務所に拘禁されていたすべての治安維持法の犠牲者を釈放したのであった。この稀代の悪法・治安維持法は、本来ならば当然、日本の民主化を宣言するポツダム宣言の受諾と同時に廃止されるべきであったのに、日本政府のこの怠慢は許せない。

そして今、平和と民主主義を根本理念とする世界に誇る憲法の下に生きるわれわれは、大逆事件をはじめ、戦前暗黒の時代を不屈にたたかいその犠牲となった正義と勇気の人々の活動に対する歴史的検証と名誉回復、国による損害補償をきびしく要求しこれをたたかいとる責任がある。

そして、真の日本の歴史のあやまちをただす日を一日も早く迎えたい。

参考文献

①塩田庄兵衛『弾圧の歴史』（労働旬法社　一九六五年）。
②原奎一郎編『原敬日記（第三巻）内務大臣』（福村出版社　二〇〇〇年）。
③管野須賀子書・清水卯之助編『管野須賀子全集2巻』（弘隆社　一九八四年）。
④中山研一『現代の国家権力と法』（筑摩書房　一九七八年）。
⑤松尾洋『治安維持法』（新日本出版社　一九七一年）。

4　文化人の受け止め方

南　逸郎（第8章4節1項）

（1）与謝野寛、晶子と大逆事件

与謝野寛と新宮

『大石誠之助全集』の年譜によると、与謝野寛は、大逆事件以前に二度新宮を訪れている。一度目は、一九〇六（明治三九）年一一月八日に伊勢、大和をまわる吟行で、新宮出身で『明星』の同人でもある和貝彦太郎の案内である。二度目は一九〇九（明治四二）年八月二一日、熊野実業新聞の招きで、寛とともに生田長江、柏亭、吉井勇らが同道して新宮新玉座で講演し、その夜の林泉閣での歓迎会に参加している。この折に、寛は大石誠之助や沖野岩三郎らと知り合い、親交が深まっていったと思われる。

一九一〇（明治四三）年二月、大石、沖野、和貝らは共同雑誌『サンセット』を創刊し、寛は毎号短歌や文章を寄せている。その三号には、「忙去閑来」と題して、短歌八首を寄せ、そのうち次の二首は一九〇八（明治四一）年の赤旗事件を詠んだものとして掲載された。

巡査らが社会主義者の紅旗を奪ひをわりて夕立きる
白き犬行路病者のわきばらにさしこみ来たり死ぬを見守る

この時期に、大石らは大逆事件に巻き込まれるなどと思ってもいないわけであるが、検事の「意見書」によると、大石は、一九〇八年一一月に東京の平民社で幸徳らと会い、大逆の相談、いわゆる「一一月謀議」がなされたと捏造される。帰途の一二月一日には大阪で、そして翌年一月二二日には新宮で、大逆のために「決死の士」を募り、新宮の仲間はそれに同意したとされている。それが事実なら、新宮で文芸講演会を開催し、文芸雑誌を創刊するなどという悠長な事があり得ようか。すべては幸徳を大逆事件の中心的首謀者として引きずり込むための、権力が描いた筋書きである。

寛が新宮を訪れ、大石、沖野らとの親交が、与謝野夫妻が大逆事件に関わる糸口になったのではと思われる。宮下太吉の爆裂弾製作に端を発した大逆事件の捜索が、新宮グループにまでおよび、一九一〇（明治四三）年六月四日から家宅捜索が始まり、六人が逮捕され直ちに東京へ護送される。

このような状況の中で、沖野より弁護士の依頼が与謝野寛に来る。その経緯について、戦後、『文芸春秋』の企画による「大逆事件前後」と題した座談会（一九五〇〈昭和二五〉年二月）で、沖野は、「幸徳事件の弁護人に平出修という人がおった。僕が頼んだ」とした経過について語っている。

このことは、与謝野寛自身も、『啄木の思い出』の中で書いており、大石らの処刑後、『三田文学』（一九一一〈明治四四〉年四月号）に次のような皮肉を込めた詩を発表する。

誠之助の死（一九一五年八月発刊『鴉と雨』所収）

大石誠之助は死にました／いい気味な／器械に挟まれて死にました／人の名前に誠之助は沢山ある／然し、然し、わたしの友達の誠之助は唯一人。

わたしはもう其誠之助に逢われない／なんの、構うもんか／器械に挟まれて死ぬような／馬鹿な、大馬鹿な、わたしの一人の友達の誠之助。

それでも誠之助は死にました／おお、死にました。

日本人で無かった誠之助／立派な気ちがいの誠之助／有ることか無いことか／神様を最初に無視した誠之助／大逆無道の誠之助。

ほんにまあ、皆さん、いい気味な／その誠之助は死にました。

誠之助と誠之助の一味が死んだので／忠良なる日本人は之から気楽に寝られます。

おめでとう。

晶子と大逆事件

夫寛が、大逆事件の被告となった新宮の人々と親交を深め、また、同じ『明星』の同人である平出修が、拘束された新宮の二人の弁護に立つことになれば、大逆事件に関する一連の流れを寛から晶子は聞かせられていたという事は充分想像できる。晶子もこの事件に関心を持ち、次のような歌が生まれている。（一九一一・三・八『東京日日』）

産屋なるわが枕辺に白く立つ大逆囚の十二の柩

晶子は一九一一（明治四四）年二月二二日、六度目の出産で双子を産んでいる（一人は死産）。この時の出産は大変な難産だったという。『産褥《さんじょく》の記』の中で、晶子は「しばらく産後の痛みが治まったので、うとうとと眠ろうとして見たが、目を瞑《つぶ》ると種々の厭な幻覚に襲われる。この正月に大逆罪で死刑になった自分の逢ったこともない、大石誠之助さんの柩などが枕許に竝ぶ。目を開けると直ぐに消えて仕舞ふ。」と記しており、また同年七月に晶子最初の評論集『一隅より』の中で、「老先輩の自覚」と題して「（前略）全国の青年は彼の大逆事件の発生を一斉に官僚政治の余弊だとして痛憤して居りますのに、老人方が、一般の青年に対して危険思想を取り締まろうとご配慮なさることなども、青年にとって実に意外に感ずるところなのです。今の青年は其様な危険思想の憂は有りません。」と大逆事件に大いに関心を示し、この事件をきっかけにして危険思想（いわゆる社会主義思想）を取り締まろうとすることに対し、その否を述べている。

管野須賀子は獄中から弁護士平出修を介して、晶子の歌集を差し入れてくれるよう依頼するが、晶子は大逆事件に関わることを恐れたのか、その対応ができなかった。結局平出修が、晶子の気持ちも斟酌して、晶子には黙って『スバル』と自分手持ちの歌集『佐保姫』とを差し入れる。管野の心を込めた平出への感謝の手紙と、晶子が詫びる機会もなく病没した平出を嘆き悼む友人に出した手紙と、それらにまつわる経緯については第4章3節に取り上げている。

大逆事件後の与謝野夫妻と沖野岩三郎

一九一五年三月一五日、晶子は佐藤春夫夫妻と共に新宮を訪れ、大石夫人、遺児、沖野牧師らの出迎えを受けている。旅の一つの目的は、同年四月に行われた衆議院議員選挙に、夫寛が京都府郡部から立候補したため、その資金集めに出かけた。沖野牧師も資金集めに協力した。その折晶子は新宮で奇跡的に逮捕を免れた沖野岩三郎牧師の自宅兼教会で寝泊まりしており、大石遺族の家は、その教会の隣で、当然の事、大石夫人家族と交流があったであろう。

晶子は、新宮行の一〇日ほど前に、旅の打ち合わせのために沖野宛てに手紙を出しているが、その文面の最後に「…私は変名でまいります」（逸見久美『与謝野寛晶子書簡集』）と綴っており、また旅行後の御礼の手紙には、「何と云ふあわただしい悲しい旅でしたろう」「二階の画がくの君が一言ものをお云ひ下さらざりしうらめしさよ」（植田安也子、逸見久美『天眠文庫蔵与謝野寛晶子書簡集』昭和五八年、八木書房）などと書いている。晶子にとってこの旅は、何故変名でなければならなかったのか、何故この旅が物悲しいものだったのか。やはり「この旅の底部に、遺族を前にした大石誠之助への追悼の思いが重ぐるしく横たわっていたからに他ならない」（「日本近代文学」七七集、塚本章子「晶子と寛、大逆事件の深い傷跡」）だろうし、事件後四年たっても、まだまだ大逆事件に触れ語ることに恐れを懐いていたのだろう。

晶子が、この旅で詠んだ「熊野行きの歌群五三首」が『朱葉集』に収められている。

熊野川いとよく涙うち流す人ばかり居てものがたりめく
熊野川船のあゆみの遅々としてよしなしごとに涙こぼれる
わが身こそ順礼となりみくまの船にあるなれ人に知らぬな

これらの歌群について、「ただどことなく哀愁が漂う歌群なので、感傷旅行とか巡礼の旅とかいわれて」（香内信子『与謝野晶子と周辺の人々』一二一頁）おり、晶子の履歴の「空白」の部分とされてきたが、やはりこの旅は、大逆事件に触れる巡礼の旅でもあったのだろう。

一九一七年六月沖野岩三郎は、新宮教会を辞任し上京する。与謝野夫妻の近所に住み、夫妻との親交を一層深めていく。

沖野は夫妻らの励ましも受けて、大逆事件の密かな伝道者として多くの作品を世に送っている。沖野は、小説『生を賭して』の序文（一九年六月）で「一九一〇年から一七年までは、私の一身にとりての恐怖の時代でありました。先輩にして親友たる与謝野寛・晶子の二氏は、此の八年間常に私を慰撫激励して下さいました。私が苦しい思ひを懐いているときも、常に私の親切な味方になって下さった二氏に対し謹んで此の小著を献じます」と与謝野夫妻に対する感謝の気持ちを書いている。

参考資料

① 沖野岩三郎「生を賭して」『沖野岩三郎著作集』（学術出版会　一九一九年）。
② 逸見久美編『与謝野寛　晶子書簡集成　第一巻』（八木書店　二〇〇二年）。
④ 大石誠之助『大石誠之助全集2』（弘隆社　一九八二年）。
⑤ 与謝野寛『石川啄木全集8（月報）』（改造社　一九三一年）。
⑥ 与謝野寛『鵜と雨』（東京新詩社　一九一五年）。

大石　喜美恵（第8章4節2項）

(2) 石川啄木と大逆事件

石川啄木は、一八八六（明治一九）年二月二〇日に生まれ、一九一二（明治四五）年四月一三日に結核性の全身衰弱によって、二六歳で没している。

「啄木」というタイトルがつく書籍は一三〇冊近くあり、啄木関係の書籍は三〇〇〇冊を超えるといわれている。短歌、小説、文芸評論、社会時評、日記など多量の作品を書き遺して早逝したが、一九九〇（平成二）年には「国際啄木学会」も発足し、広く知られて慕われている。

大逆事件の検挙開始と啄木

一九一〇（明治四三）年五月二五日から大逆事件の検挙が始まり、六月一日には首謀者とされた幸徳秋水が逮捕された。その時、啄木は二四歳で、東京朝日新聞社に勤務しており、翌日の二日に、東京地方裁判所検事局から「本件の犯罪に関する一切の事の記事差し止め命令」が各新聞社に出されていた。啄木はジャーナリストとして大きな衝撃をうけ、これは大事件であると記録をとりはじめる。当時は、桂太郎内閣による社会主義者弾圧という権力犯罪ではないかと気付いた人は多くなかった。

啄木は、事件の思想的背景を突き止めるべく、無政府主義、社会主義研究に没頭した。クロポトキンを始め、幸徳秋水・堺利彦共訳のマルクスの「共産党宣言」や堺利彦訳「科学的社会主義」、エンゲルスなどを読み、理論武装していった。その年の秋に啄木が詠んだつぎの短歌がある。

明治四三年の秋　わが心ことに真面目になりて悲しも

大逆事件の内容と思想的背景を知らせるべく評論を書く

一九一〇（明治四三）年七月一五日ころ、幸徳秋水を間接的に弁護するために、評論「所謂今度の事」を書き始める。五章の途中まで書いたところで、東京朝日新聞の弓削田《ゆげた》精一編集主任に掲載を打診したが、弓削田はとても掲載は無理であると判断した。この評論は、第二次世界大戦後の一九五七（昭和三七）年の雑誌『文学』にはじめて掲載された。

さらに同年八月ごろ、「時代閉塞の現状―強権、純粋自然主義の最後及び明日の考察」を執筆し、それにはつぎの文がある。

「斯くて今や我々青年は、此の自滅の状態から脱出する為に、遂に其の『敵』の存在を意識しなければならぬ時期に到達してゐるのである。それは我々の希望其他の理由によるのではない、実に必死である。我々は一斉に起って先ず此時代閉塞の現状に宣戦しなければならぬ。（中略）―我々自身の時代に対する組織的考察に傾注しなければならぬのである（中略）」。この著作も生前発表することのなかった論文で、官憲の弾圧を避けるため新聞社の配慮が働いていた。

東京朝日新聞（のちの朝日新聞）の大物記者、楚人冠（杉村廣太郎）は、同じ職場の啄木とも親しかったが、幸徳や管野とも交流があり、大逆事件関係者に対して同情的であった。獄中から管野須賀子が横山弁護士宛てに送った針文字書簡（本書4章2節に詳述）が新聞に掲載されたことで、管野が不利益になるのではないかと公開質問状を出したほどである。啄木は幸徳が獄中で記した陳弁書を弁護士の平出修から借り受け、二日かけて書写して楚人冠に貸しており、楚人冠が幸徳を気遣っていた事が記されている。

一九一〇（明治四三）年九月八日には、楚人冠の著書『七花八裂』（丙午出版社　一九〇八年二月再版）が発売禁止にあっているが、啄木はその翌日につぎの短歌を詠んでいる。

売ることをさしとめられし本の著者に　道にて会える秋の朝かな

なお、啄木は、大逆事件死刑執行直後の一月末に結核が重態化して四〇日ほど入院するが、当時の啄木一家は妻と母も病苦にさいなまれ、経済的に困窮し、楚人冠は新聞社内の募金を呼びかけて、まとまった義捐金を届けている。

大逆事件の判決と死刑執行への憤慨

啄木は東京朝日新聞に三年余勤めたが、朝日歌壇の選者として一九一〇（明治四三）年九月から翌年一月にかけた五ヵ月余りの期間は、最も充実して活動した時期であった。しかもその時期は、大逆事件の裁判や死刑執行と重なった。翌一九一一（明治四四）年、二五歳の啄木は、前年から始まった大逆事件公判の進行状況に特別の注意を払い、真相の究明に取り組んでいる。

一九一一年一月一一日の日記には、「この日市俄古《しかご》の万国労働者の代表者から社（東京朝日新聞社）に送って来た幸徳事件の抗議書―それは社では新聞に出さないというので持ってきた」と記している。

雑誌「スバル」の出資者で発行人であった国選弁護人の歌人平出修をたびたび訪ね、裁判関係記録類をすべて閲覧している。平出修は若手弁護士であったが、新詩社同人（与謝野鉄幹、晶子中心に、窪田空穂、高村光太郎、相馬御風、吉井勇、北原白秋、木下杢太郎、石川啄木ら）でもあったことから都合がよかった。平出修は、与謝野鉄幹にたのまれて、紀州出身の被告崎久保誓一と高木顕明の弁護を担当していた。

渡辺順三は、塩田庄兵衛との共著『秘録・大逆事件』に、一九一一（明治四四）年一月三日の啄木の日記を取り上げ、「平出君と与謝野氏のところへ年始に廻ってそれから社へ行った。平出君のところで無政府主義者の特別裁判に関する内容を聞いた。若《も》し自分が裁判官だったら、管野すが、宮下太吉、新村忠雄、古河力作の四人を死刑に、幸徳、大石の二人を無期に、内山愚童を不敬罪で五年位に、そしてあとは無罪にすると平出君が言った。（中略）幸徳が獄中から弁護士に送った陳弁書なるものを借りてきた」と書いていると紹介している。

啄木は、借りてきた幸徳秋水の陳弁書を二日間かけて、夜遅くまで筆写し、さらに新聞記事を筆写してノートをつくり、平出の家に出かけて大逆事件の裁判記録七千枚を読み通そうとしたりした。そして、幸徳はこんな無謀をする男でないと確信する。

大逆事件の結審と啄木の終焉

一九一〇年一二月一〇日から二四日までの裁判は、傍聴禁止、証人喚問なしの一審だけのもので、同月二五日には検察側により二六人全員に死刑が求刑され、翌年一月一八日には二四人の死刑判決がなされた。その日の午後二時ごろ、朝日新聞社の編集室でこの知らせを聞いた啄木は、人々のざわめきをよそに、「日本は駄目だ」とすぐ家に帰って寝たいと思った、と日記に記している。さらに日をおかず、同月二四日に一一人を、翌日唯一の女性管野須賀子を処刑している。

啄木は、同年一月末に慢性腹膜炎が重態化して四〇日ほど入院する。六月には、長詩「はてしなき議論の後」を作詩し、これを加えて詩集『呼子と口笛』（初出一九一三〈大正二〉年）の出版計画に取り組んでいる。

翌一九一二年四月一三日、父一禎、妻節子、友人若山牧水らにみとられ、二六歳で永眠する。一五日の葬儀には、夏目漱石、森田草平、相馬御風、木下杢太郎、北原白秋、佐々木信綱などが出席していたとされている。

啄木は、たまたま運命的な出会いとなった大逆事件に対し、思想的な誠実さゆえに、真相を後世に残そうと、病をおして『所謂今度の事』（一九一〇年七月）、『時代閉塞の現状』（一九一〇年八月）、『日本無政府主義者陰謀事件経過及び附帯現象』（一九一一年五月）および『A LETTER FROM PRISON』（一九一一年五月）などの論文を取りまとめているが、いずれも当時は未発表のものとなっていた。これらの記録が公表されるのは第二次大戦後となるが、現代にいたって、前代未聞といってよい記録者であったと高く評価されている。

津田　和彌（第8章4節3項）

（3）森鷗外と大逆事件

鷗外の文人による評価

森鷗外は、明治・大正期の小説家、高級官僚、陸軍軍医として名高いが、文人による評価は、その生き方からさまざまな見方がなされた。

森山重雄は、「鷗外はヤヌス（二つの顔を持つ守り神・引用者注）のような作家で、一筋縄ではゆかない。大逆事件の黒幕と言われる山県有朋のブレーンの一人であり、同時に『沈黙の塔』『大塩平八郎』の作者であるといった複雑な貌《かお》は、啄木とは違った意味で、はかり知れない興味を抱かせる。」と述べ、鷗外には「晴れ晴れとした顔」と「陰鬱な顔」の交錯があり、鷗外の二重性や平衡感覚を生み出し、一方において軍医総監として「政府の大機関の一小歯車」（小説『あそび』）であるとともに、他方、文学者としての「豊熟時代」（木下杢太郎）を迎えた、精力的な創造者であったとしている。（①七三〜七六頁）

三宅雪嶺は、「鷗外は調和すべからざる二つの異なった頭脳を持って居る。一つは彼が軍職にある関係により、養いきたった上官の命令に服するという風の頭脳で、他の一つは彼の近時の作に現われたる如き風俗壊乱的頭脳である。この二つは到底調和できない。（中略）若し強いて之を調和しようとすれば、彼は手も足も出なくなる。」と手厳しい評価をしている。（②一七九〜一九一頁）

鷗外の権力側への参入

鷗外は、軍医であり著名な文学者であることはよく知られているが、権力志向の強い人物で、昇進や栄典に関心をもち、自己顕示欲の強い性格であったことはあまり知られていない。中村文雄は鷗外が、時の権力者山県有朋《ありとも》へ接近した経過をつぎのように述べている。（③

鷗外は、日露戦争の勃発により第二軍軍医部長として出征するが、終戦翌年の一九〇六（明治三九）年一月一二日東京に凱旋すると、構想していた山県有朋を引き入れた歌会・常磐会《ときわ》を六月一〇日に興し、親友の賀古鶴所《かこつるど》と幹事となって常磐会を牛耳《ぎゅうじ》り、山県への接近に成功する。そして一九〇七（明治四〇）年一一月には軍医総監（中将相当）、陸軍省医務局長に就任し、高級官僚鷗外が誕生している。しかし、医務局長在任八年五ヵ月の間には、上司との衝突、軍部の腐敗・横暴、派閥争いのなかで苦渋があり、大逆事件との遭遇があった。

高級官僚鷗外の側面

鷗外は山県有朋のブレーンの一人となる。山県の歌会「常磐会」の幹事であるだけでなく、山県の私的な諮問機関である「永錫会《えいしゃくかい》」のメンバーでもあった。「永錫会」は、社会主義思想に対する対策を練ることを目的とする「会」と考えられ、山県有朋、桂太郎、平田東助、小松原英太郎、穂積八束、安広伴一朗（内閣法制局長）などがそのメンバーであった。（③五頁）

鷗外は一九〇八（明治四一）年九月頃より、文部省教科書調査委員会の修身教科書主査委員となり、小学校用の修身・歴史・国語など国定教科書の審議に参加し、陸軍の代表として国民の思想統制にかかわっている。さらに大逆事件の前年に工場法案特別調査委員になっている。

大逆事件（一九一〇〈明治四三〉年）は、明治政府のフレームアップによる社会主義者、無政府主義者に対する一大弾圧事件であり、元老山県有朋、首相桂太郎などの主導のもとに、平田東助内相、有松英義警保局長、平沼騏一郎司法省民刑局長兼大審院検事、松室致《いたす》事総長らの指揮の下に強行されたことは、今日では明らかになっているが、官僚森鷗外は、社会主義の抑圧・思想統制をする側の一員として重きをなしていたのである。（③一八一〜一八五頁）

平出修への示教

刑法第七三条に関わる大逆事件の被告高木顕明および崎久保誓一の弁護人であった平出修の三男平出彬《あきら》（一九一〇〈明治四三〉年五月二〇日生）は、「鷗外は平出修に何を示教したのか—大逆事件をめぐって—」（④一～六頁）において、森潤三郎氏の記述、母ライの言辞、与謝野寛の回想、鷗外の作品、修の「刑法第七三条に関する被告事件の手控」および「幸徳秋水弁護手控」との関連性について概観したうえで、表題の「示教」について次のように要約している。

（一）鷗外は大逆事件にあたって、修に示教した。（二）その時期は、明治四三年一〇月後半の約一週間。（三）示教の内容は、各無政府主義者の系統的な詳細説明が主であること。（四）どんな主義でも圧迫されれば過激とナリ、自由な社会の下では穏健になる。その説明としてドイツ皇帝の例をあげた。（五）無政府主義にも、時と所と人によりいろいろな態様があること。（六）無政府主義は誤謬である。大逆事件の弁護は主義の弁護でなく、あくまでも被告の利益のための弁護であること。

大逆事件の裁判は一九一〇（明治四三）年一二月一〇日から開始された。裁判の当日、高等官傍聴席に鷗外がいたとの証言（『毎日電報』記者猪俣達也他）がある。その四日後、鷗外は平出修に弁護論を示教している。世界の社会主義、無政府主義の発生、変遷、現状の概説などで、平出修も周到な準備をしていたので既知のものも多かったと思われる。（③一八四頁）

しかし、鷗外はこのことについて何も語っていない。鷗外は一週間にわたって示教したと伝えられているが、鷗外の日記には「与謝野寛、平出修を饗応する」と記しているだけである。また、公判を傍聴したことも、平出修から公判記録を入手したことも一切の記述はない。鷗外は気の置けない禅僧の友玉水俊虎に、大逆事件被告を「彼匪徒」と呼んだ手紙を書いている。玉水とは学問上の交際であるが、官僚の側面ではなかろうか。一一月中旬の無政府党員に対する官僚鷗外の本心を吐露したものであろう。（③一八四頁）

文学者森鷗外の側面

明治政府は一九〇七（明治四〇）年から一九一二（明治四五）年にかけて新聞や文芸図書に激しい弾圧を加えた。各種出版物を〝風俗壊乱〟や〝社会秩序紊乱《びんらん》〟の罪で発売禁止処分にした。一九一一年九月一六日から一〇月四日にかけて「危険な洋書」が『東京朝日新聞』に一四回連載された。九月一八日付に掲載された書籍には、今では考えられないようなトルストイの『復活』、ツルゲーネフの『父と子』、アンドレーフの『七刑人物語』などの名著があげられ、和書では鷗外自身の著書の一部が発売禁止になっている。これに対して鷗外はつぎのように批判的な見解を述べている。

「無政府主義とそれと一緒に目指した社会主義との排斥をするために、個人主義という漠然たる名をつけて、芸術に迫害を加えるのは、国家のために惜しむべきである。学問の自由研究と芸術の自由発展とを妨害する国は栄えるはずがない」。
鷗外は修身教科書主査委員となり国民の思想統制の任務に当って言論弾圧の中枢にいたが（③一八一頁）、大逆事件の公判直前に出版された『三田文学』の「沈黙の塔」には「一国の一時代の風尚に肘を制せられては学問は死ぬる」と、「寓話」によって間接的にではあるが「大逆事件」を批判している。（①八一頁）
国政に関連する国の中枢にあって、高級官僚として思想統制に関わった自分自身が、絶対主義的官僚機構の下で、自らを縛る立場に置かれたことをどのようにみていたのであろうか。

参考文献
①森山重雄「森鷗外」『大逆事件＝文学作家論』（三一書房　一九八〇年）。
②三宅雪嶺「現時の我文芸」『太陽』七月号（博文館　一九一〇年）。
③中村文雄『大逆事件と知識人』（論創社　二〇〇九年）。
④平出彬「鷗外は平出修に何を示教したのか―大逆事件をめぐって―」『鷗外』第四二号（森鷗外記念会　一九八八年）。

立石　泰雄（第8章5節）

5　父の堺利彦と管野に影響された真柄の生きざま

（1）処刑前日に真柄へ送ったはがき

近藤（堺）真柄の娘千浪は、処刑前日に出した管野須賀子のはがきを紹介し「母は、管野さんからもらったねずみに近い藍色の菊模様の紋羽二重の羽織を久しく女学校時代のよそ行きにして、卒業式はそれを紫に染め半コートに仕立てて着たという（後略）」（①三三頁）。真柄は、管野から贈られた羽織を大切にしていたことがわかる。真柄の生き方は父堺利彦と管野須賀子から大きな影響を受けた。

管野は男性の一一人が処刑された一月二四日に、弁護士や知人に手紙やはがきを書いている。真柄へのはがきは、

「まあさんうつくしいゐはがきをありがとう。よくごべんきょうができると見えて大そう字がうまくなりましたね、かんしんしましたよ。まあさんに上げるハヲリはね、お母さんに、ヒフにでもしてもらってきてください（中略）。一どまあさんのかあいいかほが見たいことね、さよう

なら　一月二十四日」

管野は翌日の八時二〇分に死刑が執行され、永遠のさようならとなった。

（2）父利彦と真柄

真柄は、一九〇三（明治三六）年一月三〇日、東京府下角筈（現新宿区）に、父堺利彦と母美知の長女として生まれる。日露戦争直前で利彦は、戦争賛成に編集方針を変えた『万朝報《よろずちょうほう》』を幸徳秋水と共に声明を発表して退社し、平民社を設立して週刊『平民新聞』を発行、非戦・平和、社会主義運動に取り組み、紙面で厳しく政府批判する。一九〇四（明治三七）年四月には筆禍事件で入獄する。同年八月に母美知が死去し、真柄は生後一年七ヵ月であったため、父の従妹、静岡の篠田良子に預けられる。

一九〇五（明治三八）年九月、利彦は延岡為子と結婚する。当時、平民社は弾圧によって同年一〇月九日に解散させられ、利彦は入獄などで家に落ち着けなかったため、真柄は、篠田家に預けたままであったが、一九〇七（明治四〇）年四月に、東京柏木の両親宅へ戻る。しかし利彦は、一九〇八（明治四一）年一月、毎週金曜日に開いていた「金曜講演」で警察に厳しい抗議行動を起こした「屋上演説事件」で一ヵ月の禁固刑を受け、さらに六月には赤旗事件で禁固二年の刑を受ける。妻の為子に固定収入がなかったため、真柄は再び親戚や知人宅に預けられる。病気になったこともあり、八月には知人の平民病院長、加藤時次郎宅に預けられる。利彦は獄中から為子への手紙（一九〇八年一二月九日）で「真柄よ、お前は加藤のオバさんに可愛がられているだろう、お前には静岡のカアちゃんだの、大杉のオヂさんだの、東京のカアちゃんだの、保子のオバさんだの、勝ちゃんだの、延岡のオヂさんだの、可愛がってくれる人が沢山いるのに、今度はまた加藤のオバさんだのオヂさんだのが出来たのだからホントにいいね、それに神奈川はいい処でしょう、体も善くなったでしょう」。と優しい手紙を送っている。

（注）「静岡のカアちゃん」は堺利彦の従妹の篠田良子、「勝ちゃん」は真柄の乳母で為子の弟常太郎と結婚した延岡かつ、「延岡のオヂさん」は常太郎、保子は真柄の生母、美知の妹。

その後、継母為子は髪結いを自力で習得し、雑誌の広告取り、針仕事などで自活できるようになり、真柄を引き取っている。

利彦は赤旗事件で獄中にいたため、大逆事件による処刑をまぬがれるが、出獄すると刑死者の遺族や無期懲役者の家族を訪問してねぎらい、戦争反対と社会主義の活動をつづけている。

一九二二（大正一一）年七月一一日には日本共産党結成の準備に参加し、結成時に委員長に選出され、真柄も入党している。しかし、党内で意見の対立があり、二人とも党から離れるが、その後も平和、民主主義、社会主義の運動はつづけた。

一九二九（昭和四）年二月、利彦は東京市会議員選挙に牛込区から立候補し最高点で当選した。翌年二月には第二回普通選挙があり、東京無産党から衆議院議員候補者として立候補するが落選する。その後は主に執筆活動に専念し、「経済学入門」（マルクス）、「共産主義とは何ぞや」（マルクス、エンゲルス）などを翻訳して刊行している。

軍国主義の波が大きくなりつつある時期の一九三三（昭和八）年一月二三日に死去し、二七日に告別式が青山斎場で行われた。この日、自宅から棺桶を運ぶ参列者を警官隊が取り囲み、斎場では弔辞を述べる人たちに対し、警官が「注意！」「中止！」と怒鳴っていた。最後に真柄が謝辞のあいさつを始めると「中止、解散」と混乱させ、謝辞はまったく聴き取れなかったとされ、葬儀にまで官憲の弾圧がくわえられた時代であった。

市会選挙で当選して喜ぶ利彦と真柄

一九八一（昭和五六）年に出版した真柄の著書『わたしの回想―父親と同時代の人びと』（上）に「（前略）日露戦争当時の非戦論から今日、世界大戦の危機をはらむときの戦争反対まで、常に捨石埋草として働きたいとしていた父であります。（中略）戦争反対の声をききつつ死ぬることを光栄としていた堺利彦であります。どうか戦争反対の声をさらに拡大させ、その光栄をさらに強く感じさせていただきたいと思います」と記している。柳条湖《りゅうじょうこ》事件（満州事変の発端）をおこして大陸侵略をすすめていた時期であったが、この見解は現在にも通用する内容であるといえる。

（3）真柄の活動と生きざま

真柄の生きざまは、父や管野らの遺志を継ぎ婦人の権利向上と社会主義者としての活動を続けたことである。一九二〇（大正九）年一七歳で左翼系の出版社に勤務、同年一一月八日、社会主義ブックデーで初めて検挙される。翌年四月には山川菊枝、伊藤野枝を顧問格に「赤瀾会《せきらんかい》」結成の際、発起人の一人となり、綱領は一八歳の真柄が書いたものである。この年五月第二回メーデーに参加し、女性の参加はマスコミにも取り上げられた。同年秋、陸軍大演習で都内の民家に分宿している兵士に「ハンセン文書」を送付し、一一月二一日に発覚、真柄ら関係者が逮捕され四〇日余りを未決監で過ごした。これを「軍隊赤化事件」と呼んでいる。この判決で翌々年、一九二三（大正一二）年に禁固四ヵ月が確定し入獄、一一月に出獄した。

一九二七（昭和二）年当時、左派、中間派、右派などの婦人同盟が結成され、真柄らが準備していた単一無産婦人同盟結成の試みは失敗した。一九二九（昭和四）年一月、全国婦人同盟と無産婦人連盟の合同によって無産婦人同盟が結成され、事務局員になった真柄は労働争議、婦人参政権獲得活動の応援、啓蒙活動など各地を駆け巡り活動した。一九三一年、ファッショ化が進むなか「帝国主義戦争絶対反対」の立場から七つの婦人団体に共同闘争を提起したが拒絶された。しかしこれにめげずに運動をつづけた。戦時中空襲が厳しくなり、千葉県山武郡蓮沼村に疎開、四二歳で終戦を迎えた。当時三児の母だった。戦後、女性の地位向上を目指す新日本婦人同盟（一九五〇〈昭和二五〉年、日本有権者同盟と改称）に加わり、一九七一（昭和四六）年から七四（昭和四九）年まで会長をつとめた。始終一貫、女性全体の幸福と人類の平和を願って活動をつづけ、一九八三（昭和五八）年に八〇歳の生涯を閉じた。

（注）「赤瀾会」は婦人の政治的・社会的・経済的自由の活動に取り組む団体。

参考文献

① 大逆事件の真実をあきらかにする会ニュース編発行『同会ニュース第49号』（ぱる出版　二〇一〇年）。
② 近藤真柄『私の回想（上、下）』（ドメス出版　一九八一年）。
③ 黒岩比佐子『パンとペン』（講談社　二〇一〇年）。

三本　弘乗（第8章6・7節）

6　荒畑寒村の政治活動

一八八七（明治二〇）年に横浜市に生まれ、一九八一（昭和五八）年九三歳で死去した荒畑寒村は、一六歳で社会矛盾に目覚め、社会主義思想に興味を抱き、堺利彦や幸徳秋水ら社会主義者に近づいて活動をはじめる。明治末から昭和にかけた戦争と、社会主義活動の混乱・葛藤の渦中に身を置いて活躍し、多くの著書を著して評価されているが、社会主義者としての評価は高くなかったように思われる。本節では主に政治活動の経歴に重点を置いて取りまとめた。

(1)　大逆事件後の「冬の時代」から敗戦まで

荒畑寒村は、赤旗事件（一九〇八〈明治四一〉年六月二二日）で逮捕された同年九月から一年半獄中にいたため、堺利彦、大杉栄、山川均らと共に、大逆事件の連座を免れている。命拾いした社会主義者らは、大逆事件後の「冬の時代」に押し込まれ、社会主義運動は火が消えた状況となった。その時代は、大逆事件発生（一九一〇〈明治四三〉年）から第一次世界大戦（開戦一九一四〈大正三〉年）終結の一九一八〈大正七〉年ごろまで続いた。

赤旗事件の刑期を終えた堺利彦は、一九一〇（明治四三）年の暮れに売文社をおこし、一九一二年に『売文集』を刊行して同志糾合の象徴とし、ルソーの『懺悔録』などを翻訳している。荒畑は堺利彦の斡旋で『二六新報』に就職し、洲崎で知り合った遊女竹内玉と結婚する。玉は学歴はなかったが、江戸っ子気質の傑物で、荒畑が度々逮捕・投獄されても、泣き言一ついわなかったとされている(①六二頁)。荒畑は「僕は三人妻をもらったけれど、初めの女房(管野須賀子)をのぞいてはほんとに女房運にめぐまれたよ」と述べている(①二八三頁)。

荒畑は大逆事件で刑死した幸徳の思想の後を追うように、一九一二(明治四五年)に大杉と雑誌『近代思想』を発行し、翌年にはサンディカリズム(急進的労働組合主義)に傾倒している。しかし、『近代思想』は度々発禁となり休刊と再刊を繰り返し、一九一六(大正五)年には財政的に困窮して廃刊している。その頃にはサンディカリズムについて批判的になり、一九二一(大正一〇)年にマルクス主義の立場に立って堺利彦、山川均らと日本共産党の結成のために取り組んでいる。翌一九二二年には日本共産党を秘密裏に結成し、堺利彦が委員長、荒畑が書記長になる。同年、組合総連合結成に取り組むが、二派(友愛会=後年の労働総同盟系と、信友会=組合同盟会系)の対立で結成大会は混乱し、警察の解散命令が出されて決裂に終わる。

翌一九二三(大正一二)年二月に共産党第二回大会が開かれ、コミンテルンへの報告のためモスクワを訪れる(『日本共産党の六〇年』にその記載はない)。日本国内では共産党組織が発覚し、六月五日に治安警察法により第一次日本共産党の検挙(八〇人検挙、二九人起訴)事件があって、帰国できなくなりウラジオストックで亡命生活となる。九月に関東大震災がおこり大杉栄夫妻らが虐殺されたことを知り、荒畑は急遽上海経由で帰国する
一九二六（大正一五）年三月に第一次日本共産党弾圧事件で禁固一〇ヵ月の判決を受けて入獄し、翌年一月に出獄する。入獄中に共産党再建大会が開かれるが、窓際族的な処遇と解党時のわだかまりから役員や入党をことわり、一九二七（昭和二）年以降は雑誌『労農』（労働者社会主義機関誌）を刊行する。『労農』も反戦的な文章によって度々発禁処分を受けて廃刊に追い込まれ、雑誌名を変えて出版するが、これらもその都度廃刊処分され、荒畑は度々拘引・入獄を余儀なくされていた。
一九二八（昭和三）年には、共産党大検挙の三・一五事件の余波で連累検挙される。翌一九二九年三月始めに山本宣治が刺殺され（本章3節に詳述）、その直後の三月中頃に荒畑は保釈出所する。同年四月に再び共産党大検挙の四・一六事件があるが、この時は共産党との関係がなく検挙を免れている。同年七月、長年共に活動していた山川均が組織の内紛から『労農』を脱退する問題が生じ、荒畑は山川の翻意説得に当たるが成功せず、九月に自殺をはかっている。
一九三〇（昭和五）年三月に『労農』を復刊するが、一九三二（昭和七）年に再び相次ぐ発禁と財政難のため、廃刊している。その後、同志らと新たな月刊誌を発行するが、それも発禁や廃刊に追いこまれている。一九三七（昭和一二）年には日中戦争の勃発で、主義者への締め付

けが厳しくなる。

まず、一九三四年に結成された日本労働組合全国評議会、旧『労農』同人ら、荒畑を含む四〇〇人が一斉に検挙される。翌年には国家総動員法が公布されて淀橋警察署に満一年の拘禁後、さらに翌年四月まで巣鴨拘置所に収容されている。

荒畑は社会主義関連の機関誌に長年執筆してきたが、筆禍や出版法違反等で、一九一八（大正八）年から最後の拘引となる一九三九（昭和一四）年（荒畑五二歳）までの二一年間に、七回拘引・入獄をさせられている。妥協しない一徹さで社会主義活動に取り組んで過ごし、世渡り上手に立ち振舞うことができなかったようである。

(2) 敗戦後の社会主義活動

敗戦によってそれまでの各種弾圧法が解消され、思想信条の自由が確保され、翌年の一九四六（昭和二一）年三月に戦後の第一回総選挙が行われた。荒畑は東京二区で日本社会党から立候補し当選している。選挙期間中、紹介された森川初江と結婚し、選挙資金のために原稿料を前借りして、『寒村自伝』を出版（一九四七年七月）する。荒畑はこの書の中に元妻・管野須賀子のことをとりあげ、赤旗事件で荒畑が入獄中に幸徳と結婚したことを憤慨して、悪女・妖婦と記し（②一六七頁）、それが、後年出版された各書に引用され、管野妖婦説が流布するが、このことは第6章に取り上げ、荒畑の一方的な妄想による誤解であったことを解明している。

一九四七（昭和二二）年には社会党中央委員になり、四月末の総選挙で東京四区から立候補して当選する。四月末に民主党との連立政権が提起されたが、荒畑は一人反対している。しかし、翌一九四八年三月には民主・社会連立による芦田内閣が成立し、予算案が上程される。その際、「社会党員全員賛成の中で荒畑は一人反対票を投じ、社会党を脱党した」とあるが、これは荒畑の記憶違いで、反対票は十数名であったと黒田寿雄は訂正している（③）。同年一〇月に社会主義政党結成促進準備会（いわゆる山川新党）がつくられ、それを母体に翌一九四九年の衆議院選に無所属で立候補するが落選する。それ以降は胃病による体調不良もあり、おもに文筆や講演会活動に重点を置いて過ごしている。

荒畑は文筆家で、社会主義者として活動中も、海外の社会主義関連の書籍の翻訳、社会主義活動の論評、各種機関誌などへ数多くの論文などを寄稿している。存命中の一九七七（昭和五二）年にそれらを『荒畑寒村著作集　全一〇巻』にまとめて平凡社から出版し、その一〇巻の巻末に膨大な著作品が掲載されている。荒畑が唯一の師として尊敬していた堺利彦（一九三三年一月二三日没、六二歳）は、一九七三（昭和四八）年の「遺書の始末」（④四二三頁）の一文に、荒畑のことを、「文学者たり、文芸家たり、詩人たる寒村、多感、多情、多恨の寒村」と記している。

右派社会党で活躍して民主社会党の初代委員長を務めた西尾末広は、「（前略）荒畑寒村という人は、理論・大義・原則を常に優先的に考え、曲る位なら折れた方がましだと考える人のように思われる。しかし、潔癖で、短気で、否妥協的であることは、反面、複雑な大衆組織をリードする実際の運動家としては、どうも不適格である（後略）」（⑤一〜二頁）としている。荒畑は激情家で、公憤も私憤も同じ次元に置いて妥協できないで憤慨して突き進み、性格的にみて大衆を引きつけ説得して世の中を変え、社会改革を進めるような指導者にはなれなかったように思われる。

参考文献

① 荒畑寒村『寒村茶話』（朝日新聞社　一九七六年）。
② 荒畑寒村『寒村自伝』（板垣書店　一九四七年）。
③ 黒田寿雄「社会党結成から脱党まで」『荒畑寒村著作集　月報22』（筑摩書房　一九七三年）。
⑤ 西尾末広「寒村氏と私」『荒畑寒村著作集　月報5』（平凡社　一九七六年）。

7　幸徳秋水の思想歴

（1）神童時代の国家主義から社会主義へ

幸徳秋水は一八七一（明治四）年九月二日、高知県幡多郡中村町に生まれる。二歳で父親を無くし賢母に養育された。病弱であったが知的に優れ神童といわれ、小学校に入ると漢学塾で漢詩の習得に励み、儒学を学び（①六九頁）、（i）天皇尊崇の「国家主義者」として成長した。一八八七（明治二〇）年一七歳で上京し、自由党の名士で同郷の林有造の書生となるが、反政府運動者とされ、保安条例で追放されて帰郷する。一八八八（明治二一）年、同じように追放されて大阪にいた、東洋のルソーといわれたフランス帰りの中江兆民を訪ねて書生となる。追放が解かれると兆民の家族とともに上京し、約五年間兆民に仕え、兆民の（ii）「左派自由党思想」（①八七頁）の感化をうけ、その間に国民英学会で英語を学習する。

一八九三（明治二六）年三月に国民英学会を卒業し、同年九月に板垣退助主宰の『自由新聞』に入社して自立し、その後新聞社を転々とする。一八九七（明治三〇）年の二七歳の時、再従兄《またいとこ》がイギリスから持ち帰った『社会主義真髄』（ドイツの社会経済学者シェフレ著・英訳本）を読み、これまでに考えたこともなかった「社会主義思想」という新しい思想の世界を知り、それに傾斜するようになり、中江兆民の左派自由党思想から離れる。

(2) 社会主義から無政府共産主義へ

一八九八(明治三一)年二月、二八歳の時、社会主義や労働運動にも理解を示していた「朝報社《ちょうほう》」に入社し、片山潜らの呼びかけで同年一一月に「社会主義研究会」に入会する。一九〇一(明治四)年四月九日の『万朝報《よろずちょうほう》』の社説に、(iii)「我は社会主義者なり」と宣言し(①一三七頁)、理想社会実現の思想はこれ以外にないと確信し、人生をこれに懸けることになる。

一九〇三(明治三六)年には海外の社会主義者らの著書を参考に、『社会主義神髄』を出版して反響を呼ぶ。それまで非戦論であった朝報社の主張が主戦論に変わったため、堺利彦や内村鑑三らと同年一〇月一〇日に退社して「平民社」を立ちあげ、同月一五日に週刊『平民新聞』第一号を発行する。冒頭には「平民社同人」名で、平民社が目指す社会主義社会の方向性とその実現のための活動方針の基本を次のような五項目(執筆者要約)で宣言している(②一号)。

一.自由・平等・博愛を基本とする。
二.家柄・財産・性別による差別を無くする。
三.平等の福利を得るために社会主義を主張し、生産、分配、交通機関を共有し、経済処理は社会全体のためにあるものとする。

四．平和主義を提唱し、人種や政治体制を問わず、軍備を撤去して戦争を禁絶する。

五．これらの理想社会の実現の手段として、国法の許す範囲で多数人類の世論を喚起して一致協力をうるように努め、暴力に訴えて実現する事を絶対に容認しない。

政府は、一九〇〇（明治三三）年に治安警察法を施行して労働組合運動に対して弾圧を加えるようになるが、施行当初は比較的ゆるやかであった。しかし、日露戦争（一九〇四〈明治三七〉年二月一〇日）が始まると、五月ごろから方針を大きく変え、反戦運動や社会主義活動を厳しく禁止するようになる。

週刊『平民新聞』では社説、論文、詩歌、取材記録などで戦争を厳しく批判した。「子を殺して召集に応ぜんとす」、「兵士の妻乞食になる」、「兵士の妻苦悶して死す」などの取材記事、木下尚江の「戦争の歌」、トルストイの「反戦論」、中里介山の反戦詩「乱調激韵」等の記事が取り上げられ⑵、社会主義者ばかりでなく政治に不満を持つ人々に大きな影響を与えた。政府はその反響に恐れをなし、警察権力を駆使して週刊『平民新聞』を廃刊に追い込む方針をとり、反戦的な記事の執筆者を立て続けに禁固刑と罰金刑に処し、印刷機を没収し、講読者宅や販売店に警官が出向き購読を止めるよう圧力をかけた。これらの執拗な弾圧によって平民社は、人的・財政的に行き詰まり、週刊『平民新聞』は一九〇五（明治三八）年一月、廃刊に追い込まれ、しかも幸徳は、筆禍事件で禁固五ヵ月の刑を受け、二月に入獄させられる。入獄の判決処分で幸徳は、民主的な議会主義による社会改革実現の可能性に疑問を感じはじめ、戦闘的な（iv）「マルクス派社会主義者」となり、さらに、入獄中に各種文献を読んで出獄時には（v）「過激なる無政府主義者」となり（③一九七頁）、同年一〇月に平民社を解散し、一一月に渡米する。渡米後亡命中の各国の活動家と交流し、アナルコサンディカリズム（無政府労働組合主義や革命的労働組合主義とも翻訳）の影響を受け、帰国時（一九〇六年六月）には（vi）「アナルココミュニスト」（無政府共産主義者）となったと自ら表明している（③二七六頁）。幸徳は帰国後、世界の斬新な社会主義として無政府共産主義について教宣している。そのことは、後年大逆事件で逮捕されて訊問された際、社会主義のどの派に属するかとの判事の問いかけに、受刑者の多くが無政府共産主義と答えていることから推測できる。

（3）機関誌活動や議会制の社会改革に限界を感じる

一九〇七（明治四〇）年に日本社会党第2回大会で田添鉄二の「議会政策論」と幸徳秋水の「直接行動論」が対立して論争となり、採決の結果、田添案二票、幸徳案二二票、両者を折衷した評議員案二八票で評議員会案が可決されたが（①二三二頁）、幸徳の直接行動論が後日の社会主義活動に大きく影響した。

機関紙活動は一九〇八（明治四一）年五月、『日本平民新聞』の廃刊を最後に、社会主義関係の紙誌はことごとく廃刊に追い込まれ、機関紙による宣伝活動は絶望状況となり社会主義者らの憤懣は最高潮に達していた。その上、同年六月二二日（幸徳三八歳）に起こった「赤旗事件」で堺利彦、大杉栄、荒畑寒村らの活動家が暴力的に逮捕され、前例のない長期拘束と重い罰金刑を科せられ、言論活動や生活権を奪われ、社会主義者から大きな恨みを買った。

暴力を否定し、言論による平和主義を掲げて「平民社」を立ち上げ、社会主義社会の実現を訴えてきたが、度重なる出版活動と赤旗事件での弾圧で、社会主義者の一部で、天皇を神とする迷信の打破がなされないと社会改革の実現はあり得ないと爆裂弾によって天皇を殺傷しようとする動きが起こる。幸徳自身はその取り組みから身をひいていたが、密告によって警察の知るところとなり、一九一〇（明治四三）年五月二五日に宮下太吉が検挙され、芋づる式に数百人の検挙となり、二六人が起訴され、その全員に死刑が求刑された大逆事件が起こった。

翌一九一一（明治四四）年一月一八日の判決で二四人が死刑（翌日一二人が恩赦で無期懲役）、二人が有期懲役となった。そして同年一月二四日に幸徳秋水を始めとする男性の一一人が処刑され、翌二五日に女性（管野須賀子）が処刑された。

幸徳の主張した思想を経時的に並べると、（i）天皇尊崇の国家主義→（ii）左派自由党思想→（iii）社会主義思想→（iv）マルクス派社会主義思想→（v）過激な無政府主義思想→（vi）無政府共産主義思想へと変化していった。しかし、それら個々の思想の変化を系統立てて解説することは困難である。いえることは、社会主義思想が導入された明治時代に、貧困、差別、戦争などの社会の不幸を解消するには、どのような社会制度が望ましいかを模索し、あがいていた遍歴とみている。不幸なことに、絶対主義的天皇制のもとで、国家権力が侵略戦争政策を進めるため、前近代的な法規の下で抹殺されて、新思想の展開をみないで終わった。
幸徳は優れた思考力と語学力を駆使して、ヨーロッパの社会主義思想や無政府主義思想などの先鋭的な思想の紹介に務め、多くの名著を遺している。三九歳四ヵ月で、捏造された冤罪で死刑となるが、自分たちのこの犠牲は、将来の人々によって正しく評価されると信じ、それに託して絞首台に立った。天才的な思想家を国家が抹殺したことが悔やまれる。

参考文献

①絲屋寿雄『幸徳秋水研究』(青木書店　一九六七年)。
②服部之総他監修『平民新聞』〔一〕~〔三〕(創元社　一九五三~一九五五年)。
③塩田庄兵衛『幸徳秋水の日記と書簡』(未来社　一九六五年)。

8　歌人で弁護士の平出修と大逆事件

南　逸郎（第8章8節）

(1) 平出修の略歴

平出修は一八七八（明治一一）年四月、新潟県中蒲原郡石山村猿が馬場（現新潟市）に生まれ、地元小学・高等小を卒業後、二〇歳で小学校訓導として各校を歴任する。その間に短歌に魅せられ、新詩社に加入し『明星』に短歌を発表する。一九〇一年に上京して明治法律学校に入学し、一九〇三（明治三六）年に法律学校卒業後司法官試補となる。翌年二月に、弁護士となり、自宅に法律事務所を開設する。弁護士活動と共に『明星』へ短歌や評論を寄稿し、与謝野夫妻に信頼され、歌人で文芸評論家の一人として活躍する。三児の父親でもある平出は、『明星』の終刊後、一九〇九（明治四二）年に『スバル』が発刊されると、発行所を自宅に置き、短歌の選者となる。そして一九一〇（明治四三）年五月、大逆事件に遭遇している。

(2) 平出修の弁論

「平出修年譜」（①五八四頁）の、一九一〇（明治四三）年八月に、「幸徳伝次郎一派の大逆事

件において、紀州組の崎久保誓一と高木顕明の弁護」を引き受け、同年一〇月から「大逆事件の弁論の準備に没頭し、しばしば森鷗外の門をたたき、思想問題の理解を深める」とある。

大逆事件は同年一一月九日に予審を終結、一二月には証人喚問を申請するがすべて却下され、同月二五日より検事論告に入り、大審院次席検事平沼騏一郎による「平沼検事論告」(①四八四〜四八九頁)が行われた。司法省民刑局長を兼務する平沼は、元老山県有朋や首相桂太郎と結び、その意を受けて辣腕をふるい、同年一二月二五日につぎのように検事論告している。

「当公廷に審理を求めたる事件は大逆罪の予備陰謀なり　此法廷に於ける被告人の多数は無政府共産主義を信ずるものどもなり。本筋は信念を遂行する為に企図したるものと推断する」「動機は信念にある」「此の考は現今の国家組織とは相容れざるものなれば現今の国家組織を破壊せねばならぬとなる」「故に此目的を達するためにとる手段は如何と云うに、(中略)総同盟(罷工)、破壊、暗殺、近頃の趨勢は爆裂弾を使用することを最も有力なるとなす」。

弁護を引き受けた平出修は、三日後の二八日に大審院法廷で平沼論告批判を展開している。平出修は、平沼の無政府主義→国家組織の破壊→直接行動(総同盟罷工、破壊、暗殺、爆裂弾)という先入観に対し、幾多の外来思想の輸入の歴史をたどり、「元来新思想というものは、在来思想で満足できぬ時に、その欠陥を補うべく入り込んでくるのであるから、(中略)新しい思想というものは之を在来の思想から見れば常に危険であらねばならぬ」、「新思想は旧思想に対する反抗、破壊である。どちらが勝つかは、どちらの思想が人間本然の性情に適合するかによるのである」と述べている（②三三一頁）。そして「無政府主義が時と処と人により、その説き方、その運動方法が一様でないという無政府主義の歴史」（①三三〇頁）を述べ、平沼検事の「無政府主義は暴力を手段とする危険な思想である」という論を批判し、無政府主義の思想自体に危険はないと述べ、さらに、社会主義・無政府主義に対する政府の異常な抑圧の現状に対して、人間にある程度以上の取り締まりを加えると、反抗の方法に違いはあっても反抗を起こすものだとしている（②三三一～三三二頁）。

さらに、「大逆事件は、無政府主義の信念の実行」（①四八四頁）だという平沼検事に対し、大多数の被告に無政府主義の信念なく自覚なく、ただ政府の異常な言論抑圧に反抗しているに過ぎないことを明らかにし、信念がなければ計画はないと、事件のでっち上げを明らかにする。

平出修の死刑判決後に書かれた「後に書す」（①三四二～三四四頁）には、「（前略）司法権の威厳は全く地に墜ちてしまった。（中略）余が見たる真実は依然として真実である。（中略）彼らは国家の権力行使の機関として判決を下した」と記して司法の正義感喪失を嘆いている。

(3) 平出弁論に対する被告たちの反応

当時、無名ではあったが平出修の弁論は、法廷で聞く被告たちに多大な感銘を与えたことが次の受刑者らの感謝をこめた「獄中書簡　手記抄」（②三八八〜三九六頁）で知ることができる。

「先頃は熱心な御弁論感激に堪えませんでした。同志一同に代わりて深く御礼申し上げます。（後略）」（平出宛、幸徳秋水）。「御弁論を承りあまりの嬉しさに一筆御礼申し上げんと筆とりながら、（中略）力ある御論、殊に私の耳には千万言の法律論にもまして嬉しき思想論を承はり、余りの嬉しさに、仮監に帰りて直ちに没交渉の看守の人に御噂致し候程にて候、（中略）ご高論を承り候て、全く日頃の胸の蟠《わだかま》り一時に晴れたる心地致し申し候、改めて厚く厚く御礼申上度候。（後略）」（平出宛、管野須賀子）。「あれだけのお骨折被下候以上は其結果の如何について今更何も言うべき限りには無之事と存候（中略）。特に我が思想史の資料として其真相をつきとめ置かるる責任は、貴下を措いて他に何人も之にあたる人無之、（後略）」（平出宛、大石誠之助）。「（前略）次に若い人ですが平出修という人には感服しました。彼は近代人を解し近代人の思想用語を解して居る人で私共の主義を解剖し同情しての弁論でした。（後略）」（堺利彦宛、新村忠雄）。「（前略）平出は少壮ながら新思想にふれて居る様だ。慥かに彼の弁論には熱誠を見出すに躊躇しない。努力せば他日無論一流の弁護士とならん。（後略）」（「公判雑感」成石平四郎）。

（4）大逆事件の伝道者として

平出は、大逆事件が日本の思想上重要であり、後代の人々に伝えるべきと考え、貸与された裁判資料を平出法律事務所に勤務する和貝彦太郎に写し取らせている。これが平出家に保存され、戦後、塩田庄兵衛・渡辺順三編『秘録・大逆事件』③として出版され、大逆事件の全体像が明らかにされる。また、後の人に大逆事件の真実を伝えるべく、大逆事件を題材にした小説「畜生道」、「計画」、「逆徒」など、大逆事件がいかに権力のでっち上げによって成立したものかを明らかにしている。

平出修は、「逆徒」を書き上げた一九一三（大正二）年一二月に結核を発病し、療養のため鎌倉に転居するが、翌一九一四年三月に永眠する。享年三七歳の若さであった。

参考文献

① 平出修『定本平出修集〈続〉』（春秋社　一九六九年）。
② 平出修『定本平出修集』（春秋社　一九六五年）。
③ 塩田庄兵衛・渡辺順三編『秘録大逆事件（上巻）・（下巻）』（春秋社　一九六一年）。

三本　弘乗（第8章9・10節）

9　宗教者の受け止め方と戦後の対応

（1）大逆事件で処刑された三人の僧侶

大逆事件受刑者二六人の職業をみると、知的職業に就いていた人が多い。新聞記者四人、僧侶三人、社会運動家三人、小学校教員一人、医師一人を数える。特に注目されるのは三人の僧侶（死刑の内山愚童《ぐどう》、無期懲役の高木顕明《けんみょう》と峯尾節堂《せつどう》）がいたことで、個々人のことは第7章に述べている。本節では、主に宗門の当時の対処と、戦後の対応について取り上げた。

愚童は、一九一一（明治四四）年一月一八日の判決で死刑が確定するが、前年の六月二一日に出版法違反などの控訴審判決が確定すると、宗門（曹洞宗）は早々と「宗内擯斥《ひんせき》」（除名・永久追放）の処分にしている。宗門は組織防衛のため、処刑された一九一一（明治四四）年の二月一六日から三日間にわたり、全国から一〇〇余人の役職僧侶を集め、天皇と国家に対する「懺悔」を表明して、「忠君愛国」の実を上げるための研修会を開催し、会の内容を出版して全国的に頒布している（①五二～五三頁）。その際、愚童がどのような人物であったかについては一切触れることなく、「逆徒」「極悪人」と断罪して宗門から追放している。

顕明は死刑判決の翌日、天皇の恩赦により他の一一人と共に無期懲役に減刑されたが、本山の真宗大谷派宗門（東本願寺）では、死刑判決を受けた同日（一九一一〈明治四四〉年一月一八日）に擯斥《ひんせき》処分を下し、天皇と国家に対し恐れ多いことをしたと陳謝している（②二六頁）。なお、大谷派では顕明が逮捕された年の一二月に調査員を新宮に送り、僧侶としての業績を調べさしている。調査員は、顕明が真面目に務め、檀家の信望も厚かったとした報告書を本山に届けていたが、そのことが取り上げられることはなかった（②二七頁）。無期懲役刑の顕明は秋田監獄に送られ、三年後の一九一四（大正三）年六月二四日に自ら命を絶っている。

峯尾節堂は一八八五（明治一八）年に新宮町（現・新宮市）に生まれ、八歳の時に得度して寺に入り、尋常高等科二年を卒業して、新宮町臨済宗（禅宗）京都妙心寺派の松巌院の徒弟となり、二年後に妙心寺僧堂に入るが、すぐに眼病になり知客職（寺の雇用者）を経て、二〇歳になって真如寺留守居僧になり、明治三四年四月に住職になっている（③二〇頁）。その頃までは社会主義思想や社会主義者らとの接触はなかったようである。節堂が大石と最初に会ったのは、一九〇七（明治四〇）年三月頃とされ、その頃東京にいた幸徳秋水に会いに出かけている（③二一頁）。恐らくその頃から『日刊平民新聞』を読み、社会主義思想に関心を持つようになったと思われる。しかし、節堂はひ弱で僧侶としての自覚は低く、一九〇八年末頃は、母の貯金二百円を盗み出して売女に入れあげていた時期で、自己嫌悪をまぎらわすために、知名度の高い大石を訪ねて社会主義の話を聞いたに過ぎないとしている。また、大石が東京で聞いた幸徳の革命談義も、紀州の友人たちと明治四二年の新年会で一緒に運悪く聞き、これが節堂の命取りになったと自白している。大逆事件で逮捕されて武富済《わたる》検事の厳しい訊問で、「幸徳が話したことを話せば帰してやる」という言葉にだまされ、検事の問いかけに合わせるように虚偽の供述をした経緯が、中川剛マックスの著書の「資料編」に詳述されている（③二三七〜二六八頁）。

その際の虚偽の自白が、多くの人を重罪犯におとしいれる証拠となった内実が述べられており、大逆事件の捜査が裁判史における汚辱の訊問であった証明にもなっている。

節堂は、一九一〇（明治四三）年一一月一四日に僧籍が剥奪され（③四三頁）、大逆罪による判決後は千葉監獄に送られた。

（2）当時の浄土真宗の教学

大逆事件が発生した当時の浄土真宗を標《しるべ》とする東西本願寺の教学をみると、天皇制国家への忠誠を宗門の教旨と決め、侵略戦争を聖戦と意味づけていた（②三〇頁）。その頃は、真宗近代教学の祖とされ、宗門の中枢にあって多くの書を著し、教宣していた清沢満之《きよざわまんし》（一八六三〜一九〇三）や暁烏敏《あけがらすはや》（一八七七〜一九六七）らの教学の影響が大きかった時代であった。

清沢満之は、一九〇一（明治三四）年、つぎのように不満を持つなと説いている（④九三頁）。

（前略）平等と云へば帝王があってはならぬ、貴族があってはならぬ、と云ふ風に真違ひをする。これは丁度、一本の木に花があり、枝があり、幹があり、根があるものを、それを皆平等でなければならぬと云うて、皆花の様にせなければならぬ、枝は無用である、（中略）と云うと一般で、（中略）実に阿呆な考えである。（中略）一国の内に於ては、帝王あり、貴族あり、平民あり、又其中に沢山の差別等級ある上に、平等自由と云ふことがなければならぬ。（後略）

さらに、帝王、貴族、平民として生まれたのは「宿業」として受け入れよとしている。その考え方を引き継いだ暁烏敏は、足尾銅山鉱毒問題を取り組んでいた田中正造についてつぎのように述べ、権力者と同じ立場に立って、理不尽な見解を押し付けている（⑤三四〜三五頁）。時代とはいえ、このような教学を、信徒はどのように受け入れることができたのか、まったく理解に苦しむ。しかし、清沢や暁烏のような立ち位置に立てば、大逆事件に関係した僧侶たちの擯斥処分は、当然の処断といえるのかも知れない。

（前略）氏が五ケ年かゝりて鉱毒地の人民に権利思想を吹きこむに尽力したと云ふたのを聞いた時には、いらぬ御世話をやいたものだと思ふた。私が鉱毒地の人民に云ひたいと思ふて居たことは彼等に権利思想を捨てよと云う事であった、男らしき服従をせよと云ふ事であった。（中略）私が考ふるには、人民が苦むか苦まないかは、其源因は足尾の銅山にあるのではなくて、自分自

身の心の中にあることである。（後略）

（3）敗戦後における宗門の対応

敗戦によって絶対的天皇制が崩壊し、逮捕されていた社会主義者や共産主義者などの思想犯や政治犯は、敗戦年の一九四五年一〇月一五日に解放された。大逆事件で無期懲役に服して敗戦時まで生き残っていた受刑者は五人いたが、敗戦前に仮出所が許されて全員獄中にはいなかった。しかし、無罪放免ではなかった。一九六一（昭和三六）年一月一八日に再審請求がなされたときの生存者は坂本清馬だけであった。百パーセント冤罪であることが研究者によって明らかにされた受刑者についても、国は無視し、復権への動きが表面化することはなかった。

各宗門の対応を見ると、一九八〇年代後半から人権擁護推進本部が調査研究を始め、一九九〇（平成二）年代になって見直しの動きが始まり、愚童については、一九九三（平成五）年四月一三日付で宗門での「宗内擯斥《ひんせき》」処分が八三年目に取り消され、顕彰碑が二〇〇五（平成一七）年一月に、愚童が住職でいた林泉寺に建立された（①五六〜五九頁）。顕明についても、一九九六（平成八）年に至ってようやく復権・顕彰が表明された（②三二頁）。節堂は一九一〇（明治四三）年一一月一四日に擯斥処分されたが、一九一九（大正八年）年に流感にかかって二九歳で獄中病死した。一九九六（平成八）年九月二八日には臨済宗妙心寺派において擯斥処分は取り消され、復権がなされている（②一五一頁）。

しかし国は、大逆事件の犠牲者に対して、謝罪も名誉回復もしないまま打ち過ごしている。

参考文献

①曹洞宗人権擁護推進本部編著『仏種を植ゆる人 ―内山愚童の生涯と思想―』（曹洞宗宗務庁 二〇〇六年）。
②「高木顕明の事績に学ぶ学習資料集」編集委員会他編『高木顕明の事績に学ぶ学習資料集』（真宗大谷派宗務所　二〇一〇年）。
③中川剛マックス『峯尾節堂とその時代』（諷詠社　二〇一四年）。引用の（資料三）の初出は「我懺悔の一節」『大逆事件記録第一巻　新編獄中手記』（世界文庫 一九七一年）。
④清沢満之「平等観」『清沢満之全集第三巻』第二編五項（有光社　一九〇一年）。
⑤暁烏敏「服従論」『精神界』第2巻第4号（精神界発行所　一九〇二年）。

10　大逆罪の再検討と再審請求

(1)　大逆事件の共同謀議と判決

大逆事件は幸徳事件ともいわれているが、絶対主義的天皇制のもとで、時の政府が検事局に直接指示を出し、無政府共産主義者らを一網打尽に殲滅するため、「明科事件」、「一一月謀議事件」、「皇太子暗殺謀議事件」（内山愚童事件ともいう）の三事件を仕立て、それらが関連性があるかのように綴り合わせ、無政府共産主義者らによる天皇暗殺の一大陰謀事件としてでっち上げた、冤罪事件とされている。

陰謀事件と位置付けるには、指導的人物の特定とともに共同謀議の証明が不可欠となる。その検証のために、物的証拠として押収した手紙や日記類を捜査したが、共同謀議を証明できるものは得られなかった。そのため、逮捕した被告の自供に依拠せざるを得なくなり、重点を「一一月謀議」に置き、幸徳を首謀者とした陰謀事件と位置付け、その証明のために、検事による聴取書と予審判事による予審調書の作成に集中的に取り組んでいる。

予審調書の作成は、問答方式で被告人を訊問し、裁判所書記官によって記録がとられ、最後に被告人による署名、捺印がなされた。一見、公正な訊問がなされているようにみえるが、後述しているように、多くの被告人は、訊問途中や公判で訂正を申し入れている。死刑を免れて獄中記を記した被告人の中には、脅しによる恐怖や眠らせない拷問まがいの訊問で、事実でないことを答えたと懺悔している記述が残されている。

したがって、つぎに取り上げる被告人の供述による論理構成も、一見つじつまのあった犯罪にみえるが、これらが虚偽の供述であった可能性が高く、そのことが証明されれば、当然犯罪の成立は認められないことになる。取りあえず、予審判事の訊問に基づく供述によって、共同謀議があったように作られた調書について追跡したい。

最初の訊問は、爆裂弾（容器と薬剤）を所持していた宮下太吉に重点がおかれた。しかし、宮下は、自身の女性問題がらみの密告から足がついて、仲間に大迷惑をかけることになった自責の念から、検事の執拗な訊問に対して、「そんなことを聞く必要はないじゃないか。自分は言うだけのことは言ったから早く殺してくれ」といって、凶暴な態度で対応し（①二〇三頁）、捜査は行き詰まっていたとされている。

ついで新村忠雄の検事聴取が四回実施され、その後一六回にわたり予審判事による訊問（②一六七～二一八頁）がなされた。新村の第一回目（六月三日）の予審調書では、潮判事に促されて、宮下が爆裂弾を作るために必要とした薬研を借りてやった顛末について、「爆裂弾を作って天皇に投げつけ、天皇を神だとする迷信を打破しなければならぬと思っている」と、宮下が管野に打ち明けた時、同席して聞いた話を供述している。問題は第四回（六月九日）の訊問である。新村はそれまで幸徳の爆裂弾に関わる話は避けていた。しかし、潮判事が、「大石（誠之助）が今回の計画について供述した。其方は事実に反する申し立てをしている」と詰問し、大石が八日に供述した（次頁に示す）内容をそのまま新村に伝え、「幸徳も爆裂弾をつかって元首を斃す話に同意したか」と迫っている。その時点で新村は観念し、「幸徳も同意していた」と、幸徳の関わりについて供述を始めている（②一七九～一八六頁）。

大石は、六月六日の午前〇時五〇分に新宮で拘引され、新宮の三輪崎から船便で護送され、六日の深夜東京監獄に収容された。疲労困憊《こんぱい》のなか、着京するとすぐに鬼検事といわれた武富わたる済検事に恫喝と誘導で聴取され、さらに、六月八日に武富検事による第二回の聴取書と潮判事による予審調書がとられている。

大石はその八日の武富検事による聴取書に、「（前略）新村が私方へ来てからしばらくして同志宮下太吉は職工であるがしっかりした人物で、爆裂弾をつくって天皇をやっつける計画をしていると話しました。私はそのとき非常におどろきましたが、そんなことは実行できることではないと思いました（後略）」と記されている（②一一六頁）。さらに同日の第一回の潮判事による予審調書でも次のように記されている。

（前略）幸徳は日本でもロシアやフランスのように暴力の革命が必要であると申しました。その後二、三日たって（一一月二二日）また幸徳を訪ねましたとき、同人はフランスの　コムミュン（コンミューン）の話をしまして、決死の士が五〇人ばかりあれば、これに爆裂弾その他の武器を与え、裁判所や監獄、諸官省や富豪の米蔵を破壊し、暴力によって社会の勢力を占領すれば、革命の目的にとって非常に利益であると申しました（③四四頁）。

この話は、大石が明治四一年一一月一九日（大石・幸徳・新村と座談）と二二日（大石・幸徳・松尾卯一太と座談）に巣鴨の平民社をたずねた際、幸徳が爆裂弾を使って革命に取り組むことを語った時の話で、おそらく検事や判事が「すでに幸徳が爆裂弾を使って暴動を起こす話をしたと、新村が供述しているので、総てを正直に述べよ」と大石にカマをかけて迫り、大石が供述したと思われる。

この大石の八日の供述を、潮判事は待ってましたとばかりに喜び、翌九日の新村の第四回の訊問で、前掲の大石の供述した幸徳の革命談義をそのまま新村に伝え、幸徳の供述を確認している。新村は潮判事の誘導訊問によって、「幸徳もむろん皇室を倒し、元首に危害を加えるという意見です」と答えている。さらに判事は、「爆裂弾を至尊に投げつけるという計画を、具体的に相談したのはいつか」と問いかけ、新村は「四二年九月中、平民社で」と答え、「協議に加わったのは誰々か」に、「管野、幸徳、私（新村）の三人、その結果を私が信州に帰って宮下につたえました」と答えている。「実行の日時、場所は」の問いに、「四三年秋頃元首が通行する途中、日時や場所などははっきり決めたわけではありません」と供述している（②一八二〜一八三頁）。

潮判事は、これで幸徳を首謀者とした「一一月謀議」成立の裏付けは取れた、取調べの山場は越えたとし、後は供述にそって謀議を組み立てた調書を作ればよいと踏んだとみられる。しかし、つぎに述べるように、大石は爆裂弾をつくって天皇に危害を加える宮下の話は聴いていないと後日の訊問で強く否定している。

（2）具体性を欠いた一一月謀議

この「一一月謀議」の内容は、その後に明らかにされた各逮捕者らの供述内容からみると、集団で革命を起こす謀議とはほど遠く、幸徳が描いた革命談義（茶飲み話に類する座談とされている）であったことが明らかにされている。しかも、首謀者とされた幸徳は、一九一〇（明治四三）年一月一日頃から宮下らの実行計画に加わる気をなくしており（②二三五頁）、管野にもその計画に加わらないようにという態度をとっていたと述べている（②一〇〇頁）。

大石は、一九〇八（明治四一）年一一月一日に大阪の村上旅館で、大石の親しくしていた同志（武田〈九平〉、岡本〈頴一郎〉、三浦〈安太郎〉、岩出、佐山）たちと座談会を設け、一一月一九日に幸徳から聞いた、前掲の暴力による革命談義を伝えている。しかし、参加した同志に賛否の見解は求めおらず、話しただけで終わり、相談はなされていない（③七二頁）。また、一九一〇（明治四三）年一月二三日、平民社で幸徳、管野、古河、新村の四人で実行方法を相談しているが、幸徳は「自分には母がある、世話になった友人に迷惑をかける」といって話がまとまらなかったため、幸徳を除いた三人は別室に移り、秋に実行することを決めている（②一八四頁）。さらに、管野が換金刑で入獄する直前の一九一〇（明治四三）年五月一七日、管野が間借りして増田方で管野、古河、新村の三人で爆裂弾を投げる順を抽選で決め（②一九〇頁）、決行は管野が出獄してからと決めている。この時点ではじめて実行予定の時期が話題に上ったことになるが、これもきわめて漠然とした取り決めで、首謀者とされた幸徳は除外され、幸徳が考えていた紀州や熊本で集める決死の士五〇人を募る話は、働きかけなどの具体的な取り組みはまったくなされず、行動のために要する金策もなく、幸徳を首謀者とする大逆罪の陰謀が成立していたとはとうてい考えられない。

幸徳は、予審調書の第六回（一九一〇〈明治四三〉年七月六日）に、「いま自分が宮下らの運動に加わって倒れるのは主義のためにも利益でないと考えました」、「私と管野が計画から身をひけば、自然（新村）忠雄も退くとみておりました」と述べている（③一九頁）。大石は成石勘三郎に爆裂弾の材料を渡したことを悔い、不発を望んで「ワセリン油をいれるとよい」と指示している（③七六頁）。幸徳も大石も宮下の爆裂弾を用いた実行から撤退していたことが明らかである。

（3）共同謀議の矛盾と供述者の陳述訂正

本節（1）項に述べたように、予審調書にみられる各被告の訊問の際には、書記官による記録がなされるが、弁護士が立ち会うわけでもなく、録音されたものでもない。供述者の署名・捺印があるとはいえ、いかようにも変えられる可能性があった。また、曖昧な供述は検事や判事の意向に添った供述に変えられる可能性が高い。とくに、逮捕された同志がすでに供述しているとカマをかけて誘導訊問されると、記憶が曖昧な場合にはそれに添った供述となる。

新村忠雄の第二回（一九一〇〈明治四三〉年六月五日）の訊問で、潮判事が「前回の申立ては事実に相違している」と責めると、新村は、「検事から管野らも事実を申立てたように聞きました（その内容の記載はない）から、前回の陳述の訂正をします」と、爆裂弾について、管野・古河・宮下・私（新村）の四人で実行しようと決めたと述べはじめている。しかし、6章10項に詳述しているように、管野は六月九日まで、爆裂弾について幸徳や大石が関わりがあったことは一切供述していなかった。

大石は、第一一回（一九一〇〈明治四三〉年一〇月一五日）の潮判事の訊問で、「（明治四一年）一一月二九日に大阪に行って、大阪の同志に幸徳の（革命）計画を話して同意を求めたか」との問いかけに、「（前略）報告的に話しましたが、列席の同志は別に賛否は述べませんでした。」としている（③七三頁）。

また、大石の第一二回（明治四三年一〇月二二日・最終回）の潮判事による訊問で、「其の方は第一回（実際は明治四三年六月八日の第二回・引用者注）の訊問（武富済検事担当）のとき、（新村）忠雄の話（宮下太吉が爆裂弾をつくって天皇に危害を加える計画をしている話）を聞いたといっているではないか」と詰問されると、大石は「（前略）そのようなことは聞いたことがありません」と否定し、「第一回〈第二回の誤り〉の訊問のときの陳述は、（引致されて到着直後の疲労困憊の深夜に武富）検事の強圧的な訊問で述べたもので第四回の訊問（③五二頁）の際に取り消しておきました」と述べている（③七五頁）。このように、訊問の際の供述は、誘導や強圧、眠らせない拷問まがいの訊問で、必ずしも本人の意向で真実が述べられたものでないことが判る。

死刑判決の翌日に無期懲役に減刑され、命拾いした峯尾節堂は、服役中に「我懺悔の一節」を記しているが、その中で一一月謀議について、訊問では恐喝されながら述べ、事実と逆のことを述べた経過を懺悔している（②四九～五〇頁）。

新村忠雄も今村弁護人に、「無理な取調が続き、睡眠不足と疲労のため、頭が混乱致し居り、陳述も支離滅裂になり果て候」と訴えている（②五〇頁）。幸徳秋水も検事・判事の取調べにおいて、誘導によりつくられ、調書は真実が書かれていなかったことを述べている。とくに「一一月謀議」については、天皇を謀殺するとは述べなかったのに、謀殺すると書かれ、書記の記載誤りか、検事らの指示によった可能性があったとしている（⑤四〇頁）。

以上の経過からみて、記録された予審調書は、被告らの本心の供述でない可能性が濃厚と考えられ、一一月謀議そのものの成立は極めて疑わしいといわざるをえない。官権は「一一月謀議」の関係者は一六人としているが、何の関連もない人々が多く含まれている。仮に「一一月謀議」が成立していないと断定されると、幸徳を首謀者とする刑法七三条による二六人一律の死刑の求刑は、捏造を根拠にした無謀なものであり、そのうちの数人に刑が科せられたとしても、精々懲役刑に留まるべきであるといえる。

(4) 裁判と判決にみられる矛盾

大審院による公判は、一九一〇(明治四三)年一二月一〇日から、限られた弁護士の出席のもとで開催された。検事の陳述と各被告の陳述が一二日間にわたってなされ、最後に鶴丈一郎裁判長が、各被告に、陳述したいことがあれば述べるようにと促している。被告の中には、前陳述を取り消すものや訂正変更を訴える者もあった。しかし、鶴裁判長は言わしただけで実質的には無視し、弁護人の申請した証人もすべて却下し、訊問終了翌日の二五日に、検事により二六人全員の死刑が求刑されている。検事の公訴事実の陳述では、予審調書は正確な供述として使われ、さらに、戦後の再審請求の際においてもそれが利用され、公判における前言訂正の陳述などまったく無視され、最初の予審調書における陳述が、如何に重要であったかがうかがわれる。当時、被告人らは真実は公判で述べればよいと思っていたようである。

一九一一(明治四四)年一月一八日には、大審院特別刑事部により判決が言い渡された。判決理由の冒頭には「(前略)おそれ多くも神聖侵すべからざる聖体に対し前古未曾有の凶逆をたくましくせんと欲し中道にて凶暴発覚したる次第はすなわち左のごとし」(⑥九七頁)と記し、被告人らは、天皇を神とした絶対主義的天皇制に逆らう逆徒として裁かれており、法律にもとづいた公平な裁判はとうてい期待できなかったといえる。

謀議への関与の程度についてもさまざまで、関係被告人の中には、謀議のような行為があったことすら認識していない被告も多かった。天皇が制定する欽定憲法のもとで裁かれる裁判では、「社会主義」や「無政府共産主義」を唱える者を殲滅するのが目的であれば、検事は、法にふれる軽重程度などは考慮せず、すべて死刑にするのは当然としているが、このような無謀な求刑を容認することはできない。

戦後、大逆事件を研究した武安将光は、司法の「一一月謀議は成立」していたとの判断に誤りはないとして死刑を認めながらも、一部の人が過酷に判決されたのは、当時の社会情勢からやむを得なかったとし、判決に情状酌量の判決がなされなかったことは誤りであったとしている（⑥九四頁）。しかし、当時の社会情勢からやむを得なかったことを認めることは、社会が変われば違った判決が考えられるということになる。「一一月謀議」の成立が疑わしいとなれば大逆事件は冤罪となる。この点について再検討したい。

（5）判決についての弁護人・学者らの見解

大逆事件の判決については、現代でも法律関係の研究者と国に仕える司法関係者との間には見解に大きな隔たりがある。労働運動研究者の大原慧は、『幸徳秋水の思想と大逆事件』（一九七七〈昭和五二〉年）の第四章に、「〈大逆事件〉再審請求裁判」と題して判りやすく明解な取りまとめをして、冤罪であったことを格調高く論述している。その中で、「現裁判官は、人権を犠牲にしてでも法の安定性を優先させ、たとえ原判決が誤判であったことが明白になったとしても、詭弁《きべん》を弄《ろう》してでも原判決をまもろうとする」（⑧三〇二頁）と述べている。冤罪の理由を要約してその心髄を紹介しているので参照されたい。

また武安将光は、自身が取りまとめた学位論文を、戦後、一般向けにまとめて『幸徳秋水等の大逆事件』を刊行し、大逆事件と再審請求について解説している（⑥九〇～一〇九頁）。そこには、弁護士や学者らが想定した被告人らへの、具体的な処罰についての見解が述べられており、当人たちの率直な意見を、つぎのように取りまとめている。

○平出修（大逆事件弁護士六人〈以下同じ〉中の最若手の弁護士。歌人仲間の石川啄木に、自分が裁判長であったらつぎのように判決したと伝えられた、と啄木は日記に記す）「啄木日記・一九一一（明治四四）年一月三日」『啄木全集第一六巻』（①一二九頁）。
死刑四人＝宮下太吉、管野須賀子、新村忠雄、古河力作。無期懲役二人＝幸徳秋水、大石誠之助。不敬罪で懲役五年＝内山愚童。無罪＝その他の一九人。

○今村力三郎（弁護士）「芻言」（回顧録）一九二五（大正一四）年、『幸徳秋水全集　別巻1所収』（日本図書センター　一九四九）。
疑いあるものは無罪の判決をなすべき。「該判決に心服するものにあらず」と記す。

○鵜沢総明（弁護士「大逆事件を憶ふ」『幸徳秋水全集　別巻1』）（前掲）。
暴力革命ないし共同謀議の証拠不十分であるから法律的には全員無罪。

○井上清（京都大学教授）『日本の歴史　下巻』（岩波書店　一九六六）（九八頁）。
幸徳が首謀者となり天皇暗殺をはかったとでっち上げたが、全員無罪。
○武安将光（法務省と検察庁に勤務後、亜細亜大学法学部客員教授）。⑥一〇一～一〇二頁）。
死刑四人（宮下、管野、新村、幸徳）。無期懲役二人（古河、大石）。他の一九人は無罪。

なお、大逆事件には死刑以外に減刑の余地はないとされているが、刑法総則の第一二章には酌量軽減の規定があり、犯情に同情すべき点のあるとき刑を軽減することが出来るとされている（⑥九四頁）。現に、判決翌日に一二人が無期懲役、二人が有期懲役（一〇年と五年）に減刑されており、当時も情状酌量が出来たはずである。

（６）再審請求と特別抗告の棄却

敗戦によって、絶対主義的天皇制権力が取り除かれ、戦中の爆撃を免れ、敗戦直後の焼却処分命令による火焔の中から奇跡的に救われた、大逆事件の裁判関係書類は、歴史研究者や民主的な弁護士らによって公表され、大逆事件は不当な暗黒裁判による冤罪事件であったことが明らかにされるようになった。

一九六一（昭和三六）年一月一八日には、死刑となった森近運平の妹森近栄子と無期懲役となった坂本清馬の二人によって再審請求がなされた。しかし、一九六五（昭和四〇）年一二月一〇日に再審請求は棄却され、同月一四日に最高裁判所に特別抗告したがこれも棄却された。

再審請求では、当時、有罪とされた判決内容の問題点などを明らかにし、根幹とされた「天皇に危害を加える共同謀議」にはまったく無関係であった森近と坂本を中心に、一〇八点にのぼる新たな資料を添え、詳細な裏付けを提示して解明がなされていたが、最高裁は一九六七（昭和四二）年七月五日付で、「再審が必要と評価できる理由は無い」と断定して棄却した。無罪を主張する新資料に対して、審査したポーズをとりながら無視したに等しい判断がなされた。

大正・昭和期の詩人で評論家の秋山清（一九〇五〜一九八八）は、翌日の夕刊の「大逆事件再審に終止符」とした記事をみて、日本の裁判は、明治四四年と昭和四二年の民衆に対する圧迫の性格は少しも変わってはいないとし、「これをだまって待っているわけにはいかない、〈大逆事件の裁判を裁く〉ときが、きっと来るであろう」と記している（⑦一四〇頁）。

敗戦によって解消されたかにみえた「天皇の名において裁く」戦前の裁判所の伝統は、戦後も生き続けているといえる。しかし、裁判における法の解釈も、時代や裁判官によって変えられた事例がある。何年後になるか判らないが、訴えを積み重ねて世論作りをし、官権の考え方の変化に期待せざるを得ない。現時点においては、掘り起こされて明らかになった過去の真実を記録として残し、世論への訴えを継続するしかないといえよう。

参考文献

①神崎清「この暗黒裁判」『革命伝説3』（芳賀書店　一九六九年）。
②塩田庄兵衛・渡辺順三編『秘録・大逆事件（上巻）』（春秋社　一九六一年）。
③塩田庄兵衛・渡辺順三編『秘録・大逆事件（下巻）』（春秋社　一九六一年）。
④森長英三郎『禄亭 大石誠之助』（岩波書店　一九七七年）。
⑤神崎清編『大逆事件記録第一巻　新編獄中日記』（世界文庫　一九七一年）。
⑥武安将光『幸徳秋水等の大逆事件』（勁草書房　一九九三年）。
⑦大逆事件の真実をあきらかにする会編『大逆事件の真実をあきらかにする会ニュース』（ぱる出版　二〇一〇年）。
⑧大原慧『幸徳秋水の思想と大逆事件』（青木書店　一九七七年）。

おわりに

三本　弘乗

偶然というか、私たちの「管野須賀子研究会」の前身は「石上露子を学び語る会」といえる。

石上露子（本名杉山孝子）は富田林村の大地主の家で裕福に育ったが、同じ大阪生まれの管野須賀子は、小学校を休学するような貧しい少女期を過ごしている。『管野スガと石上露子』を著して須賀子を妖婦の蔑称から救い出してくれた大谷渡氏も、須賀子と露子の交流については、想定外であったためか、何もふれられていない。近年、当研究会にも参加されている楫野政子氏が、一九〇四年の浪華婦人会秋期茶話会集合写真に宇田川文海、露子、須賀子らが一緒に写っている写真を発見し、二人は繋がりがあったことを発表された。

調べてみると二人には共通点があった。一年違い（須賀子が年長）の六月に大阪で生まれ、少女時代から正義感が強く、家柄や性別で不公平な社会制度に疑問をもち、共に週刊『平民新聞』を読み、社会主義思想に開眼し、与謝野晶子に先駆けて反戦の小説や短歌を著し、文学好きな乙女であった。しかし、二〇歳台の後半に運命的な出会いで違った道に進んだ。

露子は家督を相続し、夫の無理解で筆を折り、二人の息子の養育と教育だけの生活に入って大逆事件の連座をまぬがれ、珠玉の『石上露子集』（松村緑編）一冊を遺し、七七歳で没した。

須賀子は、まっしぐらに革命の道を選んで突き進み、天皇暗殺計画に参加し、二九歳で処刑された。戦時中は国賊とののしられ、戦後は悪女・妖婦とさげすまれ、近年までその残映に影響されて、長く顧みられなかった。二〇一三年三月、大阪の地で「管野須賀子を顕彰し名誉回復を求める会」が創設され、「管野須賀子研究会」が部会として位置付けられ、毎月一回管野の真実の姿を明らかにする取り組みがなされた。そして三年間の研究成果をもとに本書を出版することになった。この書は、大逆事件に関心をもって活動されている受刑者出身地方の九人の執筆者のご賛同を頂き、大阪府内の一一人、合計二〇人の執筆者と会員・編集委員・せせらぎ出版山崎亮一氏らのご協力によって発行することができた。感謝を申し上げたい。

受刑者二六人の中には、何の罪も無いのに処刑された人々が多数いた。法学者の中には、「死刑について当時としてはやむを得なかった」とする見解がある。また、「受刑者の中の四～五人は死罪を現に認めた」とする意見もある。私たちはそれらの論理にくみすることはできない。「当時としても死刑は行き過ぎで、死罪を当人が認めるわけがないし、仮に当人が認めたとしても、自供を根拠に断罪することは、裁判の不要を認めることに他ならない」とみている。

親を残し、妻子を残し、納得できない罪によって、処刑された悔しさは計り知れない。優れた文筆家でもとうてい表しきれぬ遺恨を考えると、ささやかな冊子の訴えに力不足を感じ、受刑者に申し訳なく思うが、この発刊だけで終わりとするものではない。これを次の世代に引き継がれるバトンとして残すことを宣言してお許しを願いたい。

（編集委員会代表）

管野須賀子　年譜

西暦年 元号年	年齢（満）	事項：管野須賀子関連（他の人物の場合は人名を明示）	事項：時代背景関連（主に政治と文化関連）
一八七八 明治11	生前	12月7日、鳳志《ほうし》よう（歌人、後年の筆名与謝野晶子）堺県堺区に誕生。	1月、駒場農学校（東大農学部の前身）開設。 5月、パリ万国博へ日本も参加。
明治13	生前		4月、集会条例制定。 7月、刑法・治罪法制定。
一八八一 明治14	誕生	6月7日、大阪市北区絹笠町（現西天満二丁目近辺）に誕生。父義秀32歳（満）、鉱山師（元武士、代言人＝弁護士）。母のぶ24歳（満）。子どもは異母兄（別居）、益男（次男一八九六年病没）。 鉱山業開始後六～七年、事業は八歳頃まで盛況で裕福。	3月、大隈重信、国会開設意見書提出。 5月、小学校教則綱領決定。 10月、自由党結成（総理板垣退助）。 10月、明治23年に国会開設する旨の詔勅発布。
一八八二 明治15	一	6月11日、大阪府石川郡富田林村（現・富田林市）の四百年続いた杉山家（大阪屈指の大地主）に長女タカ（通称孝子、後年の閨秀歌人、筆名石上露子〈いそのかみつゆこ〉）誕生。	1月、軍人勅諭発布。 6月、集会条例を強化し民権運動弾圧開始。 10月、東京専門学校（現早稲田大学）創立。
一八八四 明治17	三	6月10日、三男正雄誕生。	3月、東京一橋に東京高等商業学校（現一橋大学）創立。 7月、華族令制定。
一八八六 明治19	五	大阪今橋尋常小学校（東区）へ入学。男勝りのお転婆育ち。下女付き通学。男子の首席者と二人が、成績良好で知事から褒美。	3月、帝国大学令ほか各学校令公布。 この年、言文一致運動おこる。
一八八七 明治20	六	大阪高台尋常小学校（西区）へ転校。妹ヒデ（次女）誕生。 父母らと東京へ転居、東京赤坂尋常小学校へ転校。	7月、二葉亭四迷『浮雲』（第一～三編・一八八九年）刊行。 12月、保安条例公布。

一八八八 明治21	七	東京市麻布三河台三三番地に転籍、麻布尋常小学校に転校。	4月、市制、町村制公布。 12月、全国行政区画を三府43県とする。
一八八九 明治22	八	東京市赤坂区丹後町に移転。赤坂小学校三年生に転校。	2月、大日本帝国憲法公布。 12月、第一次山県有朋内閣成立。
一八九〇 明治23	九	12月19日、大阪市北区天満橋筋二丁目二〇三番屋敷に転籍。滝川小学校四年に転校。父の鉱山業不振のきざし。	1月、自由党結成。 7月、第一回衆議院選挙。 10月、教育勅語発布。
一八九一 明治24	一〇	4月、盈進（えいしん）高等小学校に入学。 5月8日、大阪市北区臼屋町に移転。	5月、訪日露皇太子を斬りつけた大津事件発生。 11月7日から、幸田露伴「五重塔」を新聞『国会』に連載。
一八九二 明治25	一一	父の鉱山業不振で生活は急速に困窮化。 11月12日、母のぶ病死（35歳）。盈進高等小学校を二年で中退、弟妹の面倒を見る。 12月10日、大阪市北区松枝町五八番屋敷に移転。	2月、第二回衆議院選挙。 11月、黒岩涙香『万朝報』創刊。
一八九三 明治26	一二	継母（年齢・履歴など不詳）が家に入る。	2月、出版法・版権法公布。
一八九四 明治27	一三	2月13日、愛媛県西宇和郡日土村に転籍（父の鉱山業の仕事の関係で地方を度々転居）。	8月、日清戦争宣戦布告（翌年4月下関条約で講和調印）。 11月、旅順占領。
一八九五 明治28	一四	3月8日、大分県大野郡長谷川村に転籍。 9月、竹田尋常高等小学校補習科へ入学。 9月6日、大分県直入郡豊岡村に転籍、このとき戸籍名の「すが」は「スガ」、「ひで」は「ヒデ」に変更。	1月、樋口一葉「たけくらべ」他を『文学界』に発表。 10月、雑誌『太陽』創刊。 10月、朝鮮王妃閔妃（みんび）暗殺事件発生。朝鮮に三度も出向いた与謝野鉄幹（一八七三年生）は関与を疑われる。

一八九六 明治29	一五	1月20日、大分県直入郡竹田町に転籍。3月31日、竹田尋常高等小学校補習科卒業。7月27日、次男益男大阪で病死（21歳）。	11月、樋口一葉（25歳）病没。
一八九七 明治30	一六	9月25日、大阪府西成郡豊崎村大字本庄小字ボタロ一一一屋敷に転籍。父帰阪。10月5日、祖母りゑ病死。	1月、俳句雑誌『ホトトギス』創刊。6月、京都帝大創立。
一八九八 明治31	一七	自活のため助産婦を目ざして上京し、東京京橋の看護婦会に入り、見習修業。	1〜2月、国木田独歩「今の武蔵野」（後に「武蔵野」）を『国民之友』に発表、自然主義文学ブームの先駆となる。
一八九九 明治32	一八	父親に懇願されて東京深川区の商家、小宮福太郎（27歳）に嫁ぐが、尊敬できない相手で、読書好きな須賀子は商家の仕事になじめず三年後離婚。	1月、雑誌『中央公論』創刊。4月、土井晩翠第一詩集『天地有情』刊行。11月、薄田泣菫第一詩集「暮笛集」刊行。
一九〇〇 明治33	一九	4月、『明星』（「新詩社」機関誌）創刊（〜一九〇八年）、与謝野晶子短歌発表。	3月10日、治安警察法制定（一九二五年に治安維持法制定で強化補完、一九四五年の敗戦で10月に廃止）。5月10日、『婦女新聞』（週刊）創刊。
一九〇一 明治34	二〇	春、大病を患い、頭痛が後遺症となる。8月、与謝野晶子（24歳）歌集『みだれ髪』刊行。10月、晶子（24歳）、鉄幹（28歳）と結婚。冬、在京の父が脳卒中でたおれる。	4月、日本女子大学創立。5月18日、社会民主党（最初の社会主義政党）結成、翌日届け出、翌々日治安警察法により禁止。
一九〇二 明治35	二一	1月、父の希望で大阪府下豊崎村に帰り、父の療養に専念。7月1日、弟正雄の師宇田川文海の紹介で、創業の『大阪朝報』記者に採用、7月4日（第3号）に初記事「黄色の眼鏡」掲載。8月19日、小宮福太郎と協議離婚。27日、東区淡路町四丁に転居。11月9日、赤痢にかかり一週間避病院へ。宇田川文海が見舞う。	2月12日、衆議院に初の「普通選挙法」（衆議院議員選挙法）を提出するが否決。以後六回の提案もその都度否決。4月6日、宮崎民蔵が東京で「土地復権同志会」創立。

一九〇三 明治36	二二	1月25日、『大阪朝報』三面記事の主任に抜擢。 3月1日、天王寺会場中心に第五回内国勧業博覧会開催で担当記者、余興の芸妓の浪花踊を国辱ものと各紙に批判呼びかけ。 4月4日、大阪婦人矯風会講演の毎日新聞社長に芸妓演舞反対を訴える。6日の講演会で同社の木下尚江が社長の意向をくみ芸妓演舞反対と社会主義の講演。感激して社会主義思想に開眼。 4月22日、『大阪朝報』突然休刊し、廃刊、無職となる。 5月15日、大阪婦人矯風会へ入会し専従となる。 10月、弟正雄渡米。 10月8日、反戦小説「絶交」をキリスト教機関誌『基督教世界』に寄稿。 11月8日、天満基督教会で受洗し入信。	10月27日、新聞『万朝報（よろずちょうほう）』が反戦論から主戦論に転じたため幸徳秋水、堺利彦らは退社し、「平民社」（一回目）を創設、創立地・東京市麹町区有楽町三丁目一。 11月15日、週刊『平民新聞』（「平民社」機関紙）創刊（機関紙は後年弾圧により度々廃刊させられるが、その都度機関紙名を変えて再刊）。 石上露子は週刊『平民新聞』を初号から購読。 石川啄木（17歳）、『明星』誌上で活躍。
一九〇四 明治37	二三	3月15日、厭戦小説「日本（やまと）魂」を天理教機関誌『みちのとも』に寄稿。 7月18日、第12回日本キリスト矯風会全国大会に林会長らとともに上京し、会の終了後平民社を訪ねて堺利彦と会う。この頃、週刊『平民新聞』講読者になる（推測）。 10月9日、平民社に一円カンパ。 10月13日、管野の発議で、週刊『平民新聞』に「大阪平民新聞読者会」と「大阪社会主義同志会」の会員募集。 11月19日、浪華婦人会秋期茶話会出席（集合写真に管野、石上露子、宇田川文海らが写る、『婦人世界』44号掲載）。 12月、京都へ転居。	2月10日、日露戦争宣戦布告。3月、旅順港口閉塞。 4月、石上露子、厭戦の「小説兵士（つわもの）」を『婦女新聞』に発表。 6月、『平民新聞』に木下尚江が「戦争の歌」、 8月、中里介山が「乱調激韵」、 9月、下中芳岳が「悪魔万歳！」（それぞれ反戦詩）を発表。石上露子が『明星』6月号に反戦短歌「みいくさに……」発表、平出修が絶賛。 9月、『明星』辰歳第九号に与謝野晶子「君死にたまふことなかれ」の反戦詩を発表。 11月、『平民新聞』販売店と購読者への官憲の弾圧始まる。

一九〇五 明治38	二四	1月、異母兄と初めて会う。その頃宇田川文海と義絶（社会主義活動への傾斜のためか）。 1月8日、週刊『平民新聞』に「大阪社会主義同志会」（毎月第二土曜）開催と社会主義研究会開催を案内（大阪での初期社会主義運動の草分けと評価されている） 1月28日、幸徳と西川光二郎が週刊『平民新聞』筆禍事件で入獄。 1月29日、週刊『平民新聞』は弾圧と財政難で赤字刷で終刊発行。 6月3日、父義秀病没。 9月初、故ゴルドン未亡人宅に住み家事手伝いと日本語教師。 10月、荒畑は堺の紹介で和歌山県田辺町『牟婁新報』（社長毛利柴庵）入社。 10月、『牟婁新報』社長と面接し社外記者となる。 11月6日〜、『牟婁新報』に半自伝小説「露子」連載。	1月、旅順開城。 1月29日、弾圧が続いて週刊『平民新聞』六四号で終刊。 2月5日、週刊新聞『直言』（「平民社」機関紙）発行、幸徳「小学教師に告ぐ」筆禍事件で入獄約五ヵ月。 5月、日本海海戦勝利。啄木第一詩集『あこがれ』刊行。 9月5日、日露講和条約調印。 9月10日、『直言』三二号で廃刊（竹久夢二は『直言』以降挿絵を描き、明治40年創刊の日刊『平民新聞』に三四回掲載）。 10月9日、弾圧により「平民社」一回目解散。 11月10日、『新紀元』創刊（第一号）。 11月20日、『光』創刊（第一号）（月二または三回）。
一九〇六 明治39	二五	2月4日、「牟婁新報社」に赴任。 3月3日、『牟婁新報』一面トップに置娼反対記事掲載。 3月13日、毛利社長は知事侮辱罪で田辺監獄に入獄。仮編集長。 4月2日　石上露子が浪華婦人会主催慈善音楽会に参加し箏曲家鈴木鼓村と知り合い文通。四月末鼓村が杉山邸を訪問。 4月16日、荒畑が筆禍事件で退職し、東京へ。 4月27日、毛利出獄。 5月9日、『牟婁新報』に「女としての希望」を発表。 5月29日、『牟婁新報』を退社し帰洛。荒畑一ヵ月同棲婚約。 10月12日、妹ヒデと東京牛込区市ヵ屋町に下宿。荒畑同居せず。 10月中旬、『毎日電報』の記者に採用。 12月21日、『毎日電報』発刊、社会部記者となる。	1月、伊藤左千夫「野菊の墓」を雑誌『ホトトギス』に発表。 2月24日、堺利彦ら日本社会党結成。 3月、島崎藤村『破戒』刊行。 4月より宮崎民蔵「土地復権同志会」会員獲得のため全国遊説で出発（富田林の露子を翌年5月に訪ね入会勧誘） 11月10日、『新紀元』一三号で廃刊。 12月25日、『光』三一号で廃刊。

一九〇七 明治40	二六	1月15日、日刊『平民新聞』創刊、荒畑同上の記者となる。 2月22日、妹ヒデ肺結核で死亡。二〇日間荒畑と同居するが喧嘩が絶えず別居。 4月14日、日刊『平民新聞』廃刊し、荒畑失業。 5月、管野肺結核で新聞社を休暇し、療養のため伊豆初島に転地療養。 5月24日、石上露子は宮崎民蔵訪問で「土地復権同志会」に加入。 7月、転地療養を終え帰京、『毎日電報』に復社。 10月7日、荒畑は『大阪日報』に就職のため下阪、話し合って離婚。 12月17日、石上露子（25歳）は旧家の三男片山荘平と結婚 12月末、房州保田吉浜海岸網元の秋良清七方に2月末まで再度休暇を取り転地療養。	1月15日、日刊『平民新聞』創刊、2回目の平民社（東京市高橋区新富町六の七）。4月14日、日刊『平民新聞』七五号で廃刊。 2月4日、足尾銅山で鉱夫の暴動、荒畑派遣。 2月、日本社会党結社禁止。 4月24日、山本宣治（19歳）勉学のため、親戚の石原明之助（医師）の勧めで神戸港よりバンクーバーに発つ（5月12日到着）。 6月1日、『大阪平民新聞』創刊（月二回発行、石上露子百円カンパ）。 7月、第三次日韓協約締結（第一次 一九〇四年8月、第二次 一九〇五年11月締結） 11月5日、『大阪平民新聞』を一一号から『日本平民新聞』と改題。
一九〇八 明治41	二七	2月上旬、『毎日電報』へ四回寄稿。荒畑が秋良屋に来訪、20日間同棲。 3月上旬、復社。 4月上旬、荒畑「大阪日報社」退職し東京へ、管野とは別居。 6月22日、神田の錦輝館で「赤旗事件」発生し、堺、荒畑ら逮捕（懲役一年半の牢獄と罰金刑の重罪で、同志らが弾圧に憤慨反発）。 9月1日、管野は無罪で釈放されるが「毎日電報」を解雇される。 秋頃、柏木の中国人宿所「神谷荘」の住込手伝。平民社に幸徳を訪問し親しくなる。	4月、石川啄木上京。 5月5日、『日本平民新聞』廃刊。 5月20日、弾圧により『日本平民新聞』休刊の号外で廃刊。 6月22日、大杉栄、荒畑寒村ら「赤旗事件」で逮捕、重禁固。 8月15日、平民社三回目再開、東京市淀橋区柏木。 9月30日、平民社移転四回目、東京都豊玉郡巣鴨村。 11月、『明星』一〇〇号で廃刊（一九二一年復刊）。

年	年齢	事項	事項
一九〇九 明治42	二八	3月1日、幸徳の妻千代子は秋水から離縁される。 3月18日、管野は千駄ヶ谷の平民社に住み込み、幸徳の助手となる。 5月25日、幸徳と管野は『自由思想』一号、6月10日に二号発行。 6月初め、幸徳と夫婦関係となる。同志や友人達から非難、絶交される。 7月15日、病床から新聞紙法違反と発禁後頒布の罪で東京監獄へ収監。 初夏、荒畑が獄中から幸徳に、管野との結婚に憤慨の書を送る。 8月14日、千葉監獄の荒畑に幸徳との結婚と荒畑との離縁通知。 9月1日、罰金四〇〇円付きで釈放され平民社へ戻る。 9月、政府の弾圧に憤慨した管野らは、かねて聞いていた明治天皇暗殺計画への参加を決める。	1月15日、内山愚童が「神谷荘」の管野訪問。 2月13日、宮下太吉巣鴨平民社で天皇暗殺計画を話題にするが幸徳は受け付けなかった。 3月18日、平民社をたたみ（五回目）、東京市千駄ヶ谷町へ移る。 5月6日、「新聞紙法」公布、内相に発禁権付与。 6月6日、宮下太吉が平民社に来訪、爆裂弾製法を知り、爆裂弾で天皇暗殺計画を提議。幸徳同意せず。 7月、宮下は爆裂弾の材料を入手。 11月3日、宮下は山中で爆裂弾の試作実験に成功。 12月31日、宮下は平民社に一泊、爆裂弾の実験報告。
一九一〇 明治43	二九	1月1日、管野、幸徳、宮下、新村で爆裂弾の投弾を真似る。 1月2日、古河力作平民社を来訪。 1月23日、平民社で第二回目の投弾の真似。幸徳は非加入宣言。 3月22日、管野と幸徳は伊豆の湯河原に移り、幸徳は天皇制批判書『基督抹殺論』を執筆。管野は療養後、換金刑で入獄決意。 5月1日、換金刑（百日）入獄準備のため単身湯河原から帰京。平民社前隣の増田謹三郎（クリスチャン）方に下宿。 5月17日、新村、古河らと投弾順番をくじ引きで決め、実行は管野出獄予定の秋以降とし、翌18日、管野三度目の入獄。 5月25日、宮下太吉、新村善兵衛、新村忠雄らの逮捕で大逆事件の検挙始まる。同月28日に古河力作、同月29日に内山愚童、同月31日に管野須賀子が獄中逮捕、6月1日に幸徳秋水が湯河原で、同月5日に大石誠之助が逮捕される。8月までに幸徳ら数百人が検挙される。竹久夢二も二日間留置されて取り調べを受ける。	2月25日、荒畑刑期満了で千葉監獄から出獄。 3月22日、「平民社」解散。 5月9日、荒畑ピストルを入手し、天野屋旅館に行くが管野と幸徳は上京中で、殺傷の目的を果たせず帰京。 6月3、4、5、7日の訊問で、管野は、検事らが幸徳を首謀者とする暗殺計画にもとづいて陰謀がなされたとみていることを察知し、幸徳の関わり合いについては「知らぬ、存ぜぬ」で通し、訊問のない8日に秘密の「針文字書簡」をつくり、「幸徳のため弁護をして欲しい」と知り合いの弁護士と新聞記者に発送する。10日以降は比較的素直に訊問に応えている。

一九一〇 明治43	二九	6月2日、武富済検事の第一回聴取を拒否、検事交替で応じる。 6月3日の訊問で死刑を覚悟するが、幸徳を、今後の社会主義の活動上から考え、救出したいと「針文字書簡」による弁護の依頼活動（弁護士と新聞記者）に取り組み、6月9日に発送。 12月10日～24日、公判審理。 12月25日、検察求刑、26人全員死刑。 12月27～29日、弁護人による弁護。 12月、啄木第一歌集『一握の砂』刊行。	6月10日、潮判事は押収した幸徳の千代子宛の手紙（千代子と復縁を希望している）を見せ、裏切られた幸徳をかばう管野の話にくさびを打ち込んでいる。 6月17日、管野は潮判事に幸徳との絶縁の伝言を依頼。 8月、韓国併合。
一九一一 明治44	三〇	1月18日、判決言い渡し。全員有罪判決、二四人に死刑判決、新村融懲役一一年、新村善兵衛懲役八年。 1月19日、天皇の恩赦で死刑の一二人に無期懲役の減刑。 1月24日、幸徳（四〇歳）以下男性一一人に死刑執行。 1月25日、管野絞首台に立ち、「われ主義のため死す、万歳」と叫び、午前八時二八分絶命。 1月26日、遺体は平民社隣家の増田謹三郎氏引取り離れに安置。 1月27日、朝五時半、人夫二人が担ぎ、増田氏付き添い、巡査三人警戒の中、妹の眠る代々木の正春寺に合葬。	8月21日、警視庁に特別高等警察（特高）課設置。 9月、平塚らいてうら文芸雑誌『青鞜』創刊。 10月25日、片山潜ら社会党を組織、二日後禁止。 12月、山本宣治（23歳）、父病気の電報でカナダから帰国。

主要な引用・参考資料

①清水卯之助「年譜」『管野須賀子の生涯』（和泉書院　二〇〇二年）。
②絲屋寿雄「管野すが略年譜」『管野すが』（岩波新書　一九七〇年）。
③「石上露子を学び語る会」編著『石上露子の人生と時代背景』（全日本年金者組合大阪河南地域・交流連絡会「同上会」二〇一〇年）。
④鳥海靖編『新日本史年表』（三省堂　二〇〇二年）。
⑤楫野政子『石上露子と〔婦人世界〕』（私家版　二〇一五年）。

人名索引

ゆ

よ

る

わ

む

も

や

執筆者、編集委員一覧（五十音順）

石山《いしやま》　幸弘《ゆきひろ》　執筆分担：第７章４節２、３項。群馬県立女子大学非常勤講師、平出修研究会会員、萩原朔太郎研究会幹事。群馬県前橋市在住。

上山《うえやま》　慧《さとし》　執筆分担：第７章３節１、２項、４節６、７項。「管野須賀子を顕彰し名誉回復を求める会」、管野須賀子研究会。大谷大学大学院文学研究科博士後期課程。大阪府箕面市在住。

大石《おおいし》喜美恵《きみえ》　編集委員、執筆分担：第１章、第８章４節２項。「管野須賀子を顕彰し名誉回復を求める会」事務局次長、管野須賀子研究会。大阪府堺市在住。

大澤《おおさわ》　慶哲《けいてつ》　執筆分担：第７章３節２項。「明科大逆事件を語り継ぐ会」事務局。長野県安曇野市在住。

岡村《おかむら》　昇《のぼる》　編集委員。「管野須賀子を顕彰し名誉回復を求める会」事務局、管野須賀子研究会事務局長。大阪狭山市在住。

奥宮《おくみや》　直樹《なおき》　編集委員、執筆分担：第７章４節10項。「管野須賀子を顕彰し名誉回復を求める会」世話人、管野須賀子研究会、奥宮健之の雪冤を目指す会。大阪府富田林市在住。

尾﨑《おさき》　清《きよし》　執筆分担：第７章４節５項。幸徳秋水研究会事務局長。高知県四万十市在住。

小田《おだ》　憲郎《けんろう》　執筆分担：第７章２節。「熊本民主文学」編集長、治安維持法犠牲者国家賠償要求同盟熊本県本部副会長。熊本市在住。

坂本《さかもと》　悦巳《よしみ》　編集委員、執筆分担：第４章２節。「管野須賀子を顕彰し名誉回復を求める会」、管野須賀子研究会。大阪府富田林市在住。

塩田《しおた》　一行《いちぎょう》　編集委員副代表。「管野須賀子を顕彰し名誉回復を求める会」事務局次長、管野須賀子研究会。大阪府大東市在住。

正路《しょうじ》　怜子《れいこ》　編集委員。「管野須賀子を顕彰し名誉回復を求める会」世話人、管野須賀子研究会。大阪府高槻市在住。

太刀川《たちかわ》竹之《たけゆき》　執筆分担：第７章４節９項。「内山愚童を偲ぶ会」（新潟）幹事、おぢや９条の会事務局長。新潟県小千谷市在住。

立石《たていし》　泰雄《やすお》　編集委員副代表、執筆分担：第３章、第７章３節３項、４節12項、第８章１、５節。「管野須賀子を顕彰し名誉回復を求める会」事務局次長、管野須賀子研究会。大阪市住吉区在住。

田中《たなか》　全《ぜん》　執筆分担：第７章４節４項。「幸徳秋水を顕彰する会」顧問。高知県四万十市在住。

辻本《つじもと》　雄一《ゆういち》　執筆分担：第７章１節。新宮市立佐藤春夫記念館館長、〔新宮「大逆事件」の犠牲者を顕彰する会〕顧問。和歌山県新宮市在住。

津田《つだ》　和彌《かずや》　編集委員、執筆分担：第８章４節３項。「管野須賀子を顕彰し名誉回復を求める会」事務局、管野須賀子研究会。大阪府高槻市在住。

橋本恵美子《はしもと　えみこ》　編集委員副代表。「管野須賀子を顕彰し名誉回復を求める会」事務局長、管野須賀子研究会。大阪府吹田市在住。

橋本《はしもと》　敦《あつし》　執筆分担：第８章２、３節。弁護士、元参議院議員、「管野須賀子を顕彰し名誉回復を求める会」代表世話人。大阪市在住。

長谷《はせ》　悦子《えつこ》　執筆分担：第４章５節。「管野須賀子を顕彰し名誉回復を求める会」、管野須賀子研究会。大阪狭山市在住。

南《みなみ》　逸郎《いつろう》　編集委員、執筆分担：第２章、第７章４節11項、第８章４節１、８項。「管野須賀子を顕彰し名誉回復を求める会」世話人、管野須賀子研究会、与謝野晶子倶楽部会員。大阪府堺市在住。

三本《みもと》　弘乗《ひろのり》　編集委員代表、執筆分担：はじめに（巻頭）、４章３節１、３、４項、第５章、第６章、第７章３節４項、第８章６、７、９、10節、おわりに（巻末）、管野須賀子年譜。「管野須賀子を顕彰し名誉回復を求める会」代表世話人、管野須賀子研究会代表。大阪狭山市在住。

森山《もりやま》　誠一《せいいち》　執筆分担：７章４節８項。「森近運平を語る会」代表、金沢星稜大学名誉教授。岡山県笠岡市在住。

柳河瀬《やながせ》　精《ただし》　執筆分担：刊行にあたって（巻頭）。「管野須賀子を顕彰し名誉回復を求める会」名誉会長。大阪市旭区在住。

山泉《やまいずみ》　進《すすむ》　執筆分担：本書によせて（巻頭）。「大逆事件の真実をあきらかにする会」事務局長、明治大学教授。東京都在住。

管野須賀子研究会

〒558-0032　大阪市住吉区遠里小野4-3-21　立石泰雄気付
電話 06-7896-0288　ファックス 06-6691-5650
E-mail　afiau121@oct.zaq.ne.jp

●装幀――上野かおる

管野須賀子と大逆事件 －自由・平等・平和を求めた人びと－

2016年6月30日　第1刷発行
編　者　管野須賀子研究会
発行者　山崎亮一
発行所　せせらぎ出版
〒530-0043　大阪市北区天満2-1-19 高島ビル2階
TEL. 06-6357-6916　FAX. 06-6357-9279
郵便振替　00950-7-319527
印刷・製本所　第一印刷出版株式会社

 ISBN978-4-88416-250-4

せせらぎ出版ホームページ　http://www.seseragi-s.com
メール　info@seseragi-s.com